嘉庆十八年

大清的滑落

闫燎原 著

清华大学出版社
北京

内容简介

　　嘉庆是一个存在感相当低的皇帝，人们提到他时唯一能想到的，就是那句"和珅跌倒，嘉庆吃饱"。嘉庆从自己那个好大喜功、喜好排场、晚年沉迷享乐的父亲乾隆手里接过来的，是一个"外面的架子虽未甚倒，内囊却也尽上来了"的天下，以及一个腐败成风、糜烂不堪的官僚体系。作为一个平庸的中衰之主，他既无能力进行大刀阔斧的改革，也无魄力改变官僚们的尸位素餐，只能眼睁睁地看着国势无可挽救地倾颓下去。

　　本书从政治、经济、文化、军事，以及嘉庆的个人性格、统治风格等多个层面展现了嘉庆时期的中国社会，揭示了嘉王朝各种弊病的积重难返，并深刻反思了世界坐标下近代中国陷入愚昧落后状态无法自拔的种种原因。

图书在版编目(CIP)数据

嘉庆十八年：大清的滑落 / 闫燎原 著. —北京：清华大学出版社，2024.6
（2024.8重印）

　　ISBN 978-7-302-65890-0

Ⅰ.①嘉…　Ⅱ.①闫…　Ⅲ.①中国历史—清代　Ⅳ.①K249.2

中国国家版本馆CIP数据核字(2024)第065091号

责任编辑：陈立静
装帧设计：杨玉兰
责任校对：张文青
责任印制：刘　菲

出版发行：清华大学出版社
　　　　　网　　址：https://www.tup.com.cn, https://www.wqxuetang.com
　　　　　地　　址：北京清华大学学研大厦A座　　　邮　　编：100084
　　　　　社总机：010-83470000　　　　　　　　　邮　　购：010-62786544
　　　　　投稿与读者服务：010-62776969, c-service@tup.tsinghua.edu.cn
　　　　　质量反馈：010-62772015, zhiliang@tup.tsinghua.edu.cn
印装者：河北鹏润印刷有限公司
经　销：全国新华书店
开　本：148mm×210mm　　　**印　张：**8.125　　　**字　数：**195千字
版　次：2024年6月第1版　　　**印　次：**2024年8月第2次印刷
定　价：59.00元

产品编号：104271-01

序言

　　嘉庆皇帝（谥号：受天兴运敷化绥猷崇文经武光裕孝恭勤俭端敏英哲睿皇帝；庙号：清仁宗；陵寝：清昌陵）在清朝算是一个存在感相当低的皇帝。托清宫戏的福，大家对清朝前期的康熙、雍正、乾隆这仨皇帝可谓耳熟能详，对乾隆皇帝的各种风流韵事更是如数家珍。而后面，道光皇帝打输了鸦片战争，签订了中国历史上第一个不平等条约——《南京条约》，直接将中国历史拖入了近代，也算在史书中留下了浓厚的一笔——尽管这一笔极不光彩。

　　论知名度，嘉庆不仅和自己的风流老爸乾隆没法比，连自己那不成器的儿子道光也比不上。大家提起嘉庆，唯一能想到的，也就是"和珅跌倒，嘉庆吃饱"这句话了，还是托了和珅的福。

　　嘉庆登基时，"康乾盛世"已是明日黄花，帝国正在一天天崩坏。表面上，大清的版图达到了巅峰，而实际上，王朝正在加速滑落。这是一个十分微妙的时间点，也是我想认真回顾这一时期的主要原因。

　　面对国势的滑落，嘉庆也努力过、挽救过，然而面对庞大而失控的官僚系统，嘉庆一个人的努力犹如蚍蜉撼树一般，未能掀起一丝波澜。眼见大厦将倾，却无能为力。若给大清朝的皇帝们排个序，嘉庆必然是最尴尬的那一个。他本人写过一首诗，形象地描绘了令他苦闷不堪的局面：

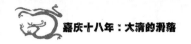

内外朝臣尽紫袍，何人肯与朕分劳。

玉杯饮尽千家血，银烛烧残百姓膏。

天泪落时人泪落，歌声高处哭声高。

平时慢说君恩重，辜负君恩是尔曹。

嘉庆十八年（1813年），发生了一件极尴尬的事，尴尬到令他本人连连哀叹"从来未有事，竟出大清朝"，不得已发罪己诏缓解尴尬，这一事件史称"癸酉之变"。

这一年的九月十五日，一伙儿人出现在紫禁城周边。所谓"一伙儿"，大约是二百人。清朝的核心是京师，而京师的核心是紫禁城。皇帝居住的地方，理论上应是三步一岗、五步一哨，防守严密至极。这二百来号人，分别由天理教的大牛人陈爽、陈文魁带领，兵分两路，直扑皇城。这些人去紫禁城的目的很简单，就是杀皇帝造反。

我查了一下，清代紫禁城的守备结构主要有侍卫处、前锋营、护军营、内务府三旗包衣各营、神机营等。其中侍卫处负责内廷保卫，只允许上三旗的子弟任职，总兵力大概一千人；护军营是守卫紫禁城各个门户要道的主力军队，主要由下五旗的旗人组成，共有八名统领，总兵力一万五千零四十五人；前锋营负责皇帝出巡时的警卫工作，总兵力一千八百多人；神机营是咸丰帝一朝才设立的，这里就不算进去了。

历朝历代，守卫皇帝的，都是最精锐的部队。而此时紫禁城外的这二百来号人，主要任务就是在聚集了一万六七千精锐的紫禁城中找到并干掉皇帝老儿，然后宣布自己造反成功，并等待远在河南的天理教教主李文成的大军前来收割战果。

历代战争中，奇袭国都并取得较大战果的例子并不是没有，但即使是魏延奇袭子午谷，计划兵力也有五千。用二百人奇袭紫禁城一万六千人的案例，恕我孤陋寡闻，我只听说过这一次。

陈爽、陈文魁二人大概是按照一比一百的比例来计算战斗力的。天理教兵分两路，陈爽带领一队人身穿长衫，藏着兵器，先进城，主攻东华门；陈文魁带领一队人在宣武门外，伪装成小贩，进攻西华门。尴尬的是，陈爽这一队人来到东华门外时，只剩下二三十人——一路上不声不响地溜了几十个人。陈文魁这一队人来到西华门外时，也只剩下四十余人。看来，陈爽、陈文魁虽然脑子不清醒，下面机灵的人还是不少的。然而令人更尴尬的是，这七十来号人，居然还真溜进了紫禁城！只可惜情报工作做得不到位，嘉庆出巡未归，天理教"浩浩荡荡"地打了个寂寞。紫禁城墙高门深，回过神来的守军关门打狗，全歼了这一伙儿脑子不太清醒的热血狂人。

"癸酉之变"虽然规模并不算大，但给嘉庆带来的震撼却极深。一方面，康乾盛世才过去十几年，老百姓就造反造到紫禁城了；另一方面，这貌似精锐的紫禁城守军，居然让七十来号人攻入了紫禁城，战斗力脓包至此，大清的军队又怎么可能戍卫大清呢？

被天理教深深刺激到了的嘉庆帝，痛苦地在罪己诏里哀叹：

朕以凉德，仰承皇考付托，兢兢业业，十有八年，不敢暇豫。即位之初，白莲教煽乱四省，黎民遭劫，惨不忍言，命将出师，八年始定。方期与我赤子，永乐升平。忽于九月初六日，河南滑县，又起天理教匪，由直隶长垣，至山东曹县，亟命总督温承惠率兵剿办，然此事究在千里之外；猝于九月十五日，变生肘腋，祸起萧墙，天理教匪七十余众，犯禁门，入大内，有执旗上墙三贼，欲入养心门，朕之皇次子亲执鸟枪，连毙二贼，贝勒绵志，续击一贼，始行退下，大

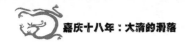

内平定，实皇次子之力也。隆宗门外诸王大臣，督率鸟枪兵，竭二日一夜之力，剿捕搜拿净尽矣。我大清国一百七十年以来，定鼎燕京，列祖列宗，深仁厚泽，爱民如子，圣德仁心，奚能缕述？朕虽未能仰绍爱民之实政，亦无害民之虐事，突遭此变，实不可解。总缘德凉怨积，惟自责耳。然变起一时，祸积有日，当今大弊，在"因循怠玩"四字，实中外之所同，朕虽再三告诫，奈诸臣未能领会，悠忽为政，以致酿成汉唐宋明未有之事。较之明季梃击一案，何啻倍蓰？言念及此，不忍再言。予惟返躬修省，改过正心，上答天慈，下释民怨。诸臣若愿为大清国之忠良，则当赤心为国，竭力尽心，匡朕之咎，移民之俗；若自甘卑鄙，则当挂冠致仕，了此残生，切勿尸禄保位，益增朕罪。笔随泪洒，通谕知之。

嘉庆十分纳闷，自己做了十八年皇帝，并不暴虐昏庸，实在搞不懂为什么老百姓会造反造到紫禁城来。没办法，自己是天子，千错万错，都是自己的错，只希望各级官员能够忠心为国，别再尸位素餐下去了。诏书最后的"笔随泪洒"，我觉得未必是客套话，换我是皇帝，遇到这种事，估计也会郁闷地大哭几场。

所谓"冰冻三尺，非一日之寒"，嘉庆自己也说，"变起一时，祸积有日"。紫禁城的防守如此拉胯，主要因为各级官员"因循怠玩"。后来嘉庆又专门写了一篇《因循疲玩论》，把"因循怠玩"升级为"因循疲玩"，开篇就说"癸酉之变，因循疲玩酿成也"。

其实嘉庆只说对了表面原因。"癸酉之变"固然是各级官员"因循疲玩"造成的，但是这个官僚系统又是如何变得如此"因循疲玩"的呢？那些混迹官场多年的老油条，仅凭皇帝的谆谆教导，就能勤勉清廉起来吗？

显然不会。

重要的事往往是简单的，而简单的事往往是难以做到的。嘉庆虽然指出了问题的部分原因，却始终没有找到解决的方法。嘉庆虽然是当时世界GDP排名第一（1870年之前，大清的GDP一直是世界第一）的帝国的最高统治者，但面对庞大而顽固的官僚集团，仍免不了束手束脚、毫无对策。

到底该怎么办呢？

黑格尔曾说："人类从历史中学到的唯一教训，就是人类没有从历史中吸取任何教训。"所以本书既没有齐家、治国、平天下的水准，更提供不了什么治国安邦之策。只愿能在大家茶余饭后、枕前厕上增一点陶情的消遣，添一些适性的谈资。

编　者

目录

第三章 · 新手大礼包 | 033

嘉庆从乾隆手里接过来的，是一个"外面的架子虽未甚倒，内囊却也尽上来了"的江山，以及一个上下散发着腐臭气息的官僚系统。《明史·神宗本纪》中评价，"明之亡，实亡于神宗（万历）"；乾隆曾说过，"明之亡非亡于流寇，而亡于神宗之荒唐"。轮到大清身上，清之滑落，清滑落于乾隆之奢靡。虽说乾隆给儿子留下的是一个烂摊子，但也给他准备了一个"新手大礼包"。这个"新手大礼包"，就是和珅。

第四章 · 尴尬的遇刺 | 057

一个走投无路的草民陈德，混入紫禁城刺杀皇帝，大内侍卫居然一齐吃瓜看热闹。作为皇帝，在象征至高皇权的紫禁城被自己的子民袭击，嘉庆虽然没真的挨刀，但面子被砍得七零八落。这一事件暴露出的大清官吏的集体性腐烂，更是令他细思极恐。

第五章 · 帝国的蚁穴 ┃ 072

朝廷下发的修河工款，能有五成用到堤坝上，就是奇迹了。豆腐渣工程出了问题，可以让"蚁穴"背锅，正所谓"千里之堤，溃于蚁穴"。贪腐，是中国传统社会各王朝的跗骨之蛆。"淮安奇案"作为"清朝四大奇案"之一，折射出一个现象——做贪官的，荣华富贵；做清官的，死于非命。大清腐烂至此，不亡就没天理了。

第六章 · 嘉庆十八年：癸酉之变 ┃ 095

嘉庆十八年，天理教的几十名信众突袭紫禁城，上演了一出"屠龙闹剧"，史称"癸酉之变"。貌似精锐、总兵力一万余人的紫禁城守军，居然让七十来号人差点打进紫禁城内廷，也算是千古奇闻了。嘉庆虽然深知问题出在百官"因循怠玩"上，却没有能力和魄力解决，只能哀叹一声"从来未有事，竟出大清朝"。

第七章 · 花剌子模信使问题 ｜ 117

相传在中亚古国花剌子模，有一个十分奇怪的习俗：凡是给君王带来好消息的信使，就会得到提升；凡是给君王带来坏消息的人，则会被送去喂老虎。皇帝躺在帝国的顶点上，每天被"太平盛世""海晏河清"的"毒品"麻醉着，也就无法感受到被华服遮盖住的脓包烂疮。我是当官的，向上汇报这些"脓疮烂包"对我有什么好处吗？没有！那我为什么要说呢？

第八章 · 坎坷的货币 ｜ 139

铜币的通货膨胀带来的后果是灾难性的。在巨大的经济压力下，许多百姓只能卖田卖房，沦为佃户；有些连佃户都当不上的，只能沦为流民。这些流民，后来成了太平天国的兵丁来源。可以说，从通货膨胀的那一刻开始，大清就启动了灭亡的倒计时。

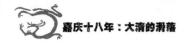
第九章·**最后的机会（上）** | 150

可以说，从蒸汽机落地的这一刻起，世界的天平就开始倾斜了。而在乾隆眼中，这不过是奇技淫巧，更何况这东西节省了不少人力，人一闲，就会胡思乱想。这些没文化的洋人，自是难以理解我天朝上国的"驭民五策"。为了维持自家江山的千秋万代，皇帝们宁可限制生产力的发展，反正苦的是老百姓，享福的永远是他爱新觉罗家的皇亲国戚。

第十章·**最后的机会（下）** | 171

在"天朝上国"的世界观中，这个世界只有大清、大清的附属国、仰慕大清但是大清懒得管的化外之地。大清对外只有朝贡体系，没有外交体系。在朝贡体系中，中国耗费巨大，除了赢得一个"万国来朝"的虚名外，没有得到什么切实利益。大清与世界接轨的机会，就这样一次又一次地错过。

第十一章·消失的行印 | 192

兵部行印丢了，如实上报的话，肯定要彻查，那么兵部平时那些蝇营狗苟就瞒不住了。在大清官场中，有道是"瞒上不瞒下"，天大的事情，只消遮掩得过去，那就不叫事儿！反正吃哑巴亏的是皇家，只要不耽误自家捞钱，管他呢！风头过去，万事照旧。

第十二章·反腐的悖论 | 210

中国传统社会中最大的悖论：要反腐，就要在建立监督机制的同时，给各级官员一个较为理想的收入；国家要负担如此高的财政成本，就要提高生产力；要提高生产力，就要改革生产关系；要改革生产关系，就要一边限制特权阶级的特权，一边削减特权阶级的利益；既然要打破权贵阶层的特权并削减利益，那我还反哪门子腐？！

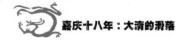

尾　声 | 238

　　在清政府自始至终贯彻执行的高压愚民政策下，整个国家失去了活力；官员们尸位素餐、官僚系统腐败糜烂；底层百姓民心涣散、离心离德。所谓的"嘉道中衰"，其实是所谓的"康乾盛世"带来的必然结果。爱新觉罗氏貌似稳定了眼前的统治，实则伤害了国家元气，动摇了国之根本。当海面上出现侵略者的战船时，大清只能任人宰割，毫无还手之力。

第一章

权力的交接

乾隆二十五年，也就是公元1760年。这一年，发生了很多事情：在遥远的西方，英国国王乔治二世（George II，1683—1760）因大便时太用力引发夹层动脉瘤破裂，不幸死在马桶上；而在遥远的东方，乾隆皇帝刚刚平定了大小和卓的叛乱，年初正月在御午门举行了受俘仪式；同年秋天，志得意满的他在木兰围场再次进行了规模宏大的木兰秋狝活动。在此之后没多久，也就是十一月十三日，刚从令妃晋升为令贵妃的魏佳氏（就是电视剧《还珠格格》里的令妃娘娘、电视剧《延禧攻略》里的魏璎珞的原型），在圆明园的后宫寝院——"天地一家春"内产下一子，起名永琰。

来得早不如来得巧

乾隆皇帝一生共生育了十七个儿子，其中十四个有名字，剩余的三个来不及起名字就夭折了。乾隆帝处处以祖父康熙帝为榜样，儿子却"只"生了十七个，数量上远不及祖父的三十五个。

永琰在十七个阿哥中排行第十五，并不怎么出众。确切来说，人们对永琰的评价是一致的——平庸。此人最大的优点就是没有缺点，最大的缺点就是没有优点。太子之位原也轮不到他，不过乾隆是中国历史上寿命最长的皇帝，活到了八十九岁，即使放在今天，也算高寿的，这就使得十七个皇子中，有十三个死在了乾隆前面。也就是说，

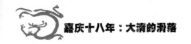

乾隆可选择的继承人并不多。

一开始，乾隆受到儒家思想的影响，打算立皇长子永璜（生母是哲悯皇贵妃富察氏）为太子。但在乾隆十三年（1748年），他一生的"白月光"孝贤纯皇后崩了，永璜以大阿哥身份迎丧。其间因与三弟永璋（生母是纯惠皇贵妃苏氏）表现得不够悲伤，被伤心过度的乾隆斥责不懂礼节、不合体统，并被当场暗示取消立储资格。

当时，永璜只有二十岁，永璋也不过十四岁；过世的又不是自己的生母，若哭天抢地、涕泗横流，那未免太做作，反而遭人怀疑。莫名其妙地丧失了承继大统的资格后，永璜吓得生了一场大病，两年后便郁郁而终。后来乾隆心属的二阿哥永琏、五阿哥永琪，也都先他而去，闹得乾隆都有点怀疑人生了——自己想立谁谁就死，天要绝我大清吗？

一直忐忑到乾隆三十八年（1773年），乾隆才再次秘密立储。而活到乾隆三十八年的皇子，只有四子永珹、六子永瑢、八子永璇、十一子永瑆、十二子永璂、十五子永琰和十七子永璘七个人。这七个人中，永珹和永瑢已经过继给了外人，不可能即位；永璇腿脚不便，考虑到帝国的形象，他便与皇位也没什么关系了；永璂的生母是乾隆的继皇后那拉氏，乾隆不待见他额娘，也不怎么待见他，而且他后来也死在了乾隆前面；永璘这一年不过七岁——主少国疑，搞不好还在尿床的皇子是不考虑的。算来算去，乾隆真正能选择的继承者，只有永瑆和永琰二人。

永瑆本也是聪慧之人，但有一个缺点——过于柔弱。事实上，永瑆是清代的书法大家，与翁方纲、刘墉、铁保并称为"乾隆四家"，其书法造诣在整个大清历史上都数得着。老天为你关上一扇门的同时，必会为你留一扇窗，反过来亦是如此，赋予你某种特别才华的同时，也会让你在其他方面显得不那么出众。永瑢的骑射水平就相当一般，这在自诩以骑射得天下的清统治者观念里，是一个极大的劣势。

乾隆三十一年（1766年）五月，乾隆无意间发现永琰平时把玩的一把扇子上有题画诗句，落款为"兄镜泉"三字。永瑢自号镜泉，这字就是永瑢写的。当时乾隆龙颜大怒，专门训谕皇子们不得效法书生习气而疏于满人根本。乾隆皇帝表面上尊儒重学、附庸风雅，内心深处对汉人的酸文腐儒是极为看不起的。大清天下是从马上得来的，你字写得再好，又有什么用呢？更何况有创立瘦金体的书法家皇帝宋徽宗殷鉴在前，乾隆更是不敢把天下交给一个文弱之人。

事已至此，乾隆可选择的，其实只有永琰一人。永琰虽然平庸，但各方面都还说得过去，年龄又刚刚好。

没办法，矬子里拔将军，就你了。

乾隆三十八年冬至，乾隆在南郊天坛举行祀天大典。仰望着乌云密布的天空，他默默祷告："（永琰）如其人贤，能承国家洪业，则祈佑以有成；若其不贤，亦愿潜夺其算，毋使他日贻误，予亦得以另择元良。朕非不爱己子也，然以宗社大计，不得不如此，惟愿为天下得人，以继祖宗亿万年无疆之绪。"

意思是：如果这小子能当皇帝，就祝他以后有所成就；如果不能当皇帝，就赶紧死了拉倒，别耽误老子选下一个继承人的时间。

天家父子无恩情，自古皆然。

立长与立贤

其实传统社会中的权力交接，一直都是一个老大难问题。

虽说自古皇帝家天下，皇位父死子继就行，可是这其中问题很多：皇帝嫔妃众多，一般来说，子嗣也众多（除了宋高宗赵构那种生

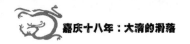
理不正常或明武宗朱厚照那种命中无子的）。大家都是龙子龙孙，皇位只有一个，给谁才好呢？如果皇帝无后，要从旁支近系里挑一个，候选人就更多，竞争也就更激烈了。

古代君王选接班人，无非两个标准：一是立长，二是立贤。从字面上看，"立贤"似乎是更好的选择。一个贤能的储君，登基之后，大概率会成为明君。但问题在于，什么是贤能，这里没有一个统一的标准。你说老大贤能，他说老二贤能，我说老三贤能。做皇子的，谁还不会礼贤下士、做做样子啊？到底谁更贤能，公说公有理，婆说婆有理，谁也说不服对方。

说不服怎么办？那就互相伤害呗！为了皇位，兄弟反目、手足相残的案例比比皆是，不胜枚举，连臣子都要或自愿或被迫地站队。一朝天子一朝臣，一旦站错队，罢官、抄家、流放三件套，了解一下？

所以说，所谓的"立贤"，实在是一个不靠谱的东西，那就只剩"立长"了。

所谓"立长"，就是立嫡长子为继承人，这种制度被称为"嫡长子继承制"，它起于商末，定于周初。嫡即正妻、原配，正妻所生的长子为嫡长子。礼制规定，嫡长子享有王位、爵位、土地、财富的继承权，具体规定为"立嫡以长不以贤，立子以贵不以长"。简单来说就是：都别吵吵了，谁是大老婆生的长子，谁就有继承权。

侧室生的儿子叫庶子，是没有王位、君位以及土地的继承权的。即使周天子或国君的侧室生下了长子，这个孩子也只是庶长子，依旧没有继承权。

假如嫡长子挂了，那么嫡次子就成为在世的嫡长子，依照礼制规定，享有继承权。如果嫡次子挂了，那么就轮到嫡三子，依次类推。除非嫡出之子死绝了，才轮得到庶子，这就叫"以贵不以长"。

嫡长子继承制大大地减少了兄弟阅于墙所造成的内耗——皇位就是嫡长子的，其他人不用争。王室戒备森严，想暗杀也不太好下手，你要不是嫡长子，想抢班夺权，先掂量掂量自己有没有李世民那点能耐，不然就死了这条心吧，当个诸侯或王爷啥的享享清福才是正经。

至于嫡长子本人，他就算是个像司马衷那般的智障，问题其实也不大。在成熟的官僚体系的加持下，即使没有最高统治者，社会也可以照常运转。再说了，嫡长子是白痴的概率毕竟不高，而兄弟相争的例子可就太多了，"立长"也不过是两害相衡取其轻罢了。

所以，嫡长子继承制作为宗法制度最基本的一项原则，在古代深入人心，谁要打算废长立幼，那是取乱之道。曹操特别疼爱小儿子曹植，也曾动过这方面的心思，就问身边的贾诩传位给谁好，贾诩说你看袁绍父子和刘表父子不就知道了。曹操闻言，哈哈一乐，得，还是给曹丕吧。

既然继承顺序定了，皇帝是老大，储君是老二，大家团结在皇帝和储君周边干活儿就行了呗。其实不然，这事儿也得分开说。嫡长子一出生就被立为太子，一切都按照储君的标准培养。一开始还好，老子在外面统领群臣，儿子在家里猥琐发育。好好看家，长大了就把国家交给你。但是随着太子年龄渐长，太子就在心里嘀咕了：老东西你什么时候才把皇位传给我？！万一摊上乾隆这样"超长待机"的皇帝，做几十年太子还没熬出头，那是相当郁闷的！万一你倒霉，死在老爸前面，几十年可就白等了。因此，太子谋反之事也是屡见不鲜，更不乏庶子在一旁煽风点火，怂恿太子谋反，自己等着捡漏的案例。所以说，就算太子之位已经定了，也不能掉以轻心。

对皇帝来说，选择接班人是一件相当矛盾的事儿：选一个司马衷那样的白痴吧，等于亲手葬送江山社稷；选一个李世民那样的强者

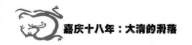

吧，于自己而言，未必是好事——李世民不是太子尚且等不及，万一太子有李世民那般能力，岂不是更着急接班，直接起兵把你给废了。李世民还算有点良心，把老爹关进宫里，好吃好喝地供着等他自然老死；摊上刘宋（南朝宋）刘劭那种没良心的，指不定哪天"不小心"宫闱失火，就把你烧死了。

皇帝为难，太子也为难。做太子的，能力强了不行，能力差了更不行；上进了说你逼宫，不上进了说你不思进取；与大臣和睦说你结党，与大臣不和睦说你没威信；万一摊上如汉武帝那般疑心重的父皇，能把老实巴交的你硬生生地逼到谋反的道路上。许多太子谋反，其实也是被老爹逼的。那些没打算或者没本事谋反的太子，每天都过得战战兢兢、如履薄冰，生怕哪天不小心惹恼了老爹，丢了小命。

一把手和二把手之间的关系，无论在古今中外，都是一个老大难问题。专制统治中的权力交接，从来都是充满了血腥和动荡，鲜有平稳过渡的。

秘密立储

中原王朝基本上一直实行嫡长子继承制，但是，游牧民族不是。成吉思汗时期，蒙古大汗的位置是皇族王公、重臣大将通过会议拥立出来的，当然也为此闹过不少争端。

南宋末年，蒙古皇帝蒙哥在合州战死，没有指明继承人，留守部落的七王子阿里不哥被推举为大汗。南征北战的四王子忽必烈十分不爽——论战功，我最高，凭什么你做大汗！于是，忽必烈与阿里不哥各领精兵互斗，打得天昏地暗。虽然最后忽必烈胜出，但蒙古因此元气大伤，南宋也由此苟延残喘了十几年。

时间来到大清。满族也是游牧民族，虽然比蒙古的汉化程度要深，但很多地方还保留有游牧民族的习惯。女真人与蒙古人一样，是谁能带领族人抢夺更多的资源，谁才会被拥立为大汗。清初，努尔哈赤死后，皇太极能在四大贝勒中脱颖而出，登上帝位，靠的就是他文治武功均高出他人一筹，更受王公大臣们的拥戴。

清军入关后，倒也学过嫡长子继承制。康熙帝真正的嫡长子——仁孝皇后赫舍里氏的长子承祜早殇，同母的胤礽在周岁时被正式立为太子。胤礽是大清最后一位公开册立的太子，深受康熙帝恩宠，自幼接受储君教育。据说胤礽聪慧好学、文武兼备，不仅精通诸子百家经典、历代诗词，而且熟于弓马骑射，甚有明君之相。康熙帝多次御驾亲征，留胤礽监国。胤礽在治理国家上颇有手腕，为皇阿玛分忧不少。

表面看起来，老爹出去打野，儿子在家守塔，父慈子孝，其乐融融。但几次监国的经历，让胤礽的心态起了微妙的变化。做皇帝的感觉实在太爽了，仅仅是监国，根本不过瘾。但是康熙帝在皇帝这个职位上干得正起劲，一点传位的意思都没有——要知道，康熙在位六十一年，是历朝历代在位时间最长的皇帝。

尝到权力甜头的胤礽，在太子的位置上呆了近四十年后，对康熙的感情就从敬仰慢慢转变为埋怨——世间岂有四十年之久的太子！在王储位置上熬了六十四年之久的英国国王查尔斯三世如果懂汉语，并且恰好读到这段历史，估计会暗自叹道："胤礽此言，实于我心有戚戚焉！"

熬了几十年熬不到曙光的胤礽，实在熬不住了，开始蠢蠢欲动。渐渐地，胤礽与康熙帝的矛盾逐渐公开并激化，结果是胤礽被康熙帝废而复立，立而复废，精神上深受打击，晚景凄凉。

太子的反复废立，让其他皇子的心思活络起来，最终引发了大

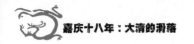

家熟知的"九子夺嫡"事件。雍正帝经历过这段血雨腥风，对手足相残心有余悸，因此创立了秘密立储制度。

所谓"秘密立储"，就是皇帝悄悄地把继位者的名字放在乾清宫"正大光明"牌匾的后面，谁也不知道皇帝什么时候写、什么时候放上去，所以除了皇帝，无人知道储君是谁。清朝统治者希望通过这种方式，将皇子们的精力放在自我修为上，以此避免诸子之间的争斗。乾隆就是秘密立储制度的第一代受益人。

金从善上书

中国历史上一共出现了八十三个王朝，共有五百五十九个皇帝。一般人觉得，皇帝是九五至尊，富有四海：皇家挑水都得用金扁担；顿顿都有一百零八道菜，千年人参灵芝啥的稀罕宝贝当饭吃。总之，人家肯定是每日面朝富贵，春暖花开，就算不能真的万寿无疆，至少也是洪福齐天。但实际上，这五百五十九个皇帝的平均寿命不到四十岁。相比之下，清朝皇帝平均寿命五十二岁，算长寿的。

在乾隆之前，大清最长寿的皇帝是康熙，活了六十九岁。乾隆二十五岁登基，到乾隆三十八年时，已经六十三岁了。谁也想不到老皇帝居然能一口气活到八十九岁，都以为他过不了多久就要龙驭宾天了，大臣们心里都在嘀咕。

嘀咕归嘀咕，皇帝喜怒无常，国本之事又是一个极度敏感的问题，一般人不敢触碰。但就有这样的愣头青，非得把大家心照不宣的话摆到明面上来。

乾隆四十三年（1781年）九月，乾隆东巡盛京（今辽宁省沈阳市）祭祖，回銮途中经过辽宁锦县时，一个叫金从善的秀才，不知是真的忧国忧民，还是赌命拼皇帝赏识赢前程，跪在御道边拦住车要上书。

按说皇帝出巡，亲兵早就净了街，并安排地方衙役一对一地看住这种不安分分子，也不知这家伙是怎么靠近的。既然人已经跪在御道边了，皇帝还是要维护一下自己从谏如流的形象，金从善的上书还真递到了乾隆面前。

此人的上书，归纳起来就四件事：建储、立后、纳谏、施德，其中立储是第一位的。国不可一日无君，您老年近古稀了，到现在都没指定接班人，万一挂了，国家可怎么办？

这就是知识分子的天真之处了。建储、立后、纳谏、施德这四项中的任何一项，哪有你小子说话的份儿！你说我该施德，什么意思？你是在说朕缺德吗？说我该纳谏，又是什么意思？难道朕是不听人言的昏君？说我该立后，朕宠哪个妃子，又关你鸟事？！说朕该立储，朕还活得好好的，你还想谋逆不成？！

让乾隆最生气的，是金从善上书中的这么一句话："大清不宜立太子，岂以不正之运自待耶？"这话直戳乾隆的肺管子，把乾隆的老脸给扒光了。

傲慢自负的乾隆皇帝面对这样的上书，龙颜震怒，下令要剐了他，最后慈悲为怀，格外开恩，把金从善从凌迟改为斩立决。金从善，你就叩头谢恩吧。

砍了金从善的头之后，乾隆明白这事儿不说不行了。为此，乾隆专门发了上谕，逐一批驳金从善的上书。立后、纳谏、施德这三件事也就略微一提，立储这件事才是重点，得好好解释一下。于是，乾隆当众宣布了两件事。

一是自己登基时就暗暗祷告，自己当皇帝的年份绝不敢超过祖父康熙帝。祖父当了六十一年皇帝，那我决定只当六十年皇帝。干够六十年，我一定退位。二是自己早在乾隆三十八年就秘密立储，储君

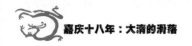

的名字就在"正大光明"牌匾之后。

康熙在位时间虽长，但不过活了六十九岁，乾隆此时已经六十八岁，说自己在位时间绝不敢超过圣祖，那是客套话，连他自己都没想到自己这么能活。后来乾隆就后悔把这个事当众说出来。君无戏言，既然说出来了，到时候不退位都不行。

虽然乾隆声明已经立储，但并未表明储君是谁。这是自然的，"秘密立储"的核心就在于"秘密"，这既避免了萧墙之祸带给王朝的内耗，也避免了百官提前烧冷灶，形成太子党。在君主专制社会，这算是一个相对较好的权力交接办法。要不然以和珅的聪明，岂会不提前巴结一下永琰呢？从这个角度来说，乾隆真是狠狠地坑了和珅一把。

日子就这样一天天过去，皇上老爷子十分矛盾地迎来了乾隆六十年（1795年）。一方面，老年人当然希望自己活得越久越好；另一方面，自己许诺的退位之期到了。

皇位的诱惑力这么大，谁又真心想放弃权力呢？乾隆在心中苦苦挣扎。挣扎归挣扎，乾隆自己不说，就没人敢提这事儿。

乾隆朝末期，各地农民起义此起彼伏。

乾隆六十年二月，贵州苗匪石柳邓、湖南苗匪石三保等人作乱，其中石三保攻陷乾州，杀掉了当地同知宋如椿等人。乾隆忙不迭地命令福康安前往围剿。但是起义的规模越来越大，没多久，石三保又攻陷了永绥、鸦酉寨等地，杀掉了镇筸镇（今湖南省凤凰县）总兵明安图等人。

石三保的事还没搞定，另一个匪头张廷仲也揭竿而起，连续攻打保靖、泸溪等地，后又转战思南、印江一带，最后跑进了四川秀山。这一通走位，把福康安累得够呛，直到三月下旬才初步搞定湖南的匪患。还没来得及喘口气，四月，台湾彰化的陈周全等人作乱，攻陷了县城，又是一通乱打。整个上半年，福康安就没几天安生日子。

忙归忙，大家心里都有本账。乾隆六十年可就快过去了，当年信誓旦旦地说自己干够六十年就退休，此话当真否？要说乾隆心甘情愿地交出皇位去当太上皇，那是扯淡！历史上丢了实权的皇帝，就没几个有好下场的。权力这东西就像毒品，一旦沾上，是不可能戒掉的。

递刀子

时间就这么到了乾隆六十年九月。一方面，繁重的国事也确实让年迈的皇帝烦不胜烦；另一方面，文武百官看自己的眼神，分明都透着询问：您老当年说的话算数不？乾隆终于下定决心，公开册立永琰为皇太子，并宣布于明年正式传位。

群臣们得知消息，当时就炸开了锅，谁也不知道万岁爷搞这么一出用意何在。永琰吓得赶紧上书拒绝，王公大臣、各地藩属纷纷上书，劝乾隆继续干。你哪里猜得出领导是在作秀，还是真心想传位，你敢不上书求皇帝继续执政吗？！

乾隆收到各方面的上书，心里自然是乐开了花，不过这次老爷子是下了决心的，做戏就做全套。于是乾隆再次宣谕说，自己当年发过誓，不传位，老天爷那儿不好交代。不过大伙儿放心，朕虽然传位，但不会拍拍屁股就啥都不管了："归政后，凡遇军国大事，及用人行政诸大端，岂能置之不问。仍当躬亲指教。嗣皇帝朝夕敬聆训谕，可以知所秉承，不致错失。"

这里还有个小插曲。乾隆正式册立永琰的诏书是九月初三下发的，而和珅提前知道了消息，在九月初二就上门送如意，巴结永琰。和珅虽然是聪明人，但他伺候了乾隆一辈子，对其他帝王的内心就有

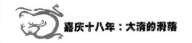
点摸不清了。他若是提前十几年就巴结永琰，说不定能混个好结局。而此刻，乾隆传位之心已定，有没有你和珅我不知道，反正明年永琰即位是板上钉钉了。

和珅这会儿上前送如意，貌似巴结，实则让永琰极为忌惮。一方面，皇帝的心思还没公开宣布，你就知道了，你究竟算老几？另一方面，既然人家登基在即，作为皇帝富有天下，又岂会看得上你送的这块破如意？退一万步讲，就算你这块如意是世间独一无二的珍宝，那也是犯了大忌——皇家都没有的珍宝，你随手就送人了，你比皇帝还阔气，这不是找死吗！和珅这是聪明一世，糊涂一时。这块如意，也成了后来嘉庆杀和珅的二十大罪状之一。

这哪里是送如意，这分明是递刀子。

尴尬的传位大典

不管怎么说，永琰已是公开的储君，乾隆六十一年正月初一，老皇帝就要正式传位于他，改元嘉庆。好面子的乾隆还特地在诏书中说："自古帝王内禅，非其时怠荒，即其时多故，仓猝授受，礼无可采。今国家全盛，其详议典礼以闻。"

意思是：自古皇帝禅位的，要么是荒废怠政，留了一个烂摊子给继任者（比如宋徽宗赵佶）；要么是遇到大变，被迫让位（比如唐玄宗李隆基）。仓促间禅让传位，没什么正经的典礼。而在我爱新觉罗·弘历治下，国家正处于全盛状态，我是为了兑现当年的诺言才主动让位的，你们（群臣）要详细制定礼仪流程，让我这"十全老人"传位传得圆满体面。

乾隆一辈子好大喜功，花钱如流水一般。禅位大典这种"空前绝后"的大典，必须得上档次、有排场。事实上，传位大典也确实举行得相当隆重，据《清史稿·礼志七》记载：

先期遣官祭告庙、社，届日所司设御座太和殿。左右几二，正中宝案，稍南东西肆；东楹诏案，西楹表案，南北肆；黄案居丹陛中。楹内敷嗣皇帝拜褥。殿前陈卤簿，门外步辇。午门外五辂、驯象、仗马、黄盖、云盘，檐下设中和韶乐，门外丹陛大乐。内阁学士奉传位诏陈东案，礼部官陈贺表西案，大学士等诣乾清门请宝陈左几，大学士二人分立两檐下，王公百官序立。朝鲜、安南、暹罗、廓尔喀使臣列班末。

钦天监官诣乾清门报时，嗣皇帝朝服出毓庆宫，时后扈内大臣二人率侍卫二十人集乾清门外，导引礼部长官二人立门阶下，前引大臣十人立殿后阶下。太上皇帝礼服乘舆出，嗣皇帝从诸臣前引后扈。午门鸣钟鼓，至殿后降舆。太上皇帝御中和殿升座，嗣皇帝殿内西向立，鸿胪寺官引执事大臣按班，不赞，行九叩礼。侍班者趋出，就外朝位，中和韶乐作，奏元平章。太上皇帝御太和殿，嗣皇帝侍立如初。乐止，阶下鸣鞭三，丹陛大乐作，奏庆平章。嗣皇帝诣拜位立，王公立丹陛上，百官及陪臣立丹墀下，鸣赞官赞"跪"，嗣皇帝率群臣跪。赞"宣表"，宣表官入，奉表至檐下正中跪，大学士二人左右跪，展表，乐止。宣讫，还奉原案，退。赞"兴"，嗣皇帝退立左旁，西向，大学士二人导近御前跪。左大学士请宝，跪奉太上皇帝，太上皇帝亲授嗣皇帝，嗣皇帝跪受，右大学士跪接，陈右几。嗣皇帝诣拜位，乐作，赞"跪，叩，兴"，率群臣行九叩礼。赞"退"，乐止，礼成。鸣鞭如初。中和韶乐作，奏和平章。太上皇帝还宫。内监豫设乐悬，太上皇帝御内殿，公主，福晋，暨皇孙、皇曾元孙未锡爵者，行礼庆贺。

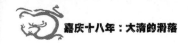

嗣皇帝易礼服，祗俟保和殿暖阁，内阁学士豫奉传位诏及御宝陈太和殿中案，礼部官奉登极贺表陈东案，扈引者集保和殿外。钦天监报时，嗣皇帝御中和殿，执事者按班行礼，不赞。礼毕，嗣皇帝御太和殿登基。作乐，止乐，宣表，行礼，悉准前式。礼毕，退，复位。大学士进，奉诏，出中门，授礼部尚书。尚书跪受，兴，奉置黄案，行三叩礼。复奉诏陈云盘，仪制司一人跪受，兴，自中道出。礼成，俱退，嗣皇帝还宫。大学士等诣乾清门送宝，礼部恭镌诏书颁行。

简单来说就是：早上，乾隆先带着颙琰（有些皇帝为了方便民间避讳，登基后，会主动改名或改名字中的某个字）和群臣去太庙祭礼，再去社稷坛行告天礼——列祖列宗和老天爷，我弘历今天就把皇位传给颙琰了，希望列祖列宗和老天爷保佑颙琰，保佑我大清。

祭礼过后，就是在太和殿举行的禅让大典。太和殿内设太上皇御座，正中设宝案。大殿左右设长条大几案，在宝案南边的东西两侧摆放。大殿东楹另设诏案，西楹设表案，南北摆放。大殿一进门铺设了拜褥，这是专门给颙琰设的拜位。殿外，在太和殿丹陛中设黄案，殿前陈仪仗卤簿，太和门外设步辇。午门外依次陈设五辂、驯象、仗马、黄盖、云盘等大驾卤簿。太和殿檐下设中和韶乐，门外设丹陛大乐。大典开始前，内阁学士奉传位诏书，陈列于大殿内的东案（诏案），礼部官员陈列贺表于西案（表案），大学士等前往乾清门，请皇帝御宝摆放于大殿内的左侧几案。当朝大学士二人别立于太和殿两檐下，王公百官依序站立，外藩朝鲜、安南、暹罗、廓尔喀诸国使臣位列班末。

吉时将至，钦天监官员前往乾清门禀报时辰。颙琰身着朝服，从太子居住的毓庆宫出来。同时，后扈从大臣和领侍卫内大臣率侍卫二十人在乾清门外集合。礼部早就在门外设立了两名引导官在门阶下，另有十名前引大臣站在太和殿殿后的台阶下。乾隆此刻起身前往太和殿，颙琰在礼臣的引导下，跟在皇阿玛身后。

到达太和殿时，钟鼓齐鸣。乾隆并不临朝，而是到太和殿后的中和殿升座。颙琰则跟着乾隆，侍立在中和殿殿内西侧。此刻还没颙琰的座位。然后，鸿胪寺的官员引领执事大臣，按事先设定好的班列，先行向乾隆三拜九叩，参拜之后，有司侍班的大臣退出中和殿，在外朝各就各位，禅让大典才算正式开始。

乾隆步入太和殿升座，颙琰依旧侍立在大殿西侧。台下三声鞭鸣（大家在电视剧《甄嬛传》中看到的皇帝登基时使用的那种甩鞭），在丹陛大乐声中，颙琰率亲王贝勒、文武百官一同跪下，大学士开始宣读传位诏书。诏书自然是先一顿自夸，再宣传一下禅让的重大意义。需要突出的重点是"虽然我传位了，但是大事还得我来办"。诏书中的场面话略过，重点在以下这几句。

"（朕）御极以来，平定伊犁、回部，大小金川，扩土开疆数万里。缅甸、安南、廓尔喀以及外藩属国，咸震摄威棱，恪修职责，其自作不靖者，悉就殄除。功迈十全，恩覃六合。普免各省漕粮者三，地丁钱粮者四。展义巡方，行庆施惠，蠲通赈贷，不下数千万亿。振兴士类，整饬官常，嘉兴万邦黎献，海隅苍生，同我太平。"

"回忆践阼初元，曾默吁上苍，若纪年周甲，当传位嗣子，不敢仰希皇祖以次增载。"

"特宣布诏旨，明定储位，以丙辰为嘉庆元年。"

"皇太子于丙辰正月上日即皇帝位。朕亲御太和殿，躬授宝玺，可称朕为太上皇帝。其尊号繁文，朕所弗取，毋庸奏上。凡军国重

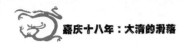

务、用人行政大端，朕未至倦勤，不敢自逸。部院衙门及各省题奏事件，悉遵前旨行。"

其中最重要的就是最后两句："凡军国重务、用人行政大端，朕未至倦勤，不敢自逸。部院衙门及各省题奏事件，悉遵前旨行。"摆明了，传位归传位，大权老子是坚决不放的！

禅位大典完毕后，理论上，乾隆应该将传国玉玺交给颙琰，然后回养心殿，而后颙琰开始进行登基大典。但此刻，乾隆不知是后悔了，还是小心眼犯了，顺手就把传国玉玺揣怀里带走了。

登基大典眼看就要开始，却发现没有传国玉玺，这下尴尬了。

对于皇帝来说，没有传国玉玺，就好比偏门娶进来的小妾，总是名不正言不顺的。玉玺这东西谁敢动？自然是太上皇给顺走了。

颙琰急得满头大汗，群臣你看看我，我看看你，皆束手无策。最后还是刘墉硬着头皮，先暂停了大礼："古今安有无大宝之天子？"然后追进养心殿，大着胆子让乾隆把传国玉玺交出来："自古以来，天子临政当有大宝在身，陛下传禅不与大宝，百官朝贺，贺出无名！"

刘墉也是把乾隆的心思摸得极透的人，乾隆则揣着明白装糊涂，说颙琰刚上任，各项政务还不熟悉，我帮他掌管玉玺，是怕他办事不熟练，耽误国家大事。

这套"我先替你保管着"的说辞，就好比小时候爸妈替你保管压岁钱一般，只能骗骗小孩子。嘉庆元年（1796年）的刘墉已是七十六岁高龄，一辈子什么风浪没经过，什么手段没见过，这种说辞，信你才怪！争执了半天，他干脆把话挑明："陛下不能无系恋天位之心，则传禅可已。传禅而不与大宝，则天下闻之，谓陛下何如？"

是你自己说要退休的，但是传位又不交玉玺，你让天下人怎么看

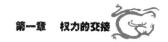

你？还不如不传位！

　　这话一点面子也没给太上皇留，怼得乾隆顿时哑口无言。僵持了半天，乾隆才带着玉玺磨磨唧唧地回到太和殿，恋恋不舍地交给了儿子。颙琰这才完成登基大典，年号嘉庆。

　　作为皇帝，嘉庆虽然实为傀儡，但至少面子上过得去，尽管光是登基大典，就搞得他无处安放自己的尴尬。但这仅仅是个开始，以后尴尬的事儿还多着呢，慢慢也就习惯了。

真·儿皇帝

不管经历过多少波折吧，颙琰总算成功登基了，正式从嘉亲王升级为嘉庆帝，成为大清朝第七位（入关后第五位）皇帝。不过此时，嘉庆这个皇帝，前面是有前缀的，叫作"嗣皇帝"。

"嗣皇帝"不如"儿皇帝"

《尔雅》中解释"嗣"这个字，是"继承，接续"的意思。"嗣皇帝"的意思就是"继任的皇帝"。文法上没什么错误，确实是继任的皇帝，但是加上这个"嗣"字，那味道就完全不同了。就好比殿试的第三甲，赐同进士出身；纳来的小老婆，唤作"如夫人"。若是真的"同"进士、"如"夫人，就不必加上这样的字眼了。后来有副对联，上联是"同进士不同进士"，下联是"如夫人不如夫人"。因此，"嗣皇帝"这个称号，就是乾隆着意在敲打颙琰——别忘了你小子这个皇位是继承老子我的！

可想而知，嘉庆虽然贵为皇帝，实际上只是一个"吉祥物"，在朝中的话语权还没和珅大。这一切的原因，都要归咎于嘉庆身后那个年迈而巨大的阴影。乾隆执政六十年，哪怕退下来，咳嗽一声也够朝廷地震的。五代时后晋的开国皇帝石敬瑭，为了当上皇帝，不惜割让幽云十六州给辽国，并认比自己小十一岁的辽国皇帝耶律德光为父，以求得辽国的军事支援。石敬瑭也就此以"儿皇帝"之名，在史书上留下了被千古耻笑的一笔。但若以实权而论，嘉庆前期的地位还真不如石敬瑭。石敬瑭对外虽然是"儿皇帝"，对内还是说一不二的真皇帝，实权在手，割地、装儿子又如何？而嘉庆不管是在皇室内部还是在外朝，完全就是一个摆设，一切仍是老父亲说了算。从实权这点来说，"嗣皇帝"还不如"儿皇帝"。

话说回来，乾隆其实压根就没打算真的传位。只不过当年吹牛吹大了，君无戏言，事到临头又不好赖在龙椅上不下来，于是玩起了"训政"这一套：传位归传位，你小子没当过皇帝，我怕你坐不稳皇位，扶你上位，还得手把手教你几年，攒攒经验。

在传位之时，乾隆就提前说明了：

皇太子于丙辰正月上日即皇帝位。朕亲御太和殿，躬授宝玺，可称朕为太上皇帝。其尊号繁文，朕所弗取，毋庸奏上。凡军国重务，用人行政大端，朕未至倦勤，不敢自逸。部院衙门及各省题奏事件，悉遵前旨行。

归政后，凡遇军国大事及用人行政诸大端，岂能置之不问？仍当敕几体健，躬亲指教。嗣皇帝朝夕敬聆训谕，可以知所禀承，不致错失；而大小臣工，恪恭尽职，亦可谨凛遵循。

话这么说，乾隆也确实这么做了。退位后，乾隆称"太上皇帝"，其谕旨称"敕旨"，太上皇帝仍自称"朕"；嗣皇帝生日称"万寿节"，太上皇帝生日称"万万寿节"；外面已经改元嘉庆，皇宫内仍使用乾隆年号；来京陛见的文武大员及新授道府以上官员，均要到太上皇处谢恩，并恭请训示。总之，只剩下祭祀及礼仪之类鸡毛蒜皮的小事才轮到嘉庆去处理。

乾隆所谓的"归政"，是小事你处理，大事我来办。至于什么是

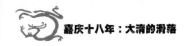

大事、什么是小事，最终解释权在乾隆这里。

退位后，乾隆一直住在皇帝专属的养心殿里，嘉庆也只得继续住在太子居住的毓庆宫里，虽然于礼不合，谁又敢说什么。

嘉庆元年正月十九日，禅位没几天，乾隆就在圆明园通过和珅，对召见的朝鲜贺使李秉模传达旨意："朕虽然归政，大事还是我来办。你们回国问国王平安，路途遥远，不必差人来谢恩。"

李秉模回去后向朝鲜国王汇报工作，朝鲜国王问："听说新皇帝任孝诚勤，誉闻远播云云，是这样吗？"

李秉模回答说："（新皇帝）状貌和平洒落，终日宴戏，初不游目。侍坐太上皇，上皇喜则喜，笑则亦笑，于此亦有可知者矣。"

此前朝鲜国王也问了另一个使臣闵钟显新皇帝怎么样，闵钟显答道："仁孝端重，在诸王中最有令誉。观于宴飨之时，侍坐上皇之侧。只视上皇之动静，而一不转瞩。观于此亦可见其人品矣。"

从这两个朝鲜使臣的视角就可看出，新皇帝几乎是个摆设，只会盯着乾隆伺候。老爷子笑了才敢笑，老爷子不动就不敢动，总之那是相当地老实。

乾隆本来就是个爱玩乐的主，大权在握又终日宴席。每到宴饮之时，身为皇帝的嘉庆对乾隆总是先行恭候，要么就尾随其后，把自己的姿态摆得极低，生怕遮挡了太上皇的光辉形象。即位之初没有实权，可能存在做戏的成分，不过嘉庆原本资质平庸，估计后来做戏做久了，连他自己都走不出这个阴影了。

千叟宴：面子工程害死人

嘉庆真的想早点即位吗？也不尽然。

做傀儡皇帝其实还不如做太子，所以乾隆六十年老皇帝宣布退位禅让之时，颙琰就上书推辞：先是吹一通彩虹屁，把老爹夸得那是天上少有、人间绝无，然后谦虚地说自己"年齿尚少，阅事日浅"，难以担此大任。我蒙圣恩册立为太子，已经是天大的恩典，自当在东宫里勤谨奉上，晨昏定省不敢有丝毫怠慢。全天下都盼着您老人家万寿无疆，以使社稷永安，儿子我实在不敢即位，"伏祈敕停举行"。

这通彩虹屁，把乾隆拍得龙颜大悦：算你小子懂事！你就踏踏实实地即位吧，反正我也不让权。

乾隆退位后做的第一件事，就是再开一次千叟宴。千叟宴始于康熙时期，康熙皇帝分别于康熙五十二年（1713年）及康熙六十一年（1722年）举行了两次千叟宴。当时还是皇孙的弘历参加了康熙六十一年的千叟宴，那宏大的场面，给年仅十二岁的他留下了深刻的印象。乾隆处处以爷爷康熙为榜样，康熙南巡，乾隆也南巡；康熙举行千叟宴，乾隆也举行千叟宴。而且乾隆处处都要以超过爷爷为标准，乾隆的历次南巡和千叟宴，规模都超过了康熙，当然，花费也超过了康熙。嘉庆元年这次千叟宴花了多少银子已经查无实据，但乾隆五十年（1785年）那次至少花了一百万两白银。若是没有和珅这个钱袋子顶着，乾隆还真玩不转。这次赶上太上皇归政禅让这种千年难遇的盛事，当然要举行一次盛况空前的千叟宴以纪之。

嘉庆元年正月初一乾隆禅让，正月初四就举行了千叟宴，其规模远超新皇帝的登基大典。一方面，乾隆的父亲雍正皇帝给他留了一个很好的底子；另一方面，乾隆自己也确实有些才干。乾隆四十二年（1777年）时，国库存银达到了八千一百八十二万两，这一国库资产是整个古代王朝的顶峰，这个纪录直到清末被迫打开国门后才被打破。所以，乾隆五次普免天下钱粮是有底气的。

乾隆是个好大喜功的主，有了钱就开始可劲地造。可以说，下江

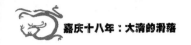

南、修圆明园、开千叟宴，都是人狂钱多惹的祸。当然，乾隆后期国库充盈，是另有原因的。其中，和珅开创的"议罪银"功不可没，这个后面慢慢说。

嘉庆元年时，大清国库存银尚有五千六百五十八万两，不算少，但是到了嘉庆四年（1799年）年初乾隆驾崩时，国库仅剩一千九百万两。短短三年时间，国库存银锐减。花出去的钱，一部分用于平定白莲教，另一部分给老爷子撑面子，听个响了。嘉庆元年的这次千叟宴，就是一个巨大的销金窟。

千叟宴，顾名思义，就是皇帝请天下的长寿老人来参加的宴席。当年康熙皇帝六十大寿，自认为"自秦汉以降，称帝者一百九十有三，享祚绵长，无如朕之久者"，所以决定举办排场隆重的万寿庆典。皇家请客，自然不能小家子气，于是规定：凡是年六十五岁以上的年长者，不论官民，均可按时到京城参加阳春园的聚宴。当时赴宴者有千余人，首开千叟宴之盛况。

乾隆标榜自己治下盛世无双，超过了圣祖，所以千叟宴的规模也要超过圣祖。乾隆五十年的千叟宴，自亲王贝勒以下，内外文武大臣、致仕官员、受封文武官阶之人，过六十者有三千余人。整个宫殿觥筹交错，熙熙攘攘，殿廊下布五十席，丹墀内二百四十四席，甬道左右一百二十四席，丹墀外左右三百八十二席，共计八百席之多。赴宴者中既有皇亲国戚、前朝老臣，也有从民间奉诏进京的老人，花费高达白银一百万两以上。

而嘉庆元年的千叟宴，仅列名参席者就有三千零五十六人，列名邀赏者更是达到了五千人，规模比乾隆五十年那次更大，花费也只会更多。此次千叟宴规模之盛，在整个中国历史上都是绝无仅有的。

宴会一开始，刚即位的嘉庆就亲率三千零五十六名银须白发的耄耋老者，向乾隆行三跪九叩之礼，山呼万岁，为太上皇祝寿。乾隆望着天下臣民，志得意满之心达到了极致。

皇帝请吃饭，放在古代，是够吹一辈子的事，更何况来了还有大大的赏赐——凡是参加宴会的老人，每人可得一把拐杖和一枚御赐的银制养老牌。养老牌从十两到三十两重不等，分发给从七十至九十岁的老人。每长五岁，凭养老牌可领的银子就上升一个档次，分别赏十两、十五两、二十两、二十五两、三十两。另有几名年龄特别大的，比如年逾九十的梁廷裕等人被赏了七品顶戴；百岁老人邱成龙和一百零六岁的老人熊国沛被赏了六品顶戴，乾隆还钦封他们为"百岁寿民""升平人瑞"。这待遇，够吹三辈子的！

乾隆年龄大了，这个心态就好像《红楼梦》里贾母的心态——自己的同龄人都死得差不多了，那是真的挺寂寞的，于是就想找个"积古的老人家说话儿"，缓解一下老来的孤独。况且那年月人均寿命不长，高寿的老人被称为"人瑞"，是盛世的"活化石"，要像麒麟一般，当成祥瑞供着。《文选·王褒·四子讲德论》就记有"今海内乐业，朝廷淑清，天符既章，人瑞又明"的话。

皇帝要排遣寂寞，那花费可海了去了。前面说了，乾隆五十年的千叟宴就花了一百多万两银子。嘉庆元年的这次千叟宴规模更大，花费也只会更多。这都不叫"花钱如流水"了，而是"花钱如洪水"。乾隆自己挥霍无度，若没有和珅顶着，大清说不定早就关张了。

而且吧，真正来参宴的老人其实也挺受罪的。千叟宴还有一个名字——催命宴。你想啊，正月初四，正是最冷的时候，就在露天的场地（大殿里虽然有位置，但那是给亲王贝勒们预备的，平民百姓哪儿轮得上）摆宴。也就是和珅提了建议，吃火锅，大家伙这才有口热的吃。其余的，虽说是山珍海味、满汉全席，但端上来很快就凉透了。

大冷天的吃冷饭菜，老头们的肠胃哪里受得了？更何况见皇帝，礼仪烦冗，要先三跪九叩；接着皇帝赐酒，大家叩头谢恩；后面皇子皇孙上来敬酒，又要跪地谢恩；来来回回折腾半天，一口饭都还没吃，先磕了几十个头。后面再吃冷饭冷菜，加上天气寒冷，往返路程颠簸，折腾来折腾去，参加千叟宴的老人回去后，死了一大半！所以说，面子工程害死人，古今同理。只是后面的这些事儿，乾隆就不关心了。

杀鸡儆猴

随着千叟宴的落幕，所谓的"康乾盛世"也算是画上了句号。乾隆虽然退位，但依旧大权在握，每天嘉庆都要接受皇帝的"训谕"。太上皇的心态十分明显——老子就算不当皇帝，也是实际掌权者，皇帝也要听我的！这比当皇帝还爽。文武百官都是人精，哪有读不懂太上皇心思的？不过，还真有那不开眼的。

正月十二这天，湖广总督毕沅上的奏折里有这么一句话："仰副圣主，宵旰勤求，上慰太上皇帝，注盼捷音。"这话读起来没毛病，就是说我们努力工作，力求对得起皇帝的废寝忘食，以慰太上皇——但是，毕沅犯了一个看似不起眼，实则极为严重的错误：在语序中，将皇帝排在了太上皇的前面。

在乾隆这种小心眼的皇帝眼中，这是一个极为严重的错误。老子才禅位没几天，你就敢把"嗣皇帝"排在我前面？不好好收拾你一番，你怕是不知道在大清的地盘上，到底谁才是老大！为此，乾隆特地公开传旨，将毕沅骂得狗血淋头：

毕沅等奏、筹办军粮军火情形一摺。内称仰副圣主宵旰勤求，上慰太上皇帝注盼捷音等语。措词实属无谓！本年传位大典，上年秋间，即明降谕旨颁行中外：一切军国事务，朕仍亲理。嗣皇帝敬聆训诲，随同学习其外省题奏事件。并经军机大臣等奏定款式，通行颁发。毕沅等并不遵照办理。是何意见？无论办理苗匪一事。起自上年二月，一切军务机宜，但朕酌筹指示。现在军营奏摺，亦无不逐加批览。即自嘉庆元年以后，内面部院各衙门，外而督抚大吏等。章奏事件，亦皆朕躬亲综揽，随时训示。岂因有授受之典，即自暇自逸，概置政事于不问乎？各省陈奏事件，如招内皇上睿鉴字样，自应钦遵颁发格式，照常缮写。今毕沅等所奏之摺，分列圣主及太上皇帝，试思圣主睿鉴等字样。有何同异？而毕沅等故为此区别之见，有是理乎？揆之伊等意见，不过如年内礼部太常寺具奏仪注等事。或递两分，或递一分，漫无定见。总是私心鄙见，以致种种错误。谓之畏首畏尾，尚属高置。竟是不知事理，可笑而已。毕沅等身为封疆大吏，于此等寻常事件，辄鳃鳃过计，鄙陋若此！设遇地方重大要务，安望其能经理裕如耶？毕沅、姜晟、均着传旨严行申饬，仍交部议处！并通谕各督抚知之。

简单说就是：老子去年秋天就说了，一切军国事务仍由我来处理，让"嗣皇帝"跟着学习。你毕沅不按照我的意思办，是什么意思？这段时间的大小事务，都是由我亲自处理的，哪能因为让了位就让了权呢？你毕沅身为封疆大吏，在奏折这种小事上都拎不清，遇到地方大事，焉能指望得上？

申饬之后，乾隆仍不解气，命有关部门好好给毕沅定个罪，随后昭告天下，让各级官员认清一下形势。

毕沅也是倒霉，乾隆正愁没机会杀鸡儆猴呢，他自己就跳出来撞枪口上了。在大清做官，做多少事不重要，哄得皇帝开心才是正

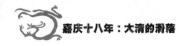

事。处理毕沅，也是乾隆给嘉庆的一个下马威——别以为你是皇帝了就能怎么样，这天下还是我说了算！

韬光养晦

嘉庆哪敢说什么，只能夹着尾巴做自己的"吉祥物"，太上皇让干吗就干吗，不敢说半个不字。传位之前，乾隆就说了，"嗣皇帝"要每天跟着自己学习，接受"训谕"。训谕皇帝这个活儿，很不幸交给了和珅。

这也是无奈之举，乾隆老爷子年事已高，难免耳聋眼花，有时候话都说不清楚。而和珅伺候了乾隆半辈子，真是跟乾隆肚子里的蛔虫一样。说句粗话，乾隆一撅屁股，和珅就知道老爷子要拉什么样的屎。

于是乎，每次上朝，乾隆坐中间，和珅和嘉庆分别侍立两侧。每每百官上奏什么事，都要和珅转奏；而乾隆下达了什么指示，也要和珅传达。

没办法，乾隆说什么，也只有和珅听得懂。至于和珅到底是不是按乾隆的意思翻译的，那就只有和珅自己知道了。

有一次，白莲教闹事闹得太大，乾隆在龙椅上闭着眼，半睡半醒，喃喃有词，忽然睁眼问，他们叫什么名字。和珅回答是徐天德、苟文明。乾隆再度闭眼，念叨个不停。不仅旁人一头雾水，作为乾隆亲儿子的嘉庆也茫然不知所以。之后，嘉庆问和珅，太上皇同你对的是哪门子天书？和珅回答说，太上皇念叨的是西域的一种密咒，念这种咒语，讨厌的人必然生横祸，太上皇问白莲教的那俩祸首叫什么名字，臣就将祸首的名字回禀给太上皇了。嘉庆听了虽然心里不爽，却也只得佩服——您老真是太上皇肚子里的蛔虫！

这件事反映了好几个问题。

一是和珅卖弄聪明，实在卖弄的不是地方。就算太上皇一时半会离不开和珅，但他老人家早晚是要龙驭宾天的。一朝天子一朝臣，你越是在嘉庆面前卖弄自己跟乾隆的关系铁，那套在自己脖子上的白绫就越紧。

二是此时白莲教已经泛滥到太上皇都无可奈何、只能念咒语诅咒祸首的地步。就好比衡阳保卫战之时，蒋介石给方先觉承诺只要有需要，二十四小时内援军就能到达。结果仗越打越大，方先觉足足守了四十七天，老蒋的援军均被击溃，无一能到达衡阳的。急得老蒋只能对上帝祈祷："愿主赐我衡阳战事胜利，当在南岳顶峰，建立大铁十字架一座，以酬主恩。"祷告有用的话，直接祷告日本天皇嗝屁不就好了，这弄多少十字架都值啊！同理，乾隆要是能把白莲教的祸首抓来凌迟，那不比躲在屋里画圈圈诅咒要爽吗？乾隆都对自己的八旗军没什么信心，信他们还不如信老天爷呢！可见此时大清对基层的掌控能力已经下降到何种程度。

凭借着对乾隆旨意精准的翻译能力，和珅坐稳了大清国"二当家的"位置，俗称"二皇帝"。此刻，法理上大清国的正牌皇帝嘉庆，只能算是"三当家的"。上朝议事时，乾隆坐着，和珅和嘉庆分别侍立于两侧，远远望去，还真分不清到底谁是皇帝。和珅这个"二皇帝"，仗着乾隆狐假虎威，比嘉庆这个"嗣皇帝"都风光。"大当家的"不放权，下面有多少当家的也没用，都要看乾隆的脸色过日子。

嘉庆虽然老实，但并不傻。权力这东西，哪能容忍他人染指。但此刻他只是"嗣皇帝"，乾隆万一有个不高兴，随时都能废了他。因此嘉庆一直隐忍不发，直到乾隆大行后才动手。而在和珅看来，嘉庆资质平平，很好对付。但是别忘了，嘉庆作为皇子，是有老师的。

平心而论，清皇室极看重皇子们的教育，在此方面极严格。皇

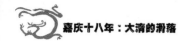
子六岁就要入学读书：每日寅时（3:00—5:00）要到书房，先学习满洲、蒙古文，再学习汉文；皇子的老师卯时（5:00—7:00）就要进书房，开始给皇子上课，经常是学习到申时（15:00—17:00）才下课。这个作息时间，跟衡水中学之流的"高考工厂"相比也不遑多让。给皇子们上课的老师，无一不是当代的博学鸿儒，除了学问优长，还要品行端方，二者兼备，缺一不可。

嘉庆作为皇子，老师颇多，其中和嘉庆感情最好、对嘉庆影响最深的老师，当数朱珪。嘉庆对和珅的隐忍、对乾隆的韬晦，均来自朱珪的教导。

老君臣VS新君臣

朱珪才学很高，十七岁就高中进士，而且被选为庶吉士，那可是"进士中的进士"，代表了清朝官僚中文化层次最高的一批人。要知道，范进五十多岁才中了个举人，就高兴得疯了，十七岁的朱珪可以说是天才少年了。

朱珪一生不爱财、不好色，做官后，一直不曾纳妾，这是极少见的，哪个当官的家中不是妻妾成群？朱珪四十岁这年（乾隆三十六年）升任权巡抚事，这可是朝廷的正二品大员。不久后，朱珪的妻子离世。现在的人开玩笑说"升官、发财、死老婆"是中年男人的三大白日梦，全让朱珪给赶上了，但人家愣是没续弦，就这么独居到老。

朱珪这种完美人格的人，在大清官场上是吃不开的。乾隆四十年（1775年），按察使黄检就打小报告给皇帝，说朱珪整天只顾着读书，不务正业。乾隆这会儿还没老糊涂，接到小报告后，知道是同僚排挤，朱批"朱珪不惟文好，品亦端方"。第二年，乾隆就将朱珪调回京城，任上书房行走。在乾隆看来，朱珪在地方上被同僚排挤，也做不出什么政绩，干脆给皇子们教书吧。

就这样，朱珪做了嘉庆的老师。

朱珪教书并不是死教四书五经，而是给嘉庆讲了不少治国方略。据说朱珪特别透彻地给嘉庆讲解了《出师表》里"亲贤臣、远小人，此先汉所以兴隆也；亲小人、远贤臣，此后汉所以倾颓也"的道理，并联系历代兴衰，强调君王应该自正自清，辨别贤奸；还反复强调，修身要严格区分诚实与欺诈，看人应仔细辨别仁义与势利。在朱珪的悉心教导下，嘉庆的学业大进。两人朝夕相处，情同父子。

这一教，就是四年。

朱珪教书教得不错，却遭到了和珅的排挤。朱珪两袖清风，在官场上明显是一个异类。和珅看着清贫的朱珪极不顺眼——还"亲贤臣、远小人"呢，谁是小人？就你清廉，衬得我们这一堆人都是贪官？你不是"清廉"吗？我让你全家都"清廉"！

于是，和珅找了个机会，把朱珪远远地赶到了福建做学政（相当于地方教育厅厅长）。朱珪虽是个大儒，但对官场倾轧毫无招架之力，只得乖乖地收拾行囊上任。临行前，朱珪特意给嘉庆留下五条箴言："曰养心，曰敬身，曰勤业，曰虚己，曰致诚。"

这五条，说白了就是——先装孙子！这会儿佞臣权势滔天，你爹又小心眼，掌控大权之前，你就踏踏实实地装孙子，什么都别干。

对于恩师的五条箴言，颙琰深以为然，并且一直身体力行装孙子这一伟大事业。朱珪走后，师徒二人一直书信不断。嘉庆元年，颙琰登基后，朱珪专门写信恭贺新皇登基，同时又在信里千叮万嘱：虽已继承大位，但时时处处皆当小心从事，不可多御政事，能推则推，加强修养。别忘了当年康熙朝的太子废而复立、立而复废的教训。

嘉庆心领神会，处处谦让，处处低调。在做"嗣皇帝"的这些

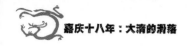

年，嘉庆不仅对乾隆低眉顺眼，对和珅也是谦恭有礼，搞得好像和珅才是皇帝似的。

嘉庆登基后，也想过将已升任两广总督的朱珪调回来，就对太上皇说，自己还想继续学古体诗和古文，想将老师调回来任大学士。乾隆没多想就同意了——这是好事，皇阿玛再也不用担心你的学习。

嘉庆知道后，十分兴奋，当即给朱珪写信，传达这一好消息，不料这封信被和珅截获。和珅是当年外放朱珪的主谋，朱珪这种清官一向跟和珅这种贪官势不两立，和珅很担心嘉庆召回恩师后，两人密谋什么对自己不利的事，于是当即带着信去主子那里打小报告："嗣皇帝"这是要"市恩于师傅"啊！

乾隆心眼极小，嘉庆想学古文没什么大不了的，但是要拉拢自己的老师、打造自己的小团体，那就不行了。在和珅的撺掇下，朱珪非但没有调回京城，反而被以"剿匪不力"的借口，从两广总督降为安徽巡抚。

乾隆与和珅这对主奴，狠狠地敲打了朱珪和嘉庆这对师徒一次。

月满则亏，水满则溢

搞定了朱珪后，和珅建议让自己当年的老师吴省兰去辅导嘉庆诗文（顺便监督嘉庆），嘉庆对此无可奈何，只好继续装孙子。遇到和珅就客客气气地称一声"相公"，有事也不处理，大臣们偶尔上奏的事就说自己拿不定主意，请和相公先请示太上皇再处理。在吴省兰面前对诗的时候，嘉庆也延续一贯的平庸风格，丝毫不展露棱角。聪明一世的和珅，就这么被嘉庆捧得飘飘然，真以为自己是皇帝了。

权力能使人迷失自我，这话一点也不假。客观来讲，和珅绝对是聪明人，很有办事能力。如果在乾隆末期，和珅早早地告老还乡，说不定还真能落个善终。偏偏太上皇离不开他，搞得和珅退也没法退，只能硬着头皮，夹在太上皇和"嗣皇帝"之间。

我一直想不通，以和珅之聪明，怎么会想不到将来乾隆死后嘉庆会清算自己，为什么不在嘉庆面前尽可能低调一些，给自己留条后路呢？

很大的可能是，和珅这个"二皇帝"做着做着，就做出感觉来了，真就忘了太上皇早晚会挂掉，不能保他一辈子。

明朝的大奸臣严嵩的儿子严世蕃，也曾一手遮天、大权在握，连未来的隆庆帝都敢欺负。隆庆帝朱载坖还是裕王的时候，一直不被嘉靖帝待见。严世蕃仗着自家权势滔天，竟然授意户部扣着朱载坖三年的俸禄不发，搞得堂堂皇子府里差点揭不开锅。后来王府的人提醒朱载坖：要领俸禄，得先给严世蕃塞点钱。朱载坖别无他法，只得拉下脸来四处筹钱，最后借来一千五百两银子，孝敬给了严世蕃，严世蕃这才命户部把拖欠的俸禄发了下去。经此一事，严世蕃得意忘形，尾巴翘到了天上："天子儿子尚行金予我，谁敢不行金者？"连严嵩的老对手徐阶，提起严世蕃也是心服口服："世蕃胆真大于天！"

严世蕃的结局，以和珅之博学，应该是知道的。大概是掌控天下、欺负皇帝的感觉实在太美妙了，狐假虎威久了，狐狸还真把自己当成老虎了。他忘了这一切只是暂时的假象，忘了自己只是个钱袋子、传话筒，真正的老大是背后的乾隆。严世蕃欺负的只是未来的皇帝，和珅连现任皇帝都敢欺负，比之严世蕃，又高了一个层次；但是相比曹操、朱温这样真正的枭雄，可就差远了。

正所谓"月满则亏，水满则溢"。和珅自从伺候乾隆以来，在乾隆退位后迎来了自己的人生巅峰，但是巨大的隐忧，也让表面风光的和珅内心充满了不安。论捞钱能力，严世蕃见了和珅，也得叫一声大

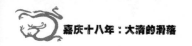

哥。但是，财富多过头了，就成了定时炸弹——贪污了一辈子，皇帝最后还得让肉烂在锅里。所以有一次严嵩不小心看到了严世蕃搞来的钱，当即吓得捂着耳朵就跑："多积者必厚亡，奇祸奇祸！"和珅贪的钱比严世蕃贪的更多，更是自取其祸。

和珅做的这一切，嘉庆都看在眼里、记在心里。贪钱也就算了，仗着太上皇恃宠而骄，连我这个皇帝都不放在眼里，早晚宰了你！

实际上，和珅夹在太上皇和皇帝之间，也没有太多选择。乾隆大权在握，"嗣皇帝"对权力哪怕表现出一丁点染指的欲望，都有可能被废掉。自古天家父子无恩情，历史上皇帝废立太子的例子不胜枚举，太子谋反的事也层出不穷。掌权人和接班人之间的关系极为微妙，和珅只能站一个队。如果被乾隆发现他脚踏两条船，以乾隆的小心眼，和珅会死得更惨。也就是说，在太上皇和"嗣皇帝"之间，和珅只能选择太上皇。毕竟眼下大权在握的是太上皇，就算日后太上皇驾崩了，皇帝找自己麻烦，那也是日后再说，先把眼前活下去。

只是和珅做梦也想不到，这一天来得如此之快。

第三章

新手大礼包

　　乾隆皇帝可谓是历史上最好运的皇帝。爷爷康熙平三藩、收台湾、打沙俄、伏蒙古，给大清奠定了发展的基础；爸爸雍正整吏治、惩贪官、安西北、摊丁亩，给乾隆留下一个充盈的国库和一个还算勤勉的官僚机构。乾隆接手的大清正处于上升期，只要不瞎折腾，在龙椅上拴条狗都能把"盛世"延续下去。

　　乾隆在前期也算励精图治，吸收祖宽父严之精髓，宽严相济，将大清推向了"康乾盛世"的顶峰。绝大多数所谓的明君，都逃不过"靡不有初，鲜克有终"的魔咒，若是乾隆死得早一点儿，还真算是一代能君，只可惜他寿命太长，年龄大了，就逐渐昏庸起来，这是"老人政治"的通病。乾隆这辈子好大喜功，既小心眼又鸡贼，后期又极爱排场、好面子，总之是把大清折腾得不轻。到了乾隆后期，帝国的各种弊病已经积重难返。

　　康熙和雍正这两位皇帝驾崩时，都给接班人留下了一个不错的底子。乾隆确实有点老糊涂，好在还不傻，虽说给嘉庆留下的是一个烂摊子，但也给嘉庆准备了一个"新手大礼包"。这个"新手大礼包"，就是和珅。

挣面子，不寒碜

　　嘉庆四年（1799年）正月初二，乾隆龙体不豫，召太医诊了脉。

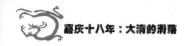

太医说太上皇没啥病，也就是"心气不足、身软神倦、神气恍惚、时有身软、夜间少寐、梦寐不安"。说白了就是没休息好，稍微进补一下就好了。当天，乾隆就补了一碗参汤，一切看起来都很正常。孰料第二天一早，也就是正月初三的辰时，乾隆突然驾崩了。

要说乾隆这是福寿双全、无灾无病，最后无疾而终，属于罕见的老喜丧。顺便说一句，美国第一任总统华盛顿也是这一年去世的，终年六十七岁（据史料记载，华盛顿感到身体不适后，被初步诊断为扁桃体周围脓肿。医生采取当时流行的放血疗法，他被放血四次，总放血量达2000毫升）。

嘉庆第一时间就收到皇阿玛驾崩的消息，我猜测他的内心是悲喜交加的——可"悲"占几分呢？恐怕身边要无宫女、太监在，他能高兴得蹦起来。憋屈了这么多年，总算能好好出一口恶气了！

当天，嘉庆一口气下发了八条谕旨，狠狠地过了一把当皇帝的瘾。谕旨里首先要表现一下自己悲痛的心情，太上皇挂了，自己那叫一个"锥心泣血，呼天抢地"。随后安排睿亲王淳颖、成亲王永瑆、仪郡王永璇，大学士和珅、王杰，尚书福长安、德明、庆桂、董诰、彭元瑞，总管内务府大臣缊布、盛住等人，一起总理太上皇的丧事。随后把太上皇一顿吹捧，怎么文武双全怎么来，什么十全武功啦，五次普免天下钱粮啦，最厚脸皮的一句是"诗开百代之宗"，真正把不要脸发挥到了极致。

乾隆一生写诗四万三千多首，比整部《全唐诗》还多。他老人家活了八十九岁，按从出生就开始写诗来算，还要平均每天写1.3首。这四万多首诗，绝大多数写得寡淡如水，除了时不时弄个生僻字显摆一下，诗句近乎白话，就是以写诗的方式写日记而已，好在对于研究当时的皇室生活还算有点价值——更庆幸的是，没有一首需要背诵，对后世的学生来说，也算是功德无量。

虽说是极尽吹捧之能事，但做儿子的，总是要给亲爹挣面子的嘛，不寒碜！

皇权大于法

吹完老爹后，嘉庆按例安排一下宫里和各地的官员，晋升一下乾隆的皇子皇孙，顺便把自己的老师朱珪召回了京城。

这八条谕旨里，不显山不漏水地将和珅困在了办理丧事的人群里，架空了和珅，使其脱离了自己的亲信。

再之后，思念已久的恩师终于来到自己面前，嘉庆执朱珪的手痛哭失声。互诉一番后，嘉庆安排朱珪在南书房办公，加封太子太保，还送了一栋西华门外的宅院。虽说"帝王心术，天威难测"，但我认为嘉庆对朱珪的感情，是真诚的。

第二天，嘉庆又连发五条谕旨，再一次给太上皇贴了一番金后，开始进入正题。首先责问带兵平叛的大臣及将领，征讨白莲教这么久了，耗费军饷数千万两之多，仍然没有成功，你们这帮人都是吃干饭的吗？你们"玩兵养寇、冒功升赏"这些小九九，别以为我不知道！你们在地方上营私捞钱，也别以为我不知道！老百姓之所以跟着白莲教闹事，一大半原因就是你们这帮贪官污吏给逼的！而且军队每次奏报杀敌数百乃至数千，如果这数字没水分，白莲教早就铲除干净了，虚报军情的事，也别以为我不知道！"军营积弊，已非一日"，过去太上皇年事高，懒得跟你们计较，今后我当家，少给我来这套！别以为朕看着年轻就好忽悠（勿谓幼主可欺也）！

在征讨白莲教之事上痛斥一番后，嘉庆最终作出关键安排——罢免和珅九门提督、军机大臣的职务。让和珅和福长安（乾隆发妻孝贤

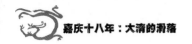

皇后之侄，保和殿大学士兼军机大臣赠郡王衔傅恒之子）一起在殡殿给太上皇守灵，不得擅自出入。

正所谓"一朝天子一朝臣"，嘉庆这道谕旨下发后，官场那些老油条用脚指头也能想到，皇帝要拿和珅开刀了。眼看风向不对，和珅的门生们纷纷上书弹劾和珅，将落井下石表现得淋漓尽致。和珅毕竟不是曹操那种枭雄，在嘉庆眼里，他只是一个狐假虎威的跳梁小丑，过去忌惮太上皇而对其隐忍许久，如今捏死他跟捏死一只蚂蚁差不多。给事中王念孙、广兴弹劾和珅、福长安的奏折文笔最好，嘉庆当即准了折子，革去和珅大学士和福长安户部尚书的职位，命仪亲王永璇和成亲王永瑆一同传旨，将和珅逮捕下狱。而后永瑆、绵恩、拉旺多尔济、刘墉、董诰等人负责审讯，又命永瑆、绵恩、淳颖、缊布、佶山等人负责查抄和珅家产。

需要注意的是，从法理上来说，总要先正式给和珅定了罪，再说杀头抄家的事。可这会儿审讯还没开始，嘉庆连抄家的人都安排好了，急不可耐之心昭然若揭。虽然嘉庆亲政第一天就摆出一副励精图治的样子，但他毕竟是专制帝王，对法理毫无尊重的意思，这也注定了嘉庆的政绩上限高不到哪儿去。

法是天子与臣民共同约定的守则，这在中国历史上其实是有过共识的。汉文帝有一次出巡，忽然有个人从桥下跑出来，惊了文帝的坐骑。侍卫拿了这个人交给廷尉张释之审理，张释之查明此人并非有意，就以"犯跸"之罪罚了他四两金（铜）了事。汉文帝觉得处罚太轻，十分气愤地质问张释之：这要是换了脾气不好的马，岂不是要摔伤我了？怎么就处罚得这么轻？

张释之回答道："法者，天子所与天下公共也。今法如此而更重之，是法不信于民也……廷尉，天下之平也。一倾，天下用法皆为轻重，民安所错其手足？"意思是，法是天子与天下人约定的共同守则，廷尉是为天下守护法的人。案子既然送到法司廷尉处，我只能依法办事。如果因为皇帝的干涉，而使律法成为一纸空文，那么以后让天下百姓还如何信法，并以此为准则呢？

汉文帝听了，只得点头认可：廷尉你做得对。

这种大臣据律法与皇帝争执的事，在历史上时有发生，甚至以暴戾闻名的隋炀帝，也有过在律法面前吃瘪的记录。有一次，一名卫士队长私自批准手下的卫士外出。隋炀帝得知后，将其送交大理寺审判。大理寺少卿源师依据律文判以徒刑，而隋炀帝认为处罚得太轻，下令处斩。源师据法力争道：既然把案件送到了大理寺，我就要按律办事。隋炀帝最终也同汉文帝一样，服从了律法的裁断。

类似的事，到了大清朝就戛然而止。顺治朝的"哭庙案"、康熙朝的"明史案"、雍正朝的"维止案"，乃至乾隆朝的一百三十多桩文字狱等，无不是肆意牵强附会、捕风捉影、乱扣罪名、从严从重地处理掉，毫无律法可言。

嘉庆内心已经给和珅判了死刑，和珅此刻就已经是死人了。查抄和珅的家产，那是一刻也等不及的。至于和珅犯了什么罪，都是小事儿。就算律法上没这个罪名，随口也能生造几个罪名。

有了皇帝的授意，"和珅专案组"很快就给和珅拟定了二十条大罪：

朕于乾隆六十年九月初三日，蒙皇考册封皇太子，尚未宣布谕旨，而和珅于初二日即在朕前先递如意，漏泄机密，居然以拥戴为功，其大罪一。

上年正月，皇考在圆明园召见和珅，伊竟骑马直进左门，过正大光明殿，至寿山口，无父无君，莫此为甚，其大罪二。

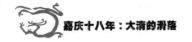

又因腿疾，乘坐椅轿抬入大内，肩舆出入神武门，众目共睹，毫无忌惮，其大罪三。

并将出宫女子娶为次妻，罔顾廉耻，其大罪四。

自剿办教匪以来，皇考盼望军书，刻萦宵旰，乃和珅于各路军营递到奏报，任意延搁，有心欺瞒，以至军务日久未竣，其大罪五。

皇考圣躬不豫时，和珅毫无忧戚，每进见后，出向外廷人员叙说，谈笑如常，其大罪六。

昨冬皇考力疾披章，批谕字画，间有未真之处，和珅胆敢称不如撕去，另行拟旨，其大罪七。

前奉皇考谕旨，令伊管吏部、刑部事务，嗣因军需销算，伊系熟手，是以又谕令兼理户部题奏报销事件，伊竟将户部事务一手把持，变更成例，不许部臣参议一字，其大罪八。

上年十二月，奎舒奏报循化、贵德二厅，贼番聚众千余，抢夺达赖喇嘛商人牛只，杀伤二命，在青海肆劫一案，和珅竟将原奏驳回，隐匿不办，全不以边务为事，其大罪九。

皇考升退后，朕谕令蒙古王公未出痘者，不必来京。和珅不遵谕旨，令已未出痘者俱不必来京，全不顾国家抚绥外藩之意，其居心实不可问，其大罪十。

大学士苏凌阿，两耳重听，衰迈难堪，因系伊弟和琳姻亲，竟隐匿不奏，侍郎吴省兰、李潢，太仆卿李光云，皆曾在伊家教读，并保列卿阶，兼任学政，其大罪十一。

军机处记名人员，和珅任意撤去，种种专擅，不可枚举，其大罪十二。

昨将和珅家产查抄，所盖楠木房屋，僭侈逾制，其多宝阁，及隔段式样，皆仿照宁寿宫制度，其园寓点缀，与圆明园蓬岛瑶台无异，不知是何肺肠，其大罪十三。

蓟州坟茔，设立享殿，开置隧道，附近居民有撼土堆之称，其大罪十四。

家内所藏珍宝，内珍珠手串，竟有二百余串，较之大内多至数倍，并有大珠，较御用冠顶尤大，其大罪十五。

又宝石顶并非伊应戴之物，所藏真宝石顶有数十余个，而整块大宝石不计其数，且有内府所无者，其大罪十六。

家内银两及衣服等件，数逾千万，其大罪十七。

且有夹墙藏金二万六千余两，私库藏金六千余两，地窖内并有埋藏银两百余万，其大罪十八。

附近通州、蓟州地方，均有当铺钱店，查计资本，又不下十余万，以首辅大臣，下与小民争利，其大罪十九。

伊家人刘全，不过下贱家奴，而查抄赀产，竟至二十余万，并有大珠及珍珠手串，若非纵令需索，何得如此丰饶？其大罪二十。

说实话，嘉庆看在过世的老爸的面子上，已经收敛很多了。当年雍正杀年羹尧，罪名列了足足九十二条。嘉庆要真铁了心往和珅头上套罪名，别说二十条，二百条也不是难事！只不过眼下老爸刚刚骑着龙玩儿去了（美其名曰"龙驭上宾"），尸体还没凉透，给和珅罗列太多罪名，乾隆这里面子上不好看——没有昏君，哪儿来佞臣？反正目的就是杀和珅，一条也能杀。

皇家也没余钱啊

和珅该不该杀呢？

从祸国殃民的角度来说，确实该杀。但是从主犯从犯的角度来说，和珅只是帮着乾隆捞钱，顺便中饱私囊、大捞特捞而已。真正的主犯，是刚刚咽气的太上皇。倘若龙椅上坐着的不是乾隆而是雍正，

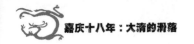

只怕和珅一两银子也不敢多捞。在雍正手下，和珅说不定还能混到如张廷玉那般配享太庙的地位。

和珅是中国历史上空前的大贪官，这点毫无疑问。但如果一个人除了拍马屁什么也不会，能让乾隆倚重那么多年吗？显然不会。和珅能从一个普通的大内侍卫爬到后来的高位，仅仅靠逢迎媚上是不成的。实际上，和珅是一名极富才干的人。他通晓满、汉、蒙、藏四种语言；诗词书画方面的造诣也非常高，《红楼梦》就是在和珅的周旋下，才得以流传下来的。无论是内务还是外交，和珅都处理得十分妥帖，是一名成熟的政治家。乾隆后期，乾隆皇帝穷奢极欲，又是南巡又是千叟宴的，若没有和珅帮着捞钱，大清的国库早就被乾隆折腾见底了。

嘉庆肯定是不敢对乾隆有丝毫怨怼之言的，但做了三年多的"嗣皇帝"，心里憋屈，定要杀一个人来立威。这个人头，用和珅的再合适不过了——都知道和珅富可敌国，抄了他的家，既出了气，又可以躺在这笔巨大的财富上舒舒服服过几年。所以一直以来，和珅都被视为乾隆留给嘉庆的"新手大礼包"。

和珅的家产到底有多少，一直是有争议的。其中一个说法是：各种财产加在一起，折算有八亿多两白银，也就是说——从《南京条约》到"庚子赔款"之间的清政府所有的对外赔款，和珅一个人就能兜住。贪污到这个级别，究竟是八亿两白银还是九亿两白银，其实差别已经不大了。

这么大一笔财富，谁能不动心呢？

但是细看一下和珅的二十条罪名，几乎没有一条是直截了当的贪污罪名，仅有第十七条、第十八条、第十九条列举了一些关于和珅家产的问题——对家产的来源也没有明确说明，就直接列成了罪名。

其实大家心知肚明，大清朝没几个清官。三年清知府，尚且十万雪花银，和珅在那一人之下、万人之上的位置上，捞点儿钱，再"正常"不过了。

和珅的二十条罪名里，前面十六条都是对和珅日常行为的指控，比如妄图拥戴啦、娶出宫女子为妾啦、坐轿子出入神武门啦、家里园林逾制啦、收藏的珠宝比皇宫的还要好啦之类的罪名。比如第七条，乾隆拟旨时，因为年纪大，手哆嗦，字写差了，和珅就建议不如把这一页撕掉，重新拟旨。

就这也算罪名？！

跟贪污受贿、祸国殃民等真正的罪行相比，这些算得了什么？

一直列到第十七条，才列了一下关于和珅家产的事情。可见在嘉庆眼里，贪污并不是最重要的罪名，你和珅不把皇帝放在眼里，才是真正的大罪！

在官场上混，做什么不重要，但是一定要站队正确。

和珅就真的不能为嘉庆所用吗？那也未必。说到底，和珅只是皇权的一个附庸、老虎身前的狐狸。有了皇帝授权，他才能作威作福，满世界捞钱。皇帝看他不顺眼，随便找点罪名就能让他万劫不复。以和珅之聪明，嘉庆随便敲打他一下，他绝不会傻不愣登地跟皇帝作对。要不然当年和珅干吗上赶着给当时还是皇子的永琰送玉如意呢？

那嘉庆为什么非要杀和珅不可呢？

原因有两条：一是立威；二是嘉庆真的很缺钱。

立威嘛，皇帝刚掌权，过去和珅骑在自己脖子上拉屎，不杀心里过不去——无权者一旦掌权，必然要清算旧账。嘉庆自己就说，若不杀和珅，那世人就只知道有和珅，不知道有朕。山东巡抚伊江阿，在得悉乾隆宾天的消息后，赶紧上奏折，顺便给和珅修书一封，劝和珅

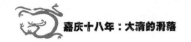

节哀，好生料理丧事。此时和珅已经下狱，伊江阿的信就落入嘉庆手中。嘉庆见信，勃然大怒——死的是我老爸，你劝和珅节哀是几个意思？就以常情而论，先人死了，寄信唁问，也应慰唁死者亲儿子才对吧？可见伊江阿这货过去就没把太上皇放在眼里，现在也没把朕放在眼里，就知道和珅一人！气得嘉庆当即下旨，拿了伊江阿，交刑部严加议处。

缺钱嘛，那是真的太缺钱了。前面说了，嘉庆元年乾隆禅让的时候，国库里尚有白银五千六百五十八万两。到了乾隆驾崩这年，国库里只剩一千九百万两白银了。对比和珅那八亿两白银的家产，国库可算是穷得只剩耗子了。

乾隆后期，白莲教四处起事，一直没能平定，急得乾隆只能窝在皇宫里画圈圈诅咒匪首。嘉庆做"嗣皇帝"这三年，几乎天天都有白莲教的消息。实际上，白莲教从嘉庆元年开始大规模闹事，闹到嘉庆九年（1804年），各地的起义军才陆续被清军平定。这一仗足足打了九年，辗转十六个省，前后投入白银约两亿两，相当于清廷五年的财政收入。

这一幕是不是很眼熟？明朝崇祯时期，也是流民起义四起，为了平定民变，本就入不敷出的明政府财政彻底走向了破产。大清也到了这样一个关口，要平定白莲教的叛乱，需要一大笔钱，皇帝不差饿兵。在朝廷财政收入有限的情况下，嘉庆只能走偏门。身家超八亿两白银的和珅，是一个绝好的祭旗对象。两个因素结合之下，和珅不死也得死了。

当年崇祯刚登基就干掉了魏忠贤，以致于到了最后关头，想走个偏门都没门。相比较之下，乾隆留给嘉庆的和珅，真是个大宝贝！

浮生若梦

到此地步，和珅只能乖乖地提前去伺候太上皇了。皇恩浩荡，嘉庆念在和珅伺候了太上皇一辈子的分上，格外开恩，给和珅留了个全尸。和珅在狱中看到白绫，知道时辰到了，于是写下了绝命诗：

> 五十年来梦幻真，今朝撒手谢红尘。
>
> 他日水泛含龙日，留取香烟是后身。

随后投缳自尽，时年四十九岁。

虽然嘉庆声明，只处理和珅，其余人一概不究，但和珅的八个小妾中，仍有豆蔻、长二姑、吴卿怜（就是电视剧《铁齿铜牙纪晓岚》中苏卿怜的原型）三人选择自尽，追随和珅而去，足见和珅平时对待家人还是颇有真情的。长二姑临死前也写下绝命诗：

> 谁道今皇恩遇殊，法宽难为罪臣舒。
>
> 坠楼空有偕亡志，望阙难陈替死书。
>
> 白练一条君自了，愁肠万缕妾何如？
>
> 可怜最是黄昏后，梦里相逢醒也无。

人生大起大落，确实如梦似幻，难以言说。

赐死和珅之后，嘉庆并未将"和珅案"扩大化来清理和珅余党。一方面，和珅做"二皇帝"时，官员哪有不给和珅上供的？这事儿要清查的话，得把整个大清官场过滤一遍，动静太大。如果"和珅案"迁延日长、株连广大，很可能会引起朝局震荡。因此嘉庆下旨说"悉不深究，勉其悛改，咸与自新"，还是要以稳妥为主。

另一方面，乾隆与和珅是儿女亲家，乾隆最疼爱的十公主固伦和孝公主下嫁了和珅的儿子丰绅殷德（字天爵，号润圃，被乾隆赐名

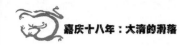
"丰绅殷德"）。嘉庆碍于自己的妹妹，不好对和珅家赶尽杀绝。最终还是给了妹妹与妹夫一部分财产，并将和府一分为二，一半留给这两口子过日子；另一半给了自己的同母弟永璘（乾隆的第十七子），1851年，这一半宅邸成了恭亲王奕訢的王府，最终形成了我们所熟悉的恭王府。

查抄和珅家产是一件极为费时费力的工作，抄和珅家的人是否像索额图、韦小宝（金庸先生的武侠小说《鹿鼎记》中的男主角）查抄鳌拜一样私吞了一部分，已经无从得知了。总之，和珅的这笔家产大大缓解了朝廷的燃眉之急。民间传言"和珅跌倒，嘉庆吃饱"，虽有其事，但其实并没有全部花在宫廷开销上，很大一部分还是用于平定白莲教上了。倘若白莲教像李自成一样攻入北京，内务府里存着再多的银子，还不是留给白莲教？在该花钱的时候，嘉庆也并不吝啬。

玉石纲

再来说说白莲教。

白莲教的历史比明清更长，自唐代就有，而且派系众多、组织松散——但这并不妨碍他们爱造反的特性。宗教是古代笼络人心的一个极好的幌子。邪教发家之初，一般也是为了敛财，形成一定规模之后，就蠢蠢欲动，要造反夺权。从汉末张角的"太平道"开始，到东晋孙恩的"五斗米道"，再到南北朝法庆的"大乘教"、北宋方腊的"明教"，至清末的"拜上帝会"，无不如此。

此时白莲教在明教面前，还只是一个小弟。朱元璋就曾借助明教的势力起家，深知邪教之祸，所以在称帝后开始大规模打压明教。《大明律·礼律》规定："凡师巫假借邪神，书符咒水，扶鸾祷圣，自号端公太保师婆，及妄称弥勒佛、白莲社、明尊教、白云宗等会，一应左道乱正之术，或隐藏图像，烧香集众，夜聚晓散，佯修善事。煽惑人民，为首者绞，为从者各杖一百，流三千里。"

白莲教属于搂草打兔子，被朱元璋一起给禁了。由于明教规模最大，因此是朝廷主要的打击对象。白莲教则分化为多个分支，悄悄地发展下来。

明清革鼎之际，山河动荡，战争不断。在八旗军、闯军、南明军这些正规军角逐的大阵仗中，白莲教那点儿教徒给人塞牙缝都不够。后来，康熙四处征战，雍正、乾隆对西北也有过大规模用兵，日子一直没怎么稳定过。直到乾隆后期，白莲教才算是缓了过来，开始蠢蠢欲动。当权者对民间结社是绝无容忍的，一有苗头，就以邪教或者反贼之名对其进行大规模镇压。乾隆后期，松散的白莲教在高压面前再度团结起来，最终形成了嘉庆元年大规模的白莲教起义。

乾隆后期，朝政腐败，乾隆皇帝沉迷于奢侈享乐中无法自拔。

乾隆挥霍到了什么份上呢？

他喜欢玉石，而新疆和田有着丰富的玉石资源，密尔岱山（地处今新疆维吾尔自治区喀什地区叶城县棋盘河源头，历史上被称为"玉山"）更是盛产超大块的美玉。既然是"超大块"，那不得几百斤起步？格局小了，几百斤那只是边脚料！乾隆四十二年（1777年）时，密尔岱山挖出一块总重量超过五吨的特大和田玉料。我没写错，你也没看错，就是五吨！为了运送这么大、这么重的一块玉，朝廷先后组织数千民夫，一路上逢山开路、遇水架桥，耗费三年多的时间和无数的人力物力，才将这块玉石运到京师。后来乾隆安排玉雕水平最高的扬州匠人雕制。经过十余年的周折，才在乾隆五十三年（1788年）时将这块超大玉石制成了《大禹治水图》玉雕，如今藏于北京故宫博物院宁寿宫的乐寿堂中。

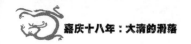

像《大禹治水图》所用的大型玉料，在当时并不是唯一的，甚至也不是最大的。《大禹治水图》完工后不久，密尔岱山再度挖出特大和田玉料，据《西域水道记》记载："其年有进密尔岱玉三：前者青，重万斤；次者葱白，重八千斤；小者白，重三千余斤。"三块和田玉，最重的青玉重逾万斤，葱白玉重达八千斤左右，最小的白玉也有三千多斤，合计重达两万余斤，约合十吨。

这十吨玉石，单是如何运送到京城，就是个超级大的难题。密尔岱山平均海拔三千六百多米，山势险峻，深谷绝壁纵横交错，时至今日，车辆仍然无法全程通行，当年纯靠人力畜力，难度可想而知。

然而乾隆就好这口，地方有困难也得迎着困难上。为了皇帝一己之喜好，地方官动用上千民夫，先利用山地的自然落差，将玉从密尔岱山矿区一点一点滑落到山下的棋盘河河谷。冬季河水结冰时，再把玉石拖上冰面，用上千民夫和几百匹马生拉硬拽，艰难前行。玉石出山后，道路条件稍微好点的地方，就用特制的大铁车运载玉石，车轴"轴长三丈五尺余"，前面用上百匹马拉拽，车后和车旁有大批民夫扶持推拉。遇到道路条件很差、车辆也过不去的地方，只能等到冬季，将水泼在地面上结成冰，用马拉人推的方式勉强行进。由于玉料太过沉重，导致行进速度极为缓慢，平均每天也就前进个五六里地。一直到嘉庆三年（1798年）年底，这三块玉才运到了和硕的乌什塔拉（今新疆维吾尔自治区巴音郭楞蒙古自治州和硕县乌什塔拉回族民族乡）。不仅负责运输的民夫不堪重负，苦不堪言，路过的地方也被折腾得不轻——既得安排这支运送队伍的食宿，又得给队伍补充民夫、马匹，还得沿途开路架桥，搞得民不聊生。

乌什的办事大臣都尔嘉见此情景，上书嘉庆皇帝，详细陈述了运送玉石的种种情况，希望皇帝能开恩，延缓一些运送的时日。刚好嘉庆四年年初乾隆死了，嘉庆对乾隆的挥霍无度心中早就不以为然，干脆下令，让地方官把玉石就地扔掉："叶尔羌离京路途甚远，运送玉石，倍觉费力……所解玉石，行至何处，即行抛弃，不必前解。"此外，将所有民工一律发钱遣散回家。那三块超大的玉石后来在林则徐被贬入新疆时还见过，"今视之若小山然"，可见有多大。清末民初，陆续遭人敲碎盗卖，如今已踪迹全无。

乾隆晚期的"玉石纲"，是否令你想到宋徽宗时期引得民怨沸腾的"花石纲"？作为方腊起义等诸多起义的导火索，"花石纲"绝对是加速北宋灭亡的催化剂。北宋亡后，宋徽宗和宋钦宗是如何被俘北上、在金国受尽凌辱的，乾隆不可能不知道，即使有这样血淋淋的前车之鉴在那儿摆着，也丝毫不耽误老爷子在奢靡享乐的道路上一往无前。可能他认为自己开创了巅峰盛世，文治武功数千年来无人能及，政绩上已无遗憾，人生苦短，而自己已是耄耋老人，须抓紧时间尽欢才好。

《明史·神宗本纪》中评价，"明之亡，实亡于神宗（万历）"；乾隆曾说过，"明之亡，非亡于流寇，而亡于神宗之荒唐"。轮到大清身上，清之滑落，实滑落于乾隆之奢靡。

官逼民反

要享乐，就得花钱。为了给乾隆捞钱，和珅发明了"议罪银"：官员犯了罪，交一笔银子，就可以减轻甚至免去处罚。比如一个官员犯了罪，本来该杀头的，交一笔钱，就改为流放三年，三年后回来，上下打点一下，还可能继续当官。谁能保证自己不犯错呢？到了后期，有的官员甚至先把钱交给皇帝：这是我的钱，您老先存着，哪天我犯错了，您直接划走就成！

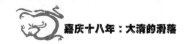

"议罪银"大大丰盈了乾隆的荷包，让乾隆后期南巡也好，千叟宴也好，都有钱花。但这钱是从哪儿来的呢？千里作官只为财，这钱肯定不是贪官污吏自己出。羊毛出在羊身上，官员前脚交了"议罪银"，后脚就会从百姓身上加倍捞回来。因此，凡是乾隆南巡之处，表面上前拥后簇、海晏河清、繁花似锦、太平盛世，实际却是民怨隐忍、民生凋敝、民穷财尽、民不堪命。

乾隆末年，清廷在各地大肆镇压民间的秘密宗教。铲除邪教是无可厚非的，但大清此刻已经腐败入骨，各地官吏以查拿邪教为名，四处搜求，敲诈勒索。稍有不顺从的，就扣上白莲教的帽子，下狱治罪，搞得民怨沸腾，不是白莲教的平民也给逼得加入白莲教了。湖北地区的白莲教各个支派见时机到了，决定在嘉庆元年的三月初十辰时（上午7点—上午9点）在各地区同时起义。这次起义席卷了湖北、河南、陕西等多个地方，最后分三股进入四川，掀起了嘉庆朝白莲教起义的序幕。自此，白莲教在大清腹地按下葫芦浮起瓢，到处起事，清军如同打地鼠一般，四处镇压，疲于奔命。

白莲教的群众基础相当不错，初十起事，十五日就攻陷了当阳县（今湖北省当阳市）。当阳县的衙门役吏杨起瑞带头响应，衙门里所有的皂吏、书役、壮头都加入了白莲教，这批人杀掉了当阳知县黄仁，占据了县城。

此时，福康安（福长安的哥哥，傅恒第三子）正在湖南剿办苗匪，朝廷命他赶紧把湖南善后的事交给舒亮和安庆，奔赴湖北剿灭白莲教。福康安简直是大清的"救火队长"，哪儿冒火就往哪儿赶。在地方官军和福康安大军的联合围剿下，湖北的白莲教总算是逐渐平息了下去，但却往全国蔓延开来。

此次剿匪，嘉庆展现出了自己的才干。四月初六，湖广总督毕沅（就是不久前被乾隆痛骂的那个）奏报：白莲教占据了当阳县城，"我军用大炮轰击县城，数日不下，无计可施"。奏折虽是给太上皇的，嘉庆作为皇帝，也能翻看。四月十一日，嘉庆看到奏折，就评论说："用炮轰击县城，未免稍拙。攻城之法，或声东击西，或三面攻击，故留一门为贼出路，暗设伏兵。若专用炮击，徒糜火药。与砖石为敌，殊属不值。且致耽延时日。"

后来毕沅又奏报：这帮逆贼虽都以白莲教为名，但各自为首，相互之间没什么统属。这些人都是不怕死的亡命之徒，必须大开杀戒，斩草除根，才能痛绝之。而嘉庆则认为，此时应该抓紧剿匪，"邪教"一节应暂缓查办，才能安定民心。地方官继续查办白莲教的话，以大清吏治之黑暗，只会把更多的人推到白莲教那一边。

后来毕沅又上报说：连日用大炮轰击当阳城，杀敌四百多人。嘉庆就质疑道：敌人在城墙上，我军在城墙下，炮是从下往上轰的。被炮击中的敌人，肯定是往后倒，摔进城内了。杀了多少人，城外是怎么知道的呢？

毕沅又称：白莲教在城上挖壕沟，嘉庆就点评道：当阳不过是个小城，城垣宽厚不过一二丈。要在城上挖壕，不用大炮轰击，城墙自己就坍塌了。

毕沅这货就是个书呆子，一点军事都不懂，只知道虚报邀功，奏折里好多地方自相矛盾而不自知。

由此可见，大清的各项积弊，嘉庆是知道的。只是太上皇尚在，嘉庆只能憋在心里。亲政的第二天，嘉庆就下谕旨，痛骂征剿白莲教的这帮人。眼下太上皇已经宾天，和珅的钱也已经到手，嘉庆着手做的第一件事，就是彻底剿灭白莲教。

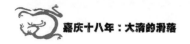

养兵千日，无兵可用

剿匪这种事，相当复杂。在一般的理解中，就是两军对垒，主帅大手一挥，大家伙儿冲啊，然后官兵们一拥而上，砍瓜切菜般斩杀匪军。其实不是这回事。白莲教只是乌合之众，战斗力和正规军根本没法比。但是大清的八旗军早已腐败不堪，乾隆年间，广州驻防八旗的火炮训练时间就由每年四周减为每年两周，射击训练的次数由十次减为五次。有的驻防八旗部队，甚至因操场被出租赚钱，干脆取消了火枪和火炮的射击练习，导致乾隆后期的八旗军"射箭，箭虚发；骑马，人坠地"，气得乾隆皇帝多次下旨要加强训练，保持满洲骑射的本色。效果嘛，可想而知！

后来嘉庆检阅帝国最精锐的京师前锋营，两百多名官兵射靶，竟无一人能五箭全部射中。排列第一的佐领绪英，不但一箭未中，甚至还有几支箭没飞到靶前就坠地了。可见此人臂力相当一般，用的弓拉力极低，毫无杀伤力。气得嘉庆回官后就下旨：军官平时不好好训练的，一律交宗人府论罪！

清代《笑林广记》中记载了这样一则笑话：有一位武将，上阵打仗，眼看就要被人击败，突然间天降神兵，打垮了敌人。此人十分感激，便向天叩头，问神仙的来历和姓名。神仙说，我是垛子（箭靶）神，感谢你平时在训练场上从未射中过我，特来相救。可见文学作品是源于生活的。

也就是说，虽然白莲教是乌合之众，可人家毕竟是把脑袋拴在裤腰带上造反的，打起仗来不要命。八旗军这帮老爷兵也就擅长提笼架鸟，真上了战场，还不如白莲教。

好在还有绿营军，此时绿营军也已毫无锐气，但毕竟是汉军组成，平时待遇不如满洲八旗，还没完全养废。如果说八旗军是完全不堪用，绿营军则处于勉强能用的阶段，靠人数上的优势，打个顺风仗还凑合，多少能凑个人场。

但是打仗哪有一直是顺风仗的？就算是顺风仗，那也是免不了要死人的。白莲教之役后期，绿营军也越来越不堪用。最后嘉庆只得让地方开始训练民团，开启了大清朝地方团练的先河。

此时，地方团练名义上还是配合政府军作战的，到后来太平天国起义之时，八旗军、绿营军已经彻底沦为看客。李鸿章、曾国藩训练的淮军、湘军作为主角，正式走上了历史舞台。

多管齐下

除了军队不堪用外，还有个情况叫作"养寇"，这是千百年来官兵的保留项目。明朝若不是官兵习惯养寇，李自成、张献忠早就被左良玉抓起来宰了，努尔哈赤也绝无机会在李成梁的眼皮子底下做大。

虽然明亡了，养寇的习惯却在军中流传了下来。这个也好理解，前面年羹尧嚣张跋扈，可谓人神共愤，但在剿灭叛军之前，雍正也只能先哄着他，灭了叛军再动手修理他；后面同治三年（1864年）七月曾国藩攻占南京，灭了太平天国，八月就奏准裁撤湘军两万五千人。平时地方军克扣军饷是常事，大清的兵勇大部分过得跟叫花子一般。好不容易有了白莲教，为了剿灭它，朝廷勒紧裤腰带也得给当兵的提高一些待遇，这要是三下五除二灭掉了，官兵们的战时待遇可就没有了。因此双方打仗，其实跟过家家差不多。所谓"剿匪"，其实就是"贼来不见官兵面，贼去官兵才出现"。时人做了一首打油诗讽刺道：

> 贼至兵无影，兵来贼没踪。
>
> 可怜兵与贼，何日得相逢？

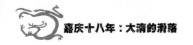

在这种情况下，嘉庆元年这次白莲教起义的规模越来越大，可谓四处星火。不过白莲教的教民毕竟不是正规军，清军虽然武功废弛，毕竟还是军人，军人和农民之间的战斗力差距还是有的。在清军的多方镇压下，白莲教只能四处流窜，无法形成有规模的根据地。但是流民四起，对社稷稳固来说肯定不是好事，流民就是明朝灭亡的重要因素之一。因此嘉庆对白莲教的事极为看重，亲政第一天就着重谈了白莲教的事，而后又四处调兵遣将，像打地鼠一样四处围剿。

嘉庆四年，皇帝采取了合州知州龚景瀚提出的"坚壁清野"之策。乾隆后期及嘉庆初年，地方官就总结了经验，令地方"劝民修筑土堡，环以深沟，其余因地制宜，或十余村为一堡，贼近则更番守御，贼远则乘暇耕作"，"并小村入大村，移平处就险处，深沟高垒，积谷缮兵，移百姓所有积聚，实于其中。贼未至则力农、贸易，各安其生，贼至则闭栅登陴，相与为守"。

这些方略很有效，不过乾隆爷好面子，对此极不认可，仍令地方加紧围剿。嘉庆亲政后，经过反思，发现"坚壁清野"之策确实是个好主意，就下令地方推广执行。经过几年的推行，川陕楚豫多处碉堡星罗棋布，凡是有白莲教活动的地方，都建有碉堡。就好比围棋里的布局，困得白莲教"野无可掠，夜无可栖，败无可胁"，活动范围被一再压缩，最后只能被活活困死。这一策略被反复证明是有效的，后来曾国藩的"结硬寨，打呆仗"，就是这一战略的延伸。

前面说了，嘉庆皇帝是有一定才干的。乾隆在世时，嘉庆缩在太上皇的阴影下束手束脚，现在亲政了，自然要大展一番拳脚。对于白莲教，嘉庆也不是一味地派兵围剿，而是多管齐下。

官兵这方面，嘉庆对地方官兵狠狠地敲打，比如像那彦成、松筠等军官只顾自己，不协同作战，出了问题又推诿责任的，就遭到了嘉庆的痛责，皇帝命他们用心作战，再敢"任贼来往"，小心脑袋；像四川达州知州戴如煌、武昌府同知常丹葵等鱼肉乡里、导致官逼民反的，嘉庆就下旨革职查办；对于杀良冒功的，嘉庆同样予以严惩。

白莲教这方面，嘉庆就"分而化之"，提出"随剿随抚，但治从逆，不治从教，剿抚并施"的策略，将参与谋反的"乱民"与习教的"教民"区分开来处置，很是有效果，一时间，许多人投降了。

地方亏空滚雪球

政策提出了，也要看执行得如何。嘉庆五年（1800年），嘉庆皇帝察觉自发布对教乱的安抚政策以来，收效不大。经过调查，发现原来是地方官对投降者没有妥善安置，甚至还有加以欺凌勒索的，安抚政策有名无实。为此，嘉庆反复给地方官重申，绝不能因其曾经入教就追究过去的罪名，只要是真心投降的，一律既往不咎；如果地方官不能妥善安置，或者有胥吏从中讹诈牟利的，一旦查出，必须重重治罪。

嘉庆能这么说，证明地方确实到了腐败入骨的地步，连高高在上的皇帝都知道了。在一个腐败的政治体系里，哪怕是怀有美好初衷的政策，执行起来也会完全走样。安抚教民是这样，清理地方亏空也是这样。

乾隆后期，各地方亏空严重，许多粮仓都能饿死耗子。嘉庆亲政后，下令彻查地方亏空。嘉庆四年十二月十九日，嘉庆给直隶下旨规定：凡亏欠一千两以下者，限期半年追完；亏欠一千两以上五千两以下者，限期一年追完；亏欠一万两者，限期两年追完；亏欠二万两者，限期三年追完；亏欠三万两者，限期四年追完；亏欠四万两及以上者，

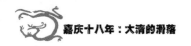

限期五年追完。亏欠一万两以内的，可以革职留任，追补完成后准其开复；亏欠超过一万两的，直接革职，限期内追完的，酌情宽免。

按说这是利国利民的好事，但是清查了没多久，嘉庆五年的正月初九，皇帝就十分无奈地下发谕旨至各省州县——仓库清查亏欠不宜过急，原因是"清理亏欠"的水太深了！

首先，清查过急，州县就以弥补为名，在地方上强行摊派。如果勒令在任官员弥补，就好比剜肉补疮，反倒祸害了百姓。

其次，历来地方州县亏空，其中不少用于给上司的"孝敬"，因此派上级核查，等于左手查右手，毫无意义。

最后，官员卸任交接时，继任的官员担心前任留下的亏空坑了自己，接手时都要认真核对。但是前任官员临走之时，往往腾挪拼凑，再打点一下盘点的书吏，往往也就糊弄过去了。后来，官员们的手段越发明目张胆起来。有的官员在任时没有亏空，临走时反而要顺走一大笔钱，制造亏空。继任官员之所以同意"做亏空"，因为前任官员和继任官员私下分账，这笔亏空就堂而皇之地留在账目上了。

随便你查，反正也说不清是哪一任留下的坑！

时间一长，就形成了潜规则。为官一任，临走时总要把地皮再厚厚地刮一层才行，不然对不起自己。偶尔有一两个不肯同流合污的官员，最多也就是自己不拿钱，没人敢揭开这个粪坑上的盖布。

就这样，地方亏空如同滚雪球般越滚越大，又像击鼓传花一般，说不准就在谁手里炸了。白莲教闹事，那是好事啊，最好是白莲教能攻入县城，就说地方库被白莲教抢了，鬼才认真围剿呢！

清理亏空这个事儿，嘉庆也束手无策，只能下旨说"其如何从容弥补之法，则在督抚悉心讲求，无欺无隐，密奏章程，候朕酌定。亦不拘年限也"。

断人财路，如同杀人父母。地方亏空这事儿在大清朝就是绝症，无人可解。就算有办法，也不会有人冒着得罪天下官员的风险向皇上提出来——给国家省下来的钱又不能到自己的囊中，结仇的那群官员指不定哪天就弄死自己，有百害而无一利，谁干这傻事？！

尽管嘉庆雄心壮志地想扭转乾坤，抑制帝国下滑的趋势，无奈大清上下腐败成风，从内而外的溃烂，是任何人也阻止不了的。

填坑！填坑！

不管怎么说，白莲教还是要剿。经过嘉庆的多管齐下，到了嘉庆六年（1801年）的下半年，白莲教在城市里的活动基本被平定了。起义军被压缩在川楚陕交界地的深山老林里，人数只剩下两万四千多人。围剿的清军有二十多万，又耗了三年，才算完成任务。

从嘉庆元年到嘉庆九年，嘉庆朝的白莲教起义前后坚持了九年时间，波及十六个省，占据或攻破县城二百零四个，击毙清军副将以下的将弁四百余名、提镇（清代提督与总兵的合称）等一二品大员二十余名，耗费清军两亿多两白银的军费，大大动摇了大清的统治基础。

和珅的家产虽然有八亿两白银之巨，不过那是折算，其中大部分是当铺、钱庄、房产、古董之类的不动产或实物。真正的现银有多少呢？和府被抄时，也只在夹墙中翻出来"藏金二万六千余两，私库藏金六千余两，地窖内并有埋藏银两百余万两"。不动产折算时，又要被上下其手一部分。总之，和珅家产的大部分应该都填了白莲教这个坑了。乾隆虽然给儿子留了一个"新手大礼包"，但也给儿子埋了一个超级大坑。

我个人认为，乾隆是想让和珅继续想办法给嘉庆捞钱的，这个"新手大礼包"是和珅本人，而非和珅的家产。如果嘉庆不杀和珅，

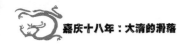

和珅也会有办法给嘉庆找各种路子弄钱，杀和珅等于杀鸡取卵。其实和珅贪钱倒没什么，触碰了皇权，那就不好意思了。

但说到底，即便和珅把全部才干都用在利国利民上，也不足以挽救大清下滑的趋势。和珅当年在查办安明案、李侍尧案时，也曾不畏权贵，严查到底，后来却成了超级大贪官，这就是"橘生淮南则为橘，橘生淮北则为枳"。

大清的腐败，是从上到下的集体性腐败，不管多清廉的官，在这样的染缸里，都难以保持本色。即便真有为国为民、不惧权贵者，也难有个好结局。比如钦差李毓昌，最后落得个被自己的随从毒死的下场（详情容后再说）。

总之，清官在大清是活不下去的。

第四章

尴尬的遇刺

折腾了多年，总算把白莲教残部全部赶进深山老林里了，彻底解决白莲教似乎只是时间问题。至少从表面上看，帝国恢复了平静。嘉庆松了一口气，打算安生过日子。

小刀向皇帝的头上砍去

嘉庆八年（1803年）闰二月的二十二日是丁亥日，按照清代的传统，这天应该举行耕耤礼。古代中国是农业社会，皇帝也要靠百姓种地上供养着，因此历代帝王都十分重视农业，每年春耕之前，在田间装模作样地扶犁耕田，以示重视。这一礼仪可以追溯到西周，清代于顺治十一年（1654年）规定，每年仲春亥日，皇帝行耕耤礼。

按照惯例，每逢重大礼仪，皇帝都要斋戒。斋戒不是不吃肉就行了，而是有正式的礼仪的。明清两代的帝王，每到祭天的前三天，都必须先到斋宫内独宿三昼夜，不吃荤（葱蒜）腥（肉食）、不饮酒、不娱乐、不理刑名、不吊祭、不近妇女、常沐浴，这样的一套操作名为"斋戒"，又叫"致斋"。斋宫原本在天坛的西坛门内，后来估计是雍正皇帝担心在紫禁城外安全得不到保障，就在皇宫的内东路南端另建了一所斋宫。天坛那个斋宫叫作"外斋"，皇宫内的这个斋宫叫作"内斋"。每次斋戒时，雍正就在内斋待个三天两夜，在典礼前一天的子时才从"内斋"移驾去"外斋"，这一传统也就延续了下来。

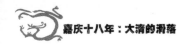

紫禁城内规矩烦琐至极，就算是皇帝本人也不胜其烦，有点儿个性的都不爱住在紫禁城内。比如明代正德皇帝朱厚照就在宫外建造了"豹房"，方便居住玩乐；朱厚照的堂弟嘉靖皇帝朱厚熜在紫禁城西边建造了西苑，成天泡在里面。清代前期，皇帝常待的地方就是圆明园；圆明园被烧之后，慈禧太后爱去颐和园。

为了准备二十二日的耕耤礼，嘉庆帝要提前回銮进行斋戒，于是嘉庆决定于二十日这天从圆明园起驾回宫。从圆明园到紫禁城，需要坐大轿，从神武门进顺贞门，然后在顺贞门内换乘小轿，再去斋宫。谁也想不到，这一天将成为嘉庆一生中抹不去的尴尬心结。

就在嘉庆要进顺贞门时，身后人声嘈杂。嘉庆也没在意，直接进了门，但身后的嘈杂声越来越大，乱作一团。嘉庆不明所以，就命太监去看看怎么回事，没想到太监带回来一个令他极为尴尬的消息——后面有个人想要冲上来行刺皇帝，被御前大臣和侍卫联手擒获。

保卫皇帝是御前侍卫的职责，怎么抓刺客的还有大臣呢？这个后面细说。

普天之下，龙椅就一把，眼热这个位置的人不少，所以君王遇刺的事并不少见。先秦时期就有要离刺庆忌、专诸刺王僚、豫让刺赵襄子、荆轲刺秦王等事件，为此太史公还专门在《史记》里单独列出一个"刺客列传"。秦始皇统一天下后，改称皇帝，皇宫的护卫更加森严。所以除了成济这种被权臣司马昭培养出来的愣头青，很少有人敢挥着刀上前砍皇帝，大部分用的是下毒等暗杀手段。满人以骑射得天下，南征北战，对皇帝的护卫较前朝更上一个等级，就更没有不开眼的人敢来刺杀皇帝了（像"雍正被吕四娘刺杀"这种野史姑且不论）。从乾隆即位后驱赶方士这一做法来看，雍正更像是吃丹药中毒暴毙的。嘉庆很幸运地成为大清有史以来第一位遇刺的皇帝。

行刺君王，是一件极为严重的事，往往需要缜密计划多年；更有甚者，要施一些苦肉计来取得皇帝或君主的信任。比如要离刺庆忌，先跟公子光商量好，让公子光砍断自己的右臂，又杀了自己的家人，以报仇雪恨为名接近庆忌，这才有机会下手；荆轲刺秦王，也是先借来樊於期的人头加上割地的地图，才借机靠近嬴政。这些高高在上的人，护卫都极为森严，不想点办法，一般人根本近不了身。你真傻乎乎地挥刀猛冲，连人家的面都还没见着，就被侍卫们给砍了。因此，历朝历代刺杀君主的案例虽不少，但直接拿刀砍皇帝的不多。小弟读书不多，找来找去，只在嘉庆这里找到这一个案例（三国末期的成济击杀曹髦属于街头火拼，是曹髦先动的手，不能算刺杀）。

这个不把嘉庆当皇帝的愣头青，叫陈德。行刺动机后面再说，先说行刺现场。当时嘉庆正在换轿子，陈德看准机会，举刀冲向嘉庆。这一举动，把侍卫大臣们都给看傻了——跪在地上、举着状子告御状的时有发生，耍着小刀片子冲向皇帝的，还是开天辟地头一回见。

大内高手齐吃瓜

前面说过，清军入关后迅速腐化，曾经横扫天下的八旗军、绿营军都已腐败入骨、不堪一击。那么皇帝身边的侍卫呢？按说大内侍卫承担着保卫皇帝人身安全的重任，能入选大内侍卫的，都是几经筛选才留下来的牛人，从拍摄于清末的一些侍卫照片来看，这些大内侍卫也确实个个精壮，一看就不好惹，所以才有"大内高手"这一名词流传至今。

朝廷给予大内侍卫的待遇相当优厚。除了薪俸不菲外，每名大内侍卫都是有品级的，最低的蓝翎侍卫也是正六品，为的就是让这些人死心塌地地保卫皇帝。可皇帝真遇到刺客时，这些大内高手的表现却

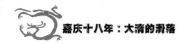

令人大跌眼镜。

皇帝出行，身边的侍卫加上大臣有百余人。陈德挥着刀上前要砍嘉庆时，所有人都傻了眼，百十号人待在原地吃瓜看戏。真正奋不顾身阻拦陈德的，只有六人：御前大臣定亲王绵恩、固伦额驸亲王拉旺多尔济、乾清门侍卫喀喇沁公丹巴多尔济、御前侍卫扎克塔尔、珠尔杭阿、桑吉斯塔尔。

这六人中，绵恩是亲王，拉旺多尔济是额驸，那是妥妥的皇亲贵胄。绵恩是乾隆皇帝的长子永璜的儿子，虽然比嘉庆还大十三岁，却是嘉庆的亲侄子。丹巴多尔济是蒙古喀喇沁左旗的王公，扎克塔尔、珠尔杭阿、桑吉斯塔尔也都是上过战场的战将。在六比一的压倒性优势之下，丹巴多尔济仍被刺伤三处，绵恩的褂袍被刺破。

从这四个御前侍卫拗口的名字也可以看出，他们不是旗人就是蒙古人，统统不是汉人。实际上，大清的侍卫历来是由八旗贵族后裔和少数蒙古贵族后裔组成的，清王朝以异族入关，表面上说"满汉一家"，实际上对汉人极为忌惮。御前侍卫这种敏感的职位，汉人想都不要想。比如和珅，就是钮钴禄氏之后，才有资格被擢升为乾清门侍卫，而后一步步高升起来。既是贵族后裔，又深受皇家信任，结果真到用武之地时，百十号御前侍卫中只有四人敢动手——就这四人，居然连一个陈德都没按住，还搭上一个亲王和一个额驸，六人联手才勉强擒住刺客。大内侍卫的忠心就不说了，好不容易有几个职业道德水平高的，战斗力却如此拉胯，令人无语。

看到这里，你的脑海里是否闪现周星驰电影《九品芝麻官》里的那句台词："还是个高手！呸！"

御前侍卫这一职位，是一个相当优渥的美差，平时俸禄比八旗军的低级军官要高，皇帝高兴了随手就有打赏，而且仗着皇家的威严，出门处处高人一等，吃拿卡要那是常事。别说汉人想都不要想这个职位，就算是旗人，也只有上三旗的子弟才有资格。上三旗的人并不少，不上下打点一番，想进编制那也是相当困难的。既然如此，侍卫们应该十分珍惜这个来之不易的工作，在皇帝面前好好表现才对，更何况前来行刺的也不是什么武林高手，就是一个耍小刀的疯子。百十号人一拥而上，踩也能踩死他，万万没想到，竟是这样的局面！

皇帝遇刺，大内侍卫几乎集体吃瓜，这样的场景，在古今中外都是罕见的。一开始我觉得，这百十号侍卫有可能是平时养尊处优惯了，第一次遇到真敢上来刺杀皇帝的，都吓傻了。这就是心理学上的"旁观者效应"，一百多人都是侍卫，大家都有责任，也就等于大家都没责任。你看我我看你，谁也不出头。但是现场并不是所有人都傻待着看戏，还是有侍卫敢于上前阻拦的。从理论上讲，只要有人出手了，"旁观者效应"就会被打破，吼一嗓子，大家就回过神来了，因此用"旁观者效应"来解释，是牵强的。

那么会不会是大家看有六个人上去了，足以收拾刺客，所以就不再出手了；或是以为这名刺客有同党，于是分工协作，有的擒刺客，有的抓同党，有的飞扑到皇帝身边当肉盾。

从当事人以及嘉庆本人的回忆来看，没这回事。当时御前侍卫们都在原地傻待着，什么动作也没有。更何况当侍卫多年，大家都在熬资历、混日子，升迁极难，好不容易来了个刺客，这可是天上掉下来的一等功，多好的表现机会，不去露个脸，岂不是白在官场上混了？就好比韦小宝明知来五台山清凉寺骚扰老皇爷行痴的喇嘛已被赶走，仍然要拔出匕首守在行痴门前做样子，这样才能在康熙面前显得赤胆忠心。出手救驾的这六人就各有封赏：绵恩和拉旺多尔济二人各赏了御用补褂；绵恩的儿子被封为贝子，拉旺多尔济的儿子被封为辅

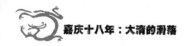

国公；丹巴多尔济被封为贝勒，扎克塔尔被封为世袭三等男，珠尔杭阿、桑基斯塔尔被封为世袭骑都尉——这六人多多少少都给自家挣来了大清的"铁杆庄稼"。

也就是说，这些侍卫在皇帝遇刺时集体吃瓜看戏，压根不是什么"旁观者效应"或是"对自己人有信心"，纯粹就是养尊处优惯了，职业道德和职业素养双双下滑。根据清末一些担任过御前大臣、御前侍卫的大内高手口述，因为他们日常佩戴的腰刀很沉重，又基本碰不到刺王杀驾的事情，所以很多侍卫干脆佩一把假刀。这种假刀只有刀鞘和刀靶，没有刀身，所以分量很轻，便于当差时使用。真遇到行刺的，这样的刀，谁敢拔出来？

皇帝的贴身侍卫都腐朽至此，整个大清是什么样，也就可想而知了。

拉皇帝陪葬的小民

作为皇帝，在象征至高皇权的紫禁城被自己的子民袭击，嘉庆虽然没真的挨刀，但面子被砍得七零八落。

要离刺庆忌、荆轲刺秦王，好歹都有重要图谋，被这样的义士刺杀，不丢份儿！可到了自己这里，就成了一个二愣子无缘无故地耍着小刀片子上来砍皇帝，这种奇事闻所未闻，嘉庆的尴尬无处安放。他一开始不相信陈德没有幕后主使，下旨严加审理，不得有误。陈德十分硬气，几经严刑拷打，始终不肯吐露幕后主使——废话，压根就没有幕后主使，吐露个鬼啊！

陈德还真是啥政治图谋都没有，就是觉得自己活不下去了，干脆就刺杀皇帝爽一把，万一成了，还能青史留名。倒是后来野史不断演义，有的说陈德是白莲教余党，专程来刺杀皇帝；有的说陈德和大内侍卫有牵连，要篡位。按常理分析，当时现场的刺客就这哥们一人，如果是有组织的行刺，绝不至于如此草率。陈德自己的口供也没有提到白莲教或者其他什么组织。

据陈德口供：陈德，时年四十七岁，京城人。父亲叫陈良，母亲陈曹氏。在陈德出生之前，陈良夫妇就被典给了镶黄旗旗人松年家为奴。陈德出生后没多久，松年到山东青州府当同知，陈良夫妇就带着年幼的陈德跟着去了青州。陈德七岁那年，松年在山东去世，陈良夫妇没回北京，而是在青州的一些知县那里讨生活。二十三岁时，陈德娶了出旗为民的张五勒之女张氏为妻，之后一直在青州府的官员处当差。二十九岁时，母亲陈曹氏去世；三十岁时，父亲陈良去世。陈良死后，陈德变得无依无靠，也丢了差事。眼看活不下去了，想到自己有个堂姐姜陈氏嫁到了北京姜家，于是在三十一岁那年，从山东进京，投奔堂姐，住了堂姐家，并在一些小京官处当差，勉强度日。陈德先后跟过工部员外郎沈某、侍卫绷某、兵部笔帖式庆某、内务府笔帖式于某等。三十九岁时，他开始跟着内务府内管领常素，共计三年。

嘉庆三年时，陈德和妻子一起典给了方家胡同的孟明家。孟明是内务府那大人的家奴，陈德就在孟明家做厨子。嘉庆六年，陈德的老婆死了，丈母娘张宋氏无依无靠，跟着陈德勉强混口饭吃。嘉庆七年（1802年），张宋氏摔了一跤，摔成了残疾。陈德有两个儿子，一个叫禄儿，被一个姓孟的读书人雇走；一个叫对儿，才十三岁，跟自己住在一起。孟明嫌弃陈德拖家带口，就把陈德给辞退了。陈德无奈之下，借住在堂姐家。住了二十多天，陈德的堂姐死了，堂姐的儿子，也就是陈德的外甥六格，跟陈德本就没什么亲情，更何况正在戴孝期间，家里又狭小，陈德带着丈母娘，始终不方便，只好搬走了。搬走

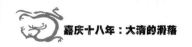

后，陈德跟朋友黄五福商量借住几天，黄五福同意了。搬到黄五福家后，陈德出去找工作，始终不顺利。想起自己这一生，颠沛流离，居无定所，父母、妻子、堂姐这些疼自己的人都死了，家里老的老、小的小，活着实在没意思，就想求死——一个人的崩溃，虽说只在一瞬间，但在此之前，肯定压满了困顿、劳碌、屈辱、孤独、无奈和绝望。

既然要死，就死个大的。陈德听说皇帝要回京，谎称出门给小儿子找工作，带着大儿子从东华门进了紫禁城，随后穿过协和门、熙和门，走西夹道，到了神武门内，混在神武门内西厢房南面的人群之中。没多久，陈德见皇上来了，就拿出藏在身上的小刀往前冲。他的想法很简单：老子就是要杀皇帝，我知道自己肯定会被侍卫们当场乱刀剁死，那我也死个痛快，死个名扬天下！

紫禁城菜市场欢迎您

可想而知，当嘉庆看到陈德的口供，大概率是要气歪鼻子的：自己的这个子民是个神经病，活不下去了就要杀皇帝，这也就算了，还轻而易举地混进紫禁城，溜达了一圈才躲起来等着自己的轿子——大清的大内侍卫们都是饭桶吗？

没错，还真都是饭桶！

要知道，行刺地点居然是顺贞门！

大家看一下故宫的地图，过了神武门，才能来到顺贞门，这已经是大内禁地了，陈德这货是怎么混进来的？不仅看门的守卫不管，城内的侍卫也都视而不见，陈德这才顺利地躲入神武门西厢，等待皇帝的御驾。

紫禁城的保卫系统有好几个体系，单是神武门内外就有八旗前锋营、八旗护军营、内务府护军营三个部分。神武门内外的防卫形同虚设不说，陈德从东华门进紫禁城，溜达了一大圈，居然连一个拦问的人都没有，紫禁城成菜市场了，嘉庆不被气吐血才怪。

事实上，"紫禁城菜市场"这名头也不冤枉，后来嘉庆在宫门鹿角处发现几只羊在悠哉游哉地吃草，惊得目瞪口呆。而且宫门鹿角之上，有人坐着，有人躺着，如同度假一般，树林里还有人在饮茶喝酒，吆五喝六的，不知道的还真以为是菜市场呢。追查后得知，原来这些羊是太监们养来换外快的，把皇宫当成不要钱的养殖场了；而那些小贩都是太监们的"朋友"，贿赂了太监，专程来看看皇宫是什么样，回去好吹牛。皇宫防卫松懈至此，陈德能混入后大摇大摆地溜达一圈再行刺，也就不是什么奇怪的事了。

事后，嘉庆下旨，将神武门内管辖西边的护军章京革职，发往热河披甲当差；护军五名全都革退，且均枷号三个月，三个月后抽一顿鞭子再发落；在神武门内西面站立的内务府护军校一人、护军八名全部革退且枷号一个月；神武门内东边站立的侍卫四员降一级留任；护军章京降二级调用；八旗护军五名、内务府护军八名均严责；门内东边站立的王六班的王公、稽查王六班的大臣副都御史万宁、副都统萨敏，均罚俸三月；看守神武门大门的内务府护军统领二人、章京四人，均降二级留任或降一级留任。此外，嘉庆又将整个紫禁城的侍卫换了一轮。

嘉庆：谁敢比我更委屈

回过头来继续说陈德。

审讯官听了陈德的口供，又抓来陈德的两个儿子和几任雇主一一审问。关于陈德的日常情况倒是审问到了一些信息，但是幕后主使之人始终审不出来。

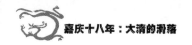

　　杀皇帝这种大事居然没有幕后主使，没有反清复明，没有谋朝篡位，仅仅是一个走投无路的人自己活不下去了，就想拉皇帝陪葬——自古都是子民给君主殉葬，而自己的子民居然让自己给他陪葬。这样的口供令嘉庆实在难以接受，自己做了八年皇帝，就做得这么失败吗？

　　盛怒之下，嘉庆下旨继续严加审讯。在严刑拷打之下，陈德录了第二份口供：嘉庆二年时，他曾做过一个梦，梦见一个人，好像是自己的朋友王福，给他领路，带他到了一个地方，那地方有些房屋，自己在梦里说"这是东宫啊"，后来又到了"东宫"的厨房，这时，梦里的王福就不见了。嘉庆三年，又梦见自己在没有水的桥下躺着，忽然有人拉他上桥，上桥之后，看见一个知府大堂，而自己身穿蟒袍，接着就醒了。再后来，自己看《文昌书钞》，突然开悟，觉得梦里的东宫是守阙，桥底睡的是蚪龙，知府堂是黄堂，蟒袍是龙袍，于是就想，自己肯定有当皇帝的福分。乾隆五十七年（1792年）到嘉庆二年（1797年）这几年间，自己先后五次到正阳门内求签，得的都是好话。最后，日子过得穷苦，但是想到自己的本事，又有好梦，又有好签，必有好处，于是就去刺杀御驾了。

　　第二份口供更加离奇，也更让嘉庆尴尬——闹了半天，这货真的就只是个有妄想症的疯子。看着陈德的口供，嘉庆心里不知是何滋味。自己并不暴虐，却被子民毫无政治图谋地刺杀，实在是丢人丢得无颜见列祖列宗了。思来想去，嘉庆决定不审了，越审越丢人，赶紧把这个疯子宰了得了。

　　二十四日这天，大学士和九卿一起上奏了审理意见。根据大清律：凡是谋反及大逆者，均应凌迟处死；其子孙年满十六岁者皆斩；十五岁以下者，给付功臣之家为奴；知情不报的相关人员，依律流放。陈德应当凌迟处死，他的两个儿子，一个十五岁，一个十三岁，皆不满十六岁，按律只是发配为奴，但陈德罪大恶极，这俩孽种实在不能留，干脆一起斩了。陈德的房东黄五福虽然不知道陈德行刺的事，但黄五福本身是看街的兵丁，陈德平日里行为异常而不检举，也有失职之过，判决打一百板子，流放三年。至于陈德的岳母，本身也不知情，更何况已经八十岁了，又瘫痪在床，皇恩浩荡，就不追究了。至于这位老妇人往后怎么活，判决书上没说。朝廷最多是不追究，不可能派人去给她养老送终。后来如何，不忍细想。

心情烦躁的嘉庆看了下面呈上来的审理意见，也不想过于纠结，只想尽快了结这桩丢人事，最后下发上谕：陈德即刻凌迟处死；其子本该斩首，但"究系童稚"，加恩留个全尸，绞刑得了；黄五福就按大臣们的意见，杖一百，流放三年；至于陈德的岳母，不予追究就不予追究吧。

上谕下发后，仍有一些爱表现的大臣愤愤不平，比如兵部尚书长麟就上奏，说以陈德之罪，凌迟都太便宜他了，应当施以"寸磔"！寸磔是凌迟的一个细分项，二者都是千刀万剐，只是切的刀数不同：凌迟初期也就一百二十刀，后来"技术"发展了，能切上一千二百刀。而寸磔就狠了，起步是三千六百刀！明武宗时期，刘瑾谋反，被判寸磔，割了四千二百刀，创下了历史上最高的挨刀纪录。长麟就是想在皇帝面前表现一下自己对谋反之人的痛恨，嘉庆心知肚明，而且摊上这事儿，心里烦闷着呢，所以没搭理他。

当天，陈德和他的两个儿子就一起被押赴菜市口处死。陈德本就一心求死，加上被严刑拷打了许多天，巴不得赶紧行刑，只是他低估了寸磔的残酷性，初时还吃痛惨叫，后来痛得没了力气，连血都流不出来了，只流出一些黄水，实在受不了时，沉声对刽子手说："快些！"刽子手应道："上面有交代，让你多受些罪。"陈德便不再言

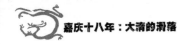

语。陈德的两个儿子目睹自己的父亲被凌迟，那种心情是难以形容的。嘉庆"法外施恩"，十分"仁慈"地给这两个孩子判了绞刑，一家人就此绝嗣。

回看陈德的身世，用"凄惨"二字形容也不为过：为奴数十载，亲人一个接一个地离世，上无片瓦遮身，下无立锥之地。即便如此，他仍没忘记给瘫痪的岳母供应一口吃食，足见此人是个有良知的可怜人，只是被逼得活不下去了，心一横，才跟朝廷拼个鱼死网破。

陈德这一生坎坷艰辛，而嘉庆更觉得自己委屈。在下发如何处理"陈德案"的上谕的同时，他也下了一个很长的谕旨为自己诉苦：

> 朕为天下共主，以诚心御下，毫无情忌，此中外所共知共见者。八年以来，虽无仁政及民，然亦不敢妄行诛戮。既不妄杀，有何仇怨……总之天下之人，何所不有。譬如猘犬噬人，原无主使。鸱枭食母，岂有同谋。若一味刑求，反肆狂吠，所言之人如何存活。即不究问，终是疑团。所损者大矣。朕所惭惧者，风化不行，必有失德，始有此警予之事。当谨身修德，勤政爱民，自省己咎耳。

大意是：朕作为皇帝，从来都真诚地对待子民，这是中外有目共睹的。朕做皇帝这八年，虽然没有太多仁政惠及百姓，但也从不残酷滥杀，这人跟朕有什么仇什么怨，要这样对朕？反正这世上啥人都有，就好像疯狗咬人、猫头鹰反噬，没啥道理可讲。这人反正也问不出什么了，也不必再上酷刑。千错万错，都是朕的错，是朕失德，才有这样的事警示自己。今后朕定当修身修德、勤政爱民，每天多反躬自省。

诉完委屈，嘉庆又恨恨地对负责自己安保工作的各部门提出了严重警告：

御前侍卫及各项人等，彼时不下百余人，而奋不顾身擒捕凶犯者，只此六人。在绵恩、拉旺多尔济等六人，受恩固厚，然百余袖手旁观之人，竟无一受恩厚者乎。绵恩系朕之侄，拉旺多尔济系朕之额驸，固应休戚相关，朕怀深慰。然百余袖手旁观者，岂无朕之至亲，岂非世受国恩之臣仆乎。见此等事，尚如此漠不关心，安望其平日尽心国事耶。朕之所深惧者，在此而不在彼。诸臣具有天良，自问于心，能无愧乎。

大意是：当时百十号吃干饭的饭桶，在朕遇刺时居然只有六个人出来帮忙。这六人平时待遇固然好，但其他人待遇也不错。连朕遇刺都漠不关心，又怎能指望这帮人平时对国事尽心呢？

应该说，此时的嘉庆还是比较天真的，最后还冒出一句"诸臣具有天良"——有良心的人，谁能在官场混啊？！当官的除了自问倒霉且后悔没上前表现一把外，谁会真把皇帝遇刺这事儿当回事儿？！

集体性腐烂

在嘉庆的刻意淡化下，"陈德行刺案"就算过去了。紫禁城的安保系统被嘉庆升级了一番，按说也该警醒一些了。孰料两年后，又发生一起"闯门禁"的案件。

嘉庆十年（1805年）三月二十日，值班护军如往常一样巡视，忽然有个中年男人，用袍子裹着铁枪，打算混进神武门。值班护军图塔布上前拦挡，此人毫不畏惧，当场用枪直冲图塔布扎去，图塔布一闪身，被戳破了衣服。这时，在神武门当班的其他护军听到声音，过来围捕。此人毫不示弱，见长枪不能发挥作用，就抽出藏在腰间的两把杀猪用的短刀，冲着护军劈头盖脸一阵狂砍。最后，护军人多势众，

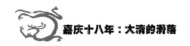

图塔布伺机夺了此人手中的铁枪，并用自己手中的武器击中其头颅，此人当即倒在血泊中。

控制住场面后，当即开始现场审问。此人只说自己叫萨弥文，陕西五台王家庄人，没多久就因伤势过重而毙命。

陈德行刺之事才过去两年，嘉庆反省了两年，居然又冒出一个手持凶器闯宫门的，搞得嘉庆有点怀疑人生——我做皇帝就做得这么失败吗？

震怒之余，嘉庆下旨彻查，随后在萨弥文身上找到了方顺桥、冈上镇的两张当票。根据当票上的信息，顺藤摸瓜找到了河北藁城县（今河北省石家庄市藁城区），最后查出此人原名刘士兴，在二月初带着铁枪离家之后，就消失不见了——原来人家打算出门行刺皇帝去！由于刘士兴当场毙命，嘉庆查来查去也没查出什么，只能将其戮尸枭首，家属连坐，流放了事。

在嘉庆看来，这次没让歹徒混进紫禁城，也算这帮侍卫经过嘉庆八年的"陈德行刺案"之后难得的长进了——虽然刘士兴一个人闯宫门时，居然连砍伤了三人：护军参领舒当阿员帽上被砍二处，护军校八十四额间受重伤二处，护军莫尔根布犯手指被砍伤。这三人可是职业军人，这么多人上前对付一个普通百姓，居然受伤至此，可见大清的内卫战斗力真是越来越菜了！

再继续详细审理后，嘉庆发现当刘士兴冲进禁门时，许多当班的护军竟然没佩戴武器，更有当班的护军擅离职守，甚至在屋内闲坐聊天。好在事发时，神武门值班的侍卫们不是参与协助抓捕人犯，就是在守门，没有逃班或消极怠工的人，算是少有的亮点了。

不过，刘士兴居然能够进入到神武门的区域而没有遇到阻拦，说明在神武门外围值班的步营官兵仍旧在混日子。嘉庆再次狠狠地收拾了外围官兵一顿，寄希望紫禁城的守卫从此能尽忠职守，提高一下自己的职业道德水平。越详查，嘉庆的心情就越坏，只能再发上谕，更换守门器械，并加强门禁章程。

这两起事件明明白白地告诉嘉庆——大清已经从基层腐烂到了紫禁城。嘉庆虽然贵为皇帝，面对这种集体性腐烂也实在是无能为力。紫禁城的安保工作经过这两起事件，表面上是重视了许多，实际上烂到根的官僚系统依旧我行我素，直到嘉庆十八年（1813年），所有的问题来了一次总爆发。

第五章

帝国的蚁穴

大清朝的官僚体系，分中央和地方两大块。中央设有军机处、内阁、六部、都察院、翰林院、光禄寺等机构；地方设有总督、巡抚、学政、布政使、按察使、盐运使等官职。各省、州、县层级分明，是清政府统治的根基。

嘉庆一开始天真地认为，各官员"俱有天良"，大家各司其职，勤勉做事，就能延续"康乾盛世"的荣光，但现实却啪啪打脸——千里作官只为财，寒窗苦读那么多年，好不容易高榜得中，迈入仕途，还不使劲求权求财，积累家业，荫及子孙？做事不做事，那是次要的；多做多错，少做少错，不做不错；到了金銮殿上，多磕头，少说话；凡事推给皇帝，恭维几声"皇上圣明"，也就糊弄过去了。反正决策是皇帝下的，有问题也是皇帝自己的问题。

就这么一直糊弄下来，大清的官员几乎个个尸位素餐。要问政事，那是一问三不知；要是吹牛皮、侃大山，个顶个都是高手。

跗骨之蛆

到后来，大清扯淡到了什么地步呢？

嘉庆八年六月底，直隶三河至山海关、山海关至锦州，以及盛京、河南等地起了蝗灾。嘉庆严令地方抓紧扑除，并严禁胥吏借机滋扰百姓（注意这句话）。七月初二，直隶总督颜检回复皇上说：查明三河、昌黎、乐亭三县并无蝗虫，其余如遵化、丰润、玉田、卢龙、迁安、抚宁等地虽有蝗虫飞过，但蝗虫都在天上飞，并不落地，也不伤害庄稼，全赖皇上洪福齐天！

　　嘉庆收到颜检的奏报，一边在心里问候了颜检祖宗十八代，一边批复：蝗虫又不是大雁，岂有久飞不停之理？飞累了停下来找吃的，焉有不伤害庄稼之理？朕听说三河一代的蝗虫不但飞过田间，在大路上也纷纷停落；丰润一代的蝗虫把路上的车辙印都填满了。你们这纯粹是地方官怕救灾不力被处分，"饰词诳报，积习难改，实不可信。倘若该督不认真查办，经朕查出，恐不能当此重咎也"！

　　骂完颜检，嘉庆气仍不消——两江总督费淳那边也奏报，徐州府的蝗虫不伤庄稼。嘉庆又传谕给费淳：徐州府那边也少玩花样，抓紧时间办正事！

　　其实"蝗虫吃不吃庄稼"这个问题的答案，那是大有文章。你抓一个农民来问，这个农民大概率也会说，托皇上洪福，蝗虫不吃庄稼（原因后面细说）。就这么一个蝗灾的事儿，就上下糊弄成这样，你说大清的官僚体系到底有多溃烂？

　　时间久了，皇帝也抓瞎：下面这帮孙子到底是怎么干活儿的？在明代，皇帝搞了个锦衣卫，其职责之一就是监察百官。锦衣卫名声太臭，到了清代就不再设了。一开始，顺治设置了"十三衙门"，结果被康熙借着杀吴良辅给撤了；雍正设置了"粘杆处"，后来嘉庆收拾和珅，"粘杆处"跟着受牵连，也被撤了。倒是康熙皇帝设置的"密折奏事"制度延续了下来。

　　所谓"密折奏事"，就是跟皇帝亲近的人，可以不通过通政使司审阅奏章而直接奏呈皇帝，所奏之事主要涉及各地粮价、雨水、收成、民间舆论、官员的清廉和贪污等。"密折奏事"一开始对百官

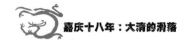

还有一定的监察作用，但奏事的人也是官，你贪我也贪，都是茅坑里的苍蝇，谁也别嫌弃谁，还是花花轿子人抬人的好，时间久了，谁也不提正事。大部分密折都是一些无聊的请安折，甚至还有某人拾金不昧、某处寺庙住持死了之类的破事。不知道皇帝在批阅这样的奏折的时候，心里骂了多少娘。

至此，高高在上的皇帝彻底成了瞎子、聋子，什么也看不到，什么也听不到，传到皇帝这里的消息永远是"形势一片大好"。要管理如此幅员辽阔的帝国，抓瞎怎么能行呢？于是另一个职位脱颖而出——钦差。

钦差者，代天巡狩。一般人是混不到这个份上的，必然是皇帝极为信任的人，才有幸得此殊荣。钦差巡查，犹如皇帝亲临。钦差本人也被皇帝赋予了极大的自由裁量权，个别牛人甚至可以先斩后奏（不过清代是没有"尚方宝剑"记载的）。因此，别说是钦差巡视的目的地了，就是路过的地方，地方官也要打起十分的小心来伺候，生怕这位钦差大臣挑自己的毛病。

那么，有钦差就能清理地方官场的污秽吗？这样想就太天真了。钦差也是人，往往他人还没出京城，消息灵通的地方官就做好接待的准备了。钦差一到，一边好吃好喝地招待上，一边各种"孝敬"源源不断地奉上。冬天的"孝敬"，被称为"炭敬"，意思是天冷了，大人您留着买点儿碳取取暖；夏天的"孝敬"被称为"冰敬"或者"瓜敬"，意思是天热了，大人您留着买点儿冰或者买个瓜消消暑——相当地贴心！到后来，"朝廷每遣一人出差，即是其人养活之计"。手握地方官生死大权，那可就是白花花的银子，当年和珅就没少当钦差。

得，大清官场就此全军覆没！

那整个大清就一个清官也没有吗？倒也不是完全没有。毕竟林子大了，什么鸟都有，一群乌鸦里飞出一两只喜鹊，也不是不可能——但是有一两个清官又能如何呢？

前面说了，钦差还没出门，下面就早早地备好了接待的银子。官场上迎来送往，那是规矩。给你钱，你就得拿着。拿人钱财，与人消灾，一人方便，大家方便。收钱，就代表是自己人，都是皇上家的事，何必那么认真呢？你好我好大家好，糊弄过去就得了。在大清官场上混的潜规则，就是得收钱！你不收钱，就代表"划清界线，要收拾人"。

根据大清律，贪污白银一千两就得斩监候。清朝官场通行的送礼名目叫作"三节两寿"，就是指春节、端午、中秋和官员本人及夫人的生日。省级官员收"三节两寿"的行情大致是每次送银八百两，一年五次，总计四千两；现银之外，另有表礼、水礼，每次八色；给门房大爷的"门包"白银四十两。且不说礼包的价值，光每年的"三节两寿"就够一个省级官员砍头四次以上了。遇到有密折奏事权的上司，陋规的规格就更高了。比如巡抚是按季节收，每季白银一千三百两，一年就是白银五千二百两，够砍五次头的。这还没算表礼、水礼、门包、杂费之类的。

行礼的钱，自然不会是官员自掏荷包，只能一层一层地压榨下去，最后全摊到老百姓头上。

大清的官，哪个没贪过？不查而已，一查从上到下都得砍头。乾隆四十六年（1781年），甘肃省爆过一次"冒赈案"，甘肃省全省上下"团结一致"，虚报灾情，套取朝廷钱粮。案发后，乾隆皇帝头疼地发现，根据大清律，整个甘肃从总督到县令，一个不剩全要杀，最后连皇帝都不得不提高了杀头的标准——贪污银子达两万两以上的才杀头，剩下的流放。即便如此，仍有五十六名官员被处死，另有四十六

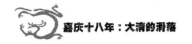

人免死流放，畏罪自杀的官员也有几十个。

甘肃"冒赈案"这几十个人头刚落地，闽浙总督陈辉祖就因查案抄家时私吞了甘肃布政使王亶望的不少家产，被捉拿下狱，最后勒令自尽。可见砍了这么多脑袋，对大清这些贪官们毫无震慑作用，大家最多感慨一声"陈辉祖真倒霉"，而后依旧我行我素。

贪腐，是中国传统社会各王朝（我们不再使用"封建王朝"一词，因为这样表述不正确）的跗骨之蛆。

此事发生在乾隆四十六年。而在十五年之前的乾隆三十一年，即公元1766年，瑞典就通过了世界上最早的公务员财产公开制度，俗称"阳光法案"。也就是说，从乾隆三十一年开始，瑞典公民就有权查看从地方官员到首相的所有官员的财产明细和纳税清单。时至今日，瑞典始终在国际透明组织发布的"全球清廉度排行榜"上名列前茅。

而在大清的这种环境下，少数一两个清官，可以说什么都干不成。上司、下属、同僚没一个跟你亲近的，随便给你挖个坑，你就吃不了兜着走。要么回家种地，要么跟着一起贪，别无其他选择。别说和珅了，就是林则徐，担任陕西巡抚以及钦差在广州禁烟时，"三节两寿""瓜敬冰敬"也没少收。

大清腐烂至此，不亡就没天理了。

皇帝都怕老油条

嘉庆十三年（1808年），夺淮入海的黄河决口，大水扫荡了江苏淮安、扬州二府下属的许多州县。其中，淮安府山阳县（今江苏省淮安市淮安区）首当其冲，受灾最重。

对于灾情，地方官大致有两种处理方法。第一就是隐瞒。遭灾了，要追究主要负责人的责任，能瞒过去最好。死多少人那是小事，保住官位是第一位的。实在瞒不住了，到时候再说。前面直隶总督颜检、两江总督费淳用"蝗虫飞过不停歇、不伤害庄稼"这种鬼话侮辱皇帝的智商，就是这种情况。

若能遇到一些没官员啥责任的天灾，那更好了，可以虚报灾情，冒领赈灾银两。本来一万人遭灾，我就报十万人，吃他九万人的空额，反正灾民逃荒，居无定所，谁也查不到。乾隆年间的甘肃省"冒赈案"就是这种情况。当然了，甘肃这种情况太极端，大部分赈灾都是通过以次充好、以小斛充大斛、以麸皮换粮食之类的把戏中饱私囊。真正不瞒、不冒、不贪、不昧、真心实意赈灾的，应该也有，只是在下读书不多，孤陋寡闻，没怎么听说过。

淮安这次黄河决口，到底是天灾还是人祸，已不可查。朝廷下发的修河工款，能有五成用到堤坝上，就是奇迹了。豆腐渣工程出了问题，可以让"蚁穴"背锅，正所谓"千里之堤，溃于蚁穴"。

有灾情就得赈灾，哪怕是清朝的专制帝王也明白这个道理。坦白地说，嘉庆对赈灾还是十分看重的，早在嘉庆五年二月初十，他就发布上谕，严诫各地督抚讳灾："今后如有灾情，必须飞章入告。若有讳饰，必严办示惩。"

灾情上报后，那没得说，朝廷拨下钱粮赈灾吧。此时国库已经相当空虚了，但赈灾是政府的天职，嘉庆当即下旨，筹备了二十万两银子下发去赈灾。当然了，大清官场的尿性，嘉庆是清楚的，赈灾的钱粮下发之后，到底有没有用到实处，那是极为可虑的。

就在同一年，直隶省宝坻县（今天津市宝坻区）也受灾了，朝廷拨下赈灾款四万余两白银，结果被知县单幅昌贪污了一大半。嘉庆不是傻子，早就意识到这个问题："宝坻的待赈灾民近在豢辅，尚不能

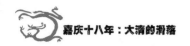

仰邀抚恤，其余各州县亦殊不可信。"

于是，在赈灾钱粮拨下去的同时，在嘉庆的授意下，朝廷又安排了一批候补的进士担任检察官，下去监督赈灾事宜。之所以选候补的进士，主要是这些人还没真正当过官，没被官场污染，相对来说也还算天真，敢说实话。

分到淮安府山阳县的这位候补官员，叫李毓昌。

李毓昌，山东人，乾隆三十六年（1771年）出生于山东省即墨市阁里村，自幼勤奋好学，又聪明过人，平日里孝敬师长，品行端正，在家乡小有名声。乾隆五十九年（1794年），二十三岁的李毓昌考中了恩科的举人。嘉庆十三年，三十七岁的李毓昌又考中了戊辰科的进士。

别觉得三十七岁这个年龄大，俗话说"三十老明经，五十少进士"，五十岁能考中进士都算年轻的。对比一下五十多岁中举高兴疯了的范进，考了一辈子也没混上举人、直到七十一岁才被朝廷破例授为"岁贡生"的蒲松龄，李毓昌那是标准的"别人家的孩子"。

考中进士后，李毓昌被分到江苏抚署候缺。搁平时，僧多粥少，你要排名不在前三甲，想尽快补个实缺，不上下打点，那是不可能的，等上三五年才轮到你那是常事。但是今年不同，刚好赶上淮安水灾，朝廷拨款赈灾，需要派人去核查赈灾实情。前面说了，查赈的官员，用那些在官场混迹多年的老油条是不行的，必须用还没踏入官场的新人，这样才有可能查出点什么，因此李毓昌当年就被分到山阳县，核查山阳县的赈灾情况。

事实上，与李毓昌一同被委派到地方查赈的新科进士共有十人之多。这十名查赈官员是嘉庆安排两江总督委派的，相当于钦差，分量不同以往。李毓昌只是其中之一，但却是唯一一位震惊全国并名垂青史的人。

贪腐之固

当时山阳县的知县名叫王伸汉，陕西渭南人，监生出身，捐了个从九品，后来又捐升知县。嘉庆五年，王伸汉被分派至江苏睢宁知县试用；嘉庆十一年（1806年）改任盐城知县；后来山阳知县出缺，又被新任的两江总督奏请补缺。

前面说的两江总督费淳已经升任兵部尚书，此时的两江总督是著名书法家铁保。此人虽书法不错，但能力平平。铁保在奏折中说，山阳县是交通要道，非精明能干、熟悉河漕情形者不能胜任。王伸汉在铁保的眼里"心地明白，办事认真"，"今以之调补，实属人地相宜"。至于铁保到底收了王伸汉多少钱，才能在皇帝面前如此为他睁眼说瞎话，已经不可查了。

要知道，王伸汉作为捐官，每次调任都没少花钱，不狠狠捞一把，岂不是对不起自己捐出去的那些白花花的银子？平日里，王伸汉的名声就极差，每到一地就刮地三尺。被他搜刮过的百姓怨声载道，但面对这种贪官，老百姓没有将他赶出大堂的权力，只能忍着。山阳县在这次水灾中受灾最严重，分到的赈灾银两也最多，高达九万多两。

山阳县的县令属于七品官，七品官的年俸是四十五两银子加上四十五斛禄米。坦白地说，这个薪资水平确实不高，也就能让知县老爷一家勉强饿不死。这个俸禄标准是朱元璋定下来的，明清鼎革之后略有微调，不过始终定在一个勉强让人饿不死的标准上。直到雍正时期推行"火耗归公"，朝廷另外给地方官下发一笔"养廉银"，才算让官员的收入看起来步入了小康标准。七品官每年的养廉银在一千两至二千两之间，大多数发一千二百两左右。也就是说，知县王伸汉每年的合法银两收入也就一千二百四十五两银子。

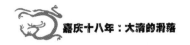

这笔收入看上去也不算低了。《红楼梦》里，刘姥姥二进荣国府时，贾府刚刚结束螃蟹宴，刘姥姥掐指一算账，二十多两银子，吓得连连念佛："阿弥陀佛！这一顿的钱，够我们庄家人过一年了！"

农业社会发展极慢，主流观点认为《红楼梦》成书于乾隆年间，和嘉庆年间的物价水平大致相当。从表面上看，王伸汉一年的薪俸够普通农户人家过六十多年的，但这一千二百四十五两银子不是给王伸汉一个人的——县衙上下，从刀笔师爷到三班衙役，乃至厨子轿夫，都要从王伸汉这里领工资。这点儿钱分给县衙诸人，大家也就勉强混个温饱，生活水平啥的是谈不上的。更何况官场上迎来送往、人情世故，谁躲得开？因此，搞点灰色收入，是县衙乃至整个大清公开的秘密。林则徐、关天培那种比较有良心的，也就是循例收点"孝敬"，不额外摊派，已经是难得的好官了。

而王伸汉这种捐官出身的官员，本来就是奔着捞钱来的。当年上下打点跑关系，没少花钱，这会儿正是收成本、见利润的时候，九万多两白花花的银子，岂有不中饱私囊之理？！更何况赈灾款拨下来后，无论你贪与不贪，上司、同僚都默认你起码贪墨了一半——这钱你不能独吞，上下都要打点到，而且那边已经根据默认你贪污的数字算好了你该孝敬的银两。哪怕你一文钱也没捞，走动关系时，你该打点的那份银子一两也不能少，不捞钱就自掏腰包吧。因此在大清朝，做清官是不可能的。除非你像前朝的海瑞那样头铁——老子就不按规矩来！这样的官，大清也不是没有，康熙朝有位被康熙帝称赞为"天下第一清官"的张伯行，一文钱不收，也一文钱不送。好在张伯行出身大地主之家，颇有家财，吃穿用度都从河南老家千里迢迢地运过来，倒也不必像海瑞那样过得跟叫花子似的。但是张伯行不按规矩来，上司、同僚没一个说他好话的，在官场中屡遭排挤，最后差点被张鹏翮砍了。连一直对张伯行称赞有加的康熙帝，私下也抱怨说："张伯行操守虽清，为人糊涂，无办事之才。"

康雍交接之后，在雍正皇帝的"胡萝卜"（养廉银）与"大棒"（铁腕治贪）结合之下，大清官场难得地清廉了一阵子。而雍正死后，在他的宝贝儿子乾隆的带领之下，大清官场再度恢复了贪腐的本来面目。到了嘉庆这里，贪腐之风已是积重难返。王伸汉不是张伯行那样的榆木疙瘩，这九万多两银子，不贪也得贪。至于饿死多少百姓，那跟王伸汉没半文钱关系。

矛盾就是这样形成的。在嘉庆眼里，黎民百姓是自己的子民，只要乖乖地做顺民，嘉庆打心眼里是不希望百姓饿死的。若是竭泽而渔，把百姓都饿死了，他这个皇帝脸上也没啥光彩。而在地方官眼里，老百姓是皇帝的子民，可不是自己的子民，就算县里的百姓全饿死了，只要自己的官位还在，就能活动一下，调任到另一个地方继续捞钱。皇帝能做一辈子，地方官可不能在一个地方一直当官，不趁着自己在任时多捞点儿，只能便宜下一任地方官。因此，皇帝的肃贪起码还有三分真心，而官员们对皇帝阳奉阴违、只顾捞钱更是十足真心。嘉庆对在职的官员一个都不信任，只能从新科进士里挑人来监督。

大清官场潜规则

李毓昌初到山阳县，就被饿殍遍野的灾情震惊了。此人初入官场，和海瑞一样天真，赶紧找到王伸汉，让王伸汉加强赈灾力度。王伸汉虽然像模像样地支起了几个赈灾点施粥，但哪顾得上这么多灾民？王伸汉口头答应得挺好，就是没有行动。于是李毓昌亲自下到乡镇，分办四乡的查赈事宜。

九月，李毓昌到任，连喘气的工夫都没给自己留，当即就带着三

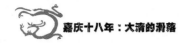

个随从去乡间住户那里核查户口、分发赈票。每到一个村子，李毓昌必定亲自核验民户造册、老幼人数，并勘验受灾程度以及有无漏赈和冒领现象，其公正廉明无懈可击，当地百姓无不称之为"李青天"。查了一个多月，到十月才复查完毕。

凡赈灾，必有贪墨。此次来查赈的官员共有十人，其他人都是你好我好大家好、吃饱喝足拿"孝敬"，随便打个"赈灾情况良好"的报告就糊弄过去了。而李毓昌一丝不苟地查验，让王伸汉心里颇为忐忑。这户口清单和赈灾记录两下一核对，王伸汉贪墨冒赈的事就会被揭穿。虽然这种事上上下下都心照不宣，但揭开了毕竟不好看，万一朝中没人保，真被砍了脑袋也有可能。

一开始，王伸汉搞不懂李毓昌的底细，认真查验的官员无非两种：一种是清正廉明、真心赈灾的，另一种是找碴、敲竹杠的。清正廉明这种东西，在大清朝比麒麟之类的祥瑞要少得多，比UFO还罕见。王伸汉心里初步认定，李毓昌胃口比较大，一般的"孝敬"数额喂不饱他。为了探一下李毓昌的底，王伸汉直接喊出了一万两银子的价码。要知道，九万多两的赈灾银，王伸汉自己最多贪墨两三万两，毕竟还得给上司乃至上司的上司分钱，一万两银子真是大出血了。不料李毓昌直接拒绝了。王伸汉以为李毓昌只是做做样子，毕竟俩人不熟，上来就给这么多，一般人也不太敢接。于是王伸汉再度设宴，请李毓昌边喝边聊。

席间，王伸汉推心置腹地对李毓昌说：哥们儿你刚做官，还不了解做官的滋味。这天寒地冻的，你又天天下乡检查，太累了，真是辛苦。这么做官，只留个虚名，没什么实惠，这可不是为官之道。兄弟你好好想想啊！

李毓昌闻言，一根筋的精神头上来了，当即反驳道："为官之道，贵在清廉，攫取饥民之口食，非民之父母之所为。对克扣赈银之事任公自为之，在下实不敢自污以欺天也！然我必呈之上台，以救生民于水火，以正朝廷之律令！"说罢，仰面长叹，拂袖而去。

李毓昌说的话对不对呢？当然对了。李毓昌是刚入官场的知识分子，知识分子有个毛病——总认为这个世界是讲道理的。虽然理论上，为官之道，的确贵在清廉，但是大清朝就没有清官！三年清知府，尚且十万雪花银，王伸汉从这九万多两赈灾款里贪个四五万两，其实都不算个事儿。大家都贪，就约等于大家都没贪。这里面有个十分灰色的名词，叫作潜规则。吴思先生的大作《潜规则》，就对传统社会官场生态有过详细的剖析。

在李毓昌的观念里，做官就是要清廉，爱民如子，为国分忧。这是摆在台面上说的明规则，十分正确。但是在大清的官场生态下，这个明规则没有任何可行性，通行几乎无阻的是无法宣之于口的潜规则。百姓就像韭菜，被割了一茬又一茬。你不割，也会有别人来割，所以"鹌鹑嗉里寻豌豆，鹭鸶腿上劈精肉，蚊子腹内剜脂油"，这才是做官的真谛。

廉洁奉公、勤政爱民那只是十分正确却又毫无可行性的废话。利益，才是引导官员言行举止的指挥棒。在利益面前，皇帝也不好使。李毓昌初入官场，没有海瑞那么高的人气、名气，更没人家那么好的运气，就想学海瑞，打破官场潜规则，那是必定要碰得头破血流的。

借刀杀人

李毓昌这一拂袖，算是把王伸汉给得罪了。他觉得自己是查账委员会派来的钦差，不怕得罪地方官，万万没想到的是，在得罪王伸汉的同时，他连自己的三个随从也给得罪了。

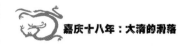

　　李毓昌的三个随从，分别是李祥、顾祥、马连升。前面说了，正经的官员俸禄其实很低，而跟随官员的随从，朝廷是不管他们的工资的，需要官员自己支付。运气不好的，跟上了李毓昌这样的大人，那只能穷得喝西北风了。李毓昌自己的俸禄本就低，给随从开的工资自然更低。而运气好（或者说更不好）的，比如刘全，碰到和珅那样的大人，工资高不说，平时还有各种捞钱的机会。因此，在和珅倒台之时，刘全也跟着被查抄出二十多万两白银的家产。

　　俗话说"宰相门人七品官"，跟随长官的随从，一般也不靠死工资，全靠在各处吃拿卡要捞外快。李毓昌这样的查赈钦差的随从，搁在平时，也真是挤破头都要抢的好机会。地方各级官员给钦差大员奉上"孝敬"的同时，按例也少不了给下面跑腿的留一份，以免下面的人蓄意坏事。而李祥、顾祥、马连升三人倒霉，跟了李毓昌，忙前跑后累得半死不说，什么好处也捞不着。知县老爷送的银子，李毓昌不要，下面跑腿的自然更没份，因此这哥仨对李毓昌怀恨在心，且恨得牙根痒痒。

　　这边，王伸汉见李毓昌拂袖而去，知道自己贪污冒赈的事肯定要败露，当下恶从心头起、怒向胆边生——既然你不识抬举，敬酒不吃吃罚酒，干脆做了你！

　　但是李毓昌是朝廷委派的查赈大员，相当于钦差。杀钦差相当于造反，给王伸汉十个胆子，他也不敢明目张胆地做。哪怕王伸汉没动手，钦差在自己的地盘上被山贼砍了，王伸汉也吃不了兜着走。这也是李毓昌敢跟王伸汉硬杠的底气。

　　王伸汉眼珠子一转，要保住自己的官位，只有一个办法，既能做了李毓昌，又能让自己撇清责任。

　　对，就是借刀杀人的法子！

李祥、顾祥、马连升三人虽然一直跟着李大人，但是日子过得颇为不爽，这点被狡猾的王伸汉看在眼里，记在心上。李毓昌正气凛然地拂袖而去，连自己的随从也不等一下。王伸汉趁机让自己的随从包祥悄悄地拦住李、顾、马三人，如此这般地沟通了一番。李、顾、马三人面面相觑，眼看跟着李毓昌平日里干得比驴多，吃得比鸡少，实在没啥钱途，一咬牙一跺脚，就这么干了！

可见，当老板的，还是要给下属多开点工资。

当晚，李毓昌在王伸汉的宴席上喝了点酒，回到住所后难免口渴，连连喊人上茶。这时，李、顾、马三人已经回来。李祥闻言，连忙给李毓昌端上一杯热茶，李毓昌没多想，喝茶后就上床睡了。半夜，李毓昌忽然腹痛如绞，当即起床，捂着肚子，痛苦至极。不料忽然脖子被人从后面勒住，李毓昌用力扭头一看，是王伸汉的随从包祥，当即斥骂："你想干什么？！"话音未落，李祥、顾祥、马连升三人也神色阴狠地进了房间。李祥冷笑着对李毓昌说："对不住了，大人，我们几个再也不能侍奉您了。"说罢，李祥使了个眼色，一旁的马连升早已解下自己的衣带，一把套在李毓昌的脖子上。李毓昌本就腹痛难忍，无力挣扎，很快就吐血而亡。

这就是王伸汉的办法：买通李毓昌的随从，下毒毒死李毓昌，然后把李毓昌收集的账册一一搜出、焚烧，销毁证据。钦差大人横死在自己的地盘上，那怎么能行？王伸汉自有办法，让几个人把李毓昌吊在房梁上，伪装成自杀，以此上报给朝廷。李毓昌既然是自杀的，和地方官就毫无关系了。"被自杀"之事，古已有之，颇不新鲜。

疑雾重重

查账钦差在灾区自杀而亡，此事非同小可。按规矩，要上报给

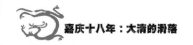

上级淮安知府王毂，王毂自然也要按规矩，派仵作验一下尸，写一下
死亡证明。自杀和中毒那么明显的区别，眼不瞎的人都能看出来。清
代的仵作入职之前，都要学习宋慈的《洗冤集录》，考核通过后才能
上岗，这么明显的死因就更瞒不过专业人士的眼睛了。仵作一开始不
知道什么情况，傻乎乎地上报："尸体口中还有血，死因可疑。"王
毂闻言大怒，当即下令杖打这个仵作一顿。仵作被打了一顿，总算开
窍了，在验尸报告上写下了"自缢而亡"，并以此入档上报。

李毓昌是怎么死的，王毂心知肚明，但他作为王伸汉的上司，平
日里"三节两寿"、各种"孝敬"自然没少收。这次赈灾款，王伸汉
必然要给他这个上司预留一部分的。李毓昌严查王伸汉，就是严查他
王毂，就是跟整个淮安官场过不去。王伸汉做了李毓昌，王毂自然也
跟着受益，整个淮安官场皆大欢喜。所以这个不开眼的仵作说李毓昌
"死因可疑"，能不被结结实实打一顿吗？！

搞定了仵作，李毓昌在法理上就是自杀而亡的，大家谁都没责
任，通知家属把尸体领走就行了。若是王伸汉闲着没事读读《水浒
传》，就该知道武大郎冤死后留下的唯一证据，就是剩下的那一块黑
骨头。王伸汉若能吸取"武大郎没被烧干净"的教训，派三班衙役将
尸体扛走，一把火烧成灰，这事儿才算做得干净，也就没后来的事
儿了。所以说，要多读书，不然别说做好人了，做坏人都失败。

没多久，李毓昌的族叔李太清和一个姓沈的朋友前来领尸。
王伸汉还挺热情，挤了几滴眼泪，还以同僚情谊为由，送给李太清
一百五十两银子做盘缠。李太清也没觉得有什么异样，领了李毓昌的
遗物，随口问了一句，李毓昌的随从怎么都没影儿了？王伸汉回答
说，主人既死，随从自然也没奔头了。自己已将这些随从妥善安置，
各寻出路了。

　　这话倒不假，王伸汉搞定李毓昌后，给自己的随从包祥和李毓昌的随从李、顾、马三人各一大笔钱。随后引荐李祥做了长洲通判的随从，马连升做了宝应知县的跟差。顾祥不愿意再做伺候人的活儿，王伸汉又额外给了顾祥一笔钱，他拿了钱，高高兴兴地回家买田买房娶老婆过日子去了。可见，王伸汉还真是在清朝官场上做官的料儿。

　　当晚，李太清整理李毓昌的遗物，发现有半张残稿，上面写着一句十分可疑的话："山阳知县冒赈，以利啖毓昌。毓昌不敢受，恐负天子。"

　　当时，包祥和李、顾、马三人杀人后，急于搜寻冒赈的账册证据，没仔细翻李毓昌的手稿，所以留下了这半张残稿。而后李太清仔细查看李毓昌的衣服，发现李毓昌自缢时穿的那件衣服上有一片若有若无的血迹。上吊自杀的人怎么会有血迹呢？事有蹊跷，李太清悄悄地在山阳县一带走访，灾民们说起李毓昌之死，皆失声痛哭，直言县令王伸汉有杀人嫌疑。李太清年纪大、见识广，不像李毓昌那样的愣头青。他没有返回去质问王伸汉，而是不动声色地起灵回家。

　　灵柩到家后，李毓昌的妻子李林氏哭得死去活来。也许是夫妻之间心有灵犀，当晚，李林氏就做了一个噩梦，梦见丈夫死状甚惨，绝非安然而去。第二天，李林氏命人打开棺材，只见李毓昌面色如生（砒霜有防腐的作用），李林氏找来银针，刺入李毓昌喉内，银针当即变黑（古代下毒一般用砒霜，也就是三氧化二砷。当时提纯水平不高，砒霜里往往掺有不少硫类杂质。硫遇到银，会生成黑色的硫化银，所以银针会变黑），几乎可以判定李毓昌就是中毒身亡，绝非自杀。

　　李氏家族好不容易出了个进士，就靠着李毓昌光宗耀祖呢，刚上任就横死在外，李家自然不肯善罢甘休。当初在王伸汉的地盘上，李太清不敢轻举妄动，现在回了老家，哪还有顾忌？众族人当即凑足了

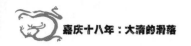

盘缠，由李太清出面，直接去京城督察院告状——古代宗族的团结在此刻表现得淋漓尽致。

清代是不允许女人上大堂告状的，但可以让男性家属代为告状，称为"抱告"。所以古人拼死也得生个儿子，不然连打官司都打不了。李毓昌死后，第一苦主是李毓昌的妻子李林氏，李太清是抱告人。李太清到了京城也不啰嗦，直接进都察院，当堂投下诉状。由于死者是御派的查赈大员，相当于朝廷的脸面，都察院的执事官员也不敢怠慢，连忙将案子上报给了朝廷。就这样，李太清的诉状递到了嘉庆皇帝手里，顺利得出人意料。

名侦探嘉庆

后世人都说嘉庆平庸，但是嘉庆并不傻，相反，在很多地方比一般人要精明许多，毕竟人家是身心正常、受过严格教育的皇子，不像司马衷那样，只会说"何不食肉糜"。拿到状子，嘉庆十分重视，当即召集群臣讨论案情，并提出了自己的几个疑问。

首先，李毓昌登科及第，放任做官，正是春风得意之时，怎么忽然就自杀呢？自杀原因是什么？

其次，李毓昌的三个随从和王伸汉非亲非故，王伸汉怎么那么好心，在李毓昌死后将他们三人一一妥善安置？

再次，李毓昌是查赈钦差，怎么一点查赈的资料、记录都没留下？他写的这几句话又是怎么回事？

最后，李毓昌是查王伸汉的，两人没什么交情，王伸汉为什么那么好心地给李太清这么多盘缠？

应该说，嘉庆有当侦探的潜质：做"嗣皇帝"时，分析下面军报里的谎言就分析得条条精准、句句在理；亲政多年，对这种案子看得更加深刻，疑点分析得极到位。

皇帝都发话了，下面的大臣自然连连恭维皇上圣明。嘉庆知李毓昌之死必有冤屈，当即传下谕旨——此案关系到朝廷命官的生死，应当彻底追查，查个水落石出。

问题是，皇帝不能亲自去查案，这事儿得交代下面的人去办。皇帝的谕旨传到两江总督铁保这里，铁保再转达给淮安知府王毂，王毂一挥手再传给山阳县令王伸汉：那个啥，皇上说李毓昌死因可疑，你好好查查。

王伸汉脑子进水了？自己查自己！这事儿就一直拖了下去。官员一旦无利可图，大清的行政机构就几近瘫痪。查案？候着吧您呐！

李太清在京城一直等到了来年夏天，江苏那边还是一点消息都没有。实在等不下去了，李太清再次去都察院击鼓鸣冤，拼命催逼。都察院哪能自己背锅，转身就把皮球踢给了皇帝，上奏说江苏那边耗费多时，毫无进展，原告催逼甚紧，皇上您给拿个主意吧。

这要搁乾隆那儿，说不定心里一烦，连李太清都给扔大牢里了：朕都下旨彻查了，你这厮算老几，敢来催朕？！嘉庆心眼没乾隆那么小，而且觉得此事是江苏那边太不给自己这个皇帝面子了，龙颜大怒之下，直接给山东巡抚吉伦下旨，让吉伦接手李毓昌一案，速速查清，不得有误。

吉伦是山东巡抚，跟江苏官场最多就是点头之交。山阳县那边贪再多的钱，也上供不到山东这里，自然也就犯不着为毫无利益的事触怒龙颜。因此，吉伦接旨后，当即命人将李毓昌的遗体运到济南城，安排几名仵作开棺验尸。

由于时日颇久，加上天气炎热，李毓昌的遗体软组织已经腐化，骨头暴露了出来。只见大部分骨骼都呈黑青色，只有胸骨处有一点尚

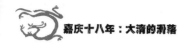

算正常，几名仵作当即一致断定：李毓昌显然是砒霜中毒致死，毒血尚未流及胸骨，他便已毙命。人服砒霜后必死无疑，毒发时剧痛难忍，根本没力气上吊；更何况上吊之人反正只图一死，又何必在上吊前服毒，让自己多受罪呢？

结论是显而易见的：李毓昌自缢之说于理不通，很可能是被人下毒后，又遭暴力勒颈，最后伪装成自杀。吉伦读了验尸报告，觉得案理清晰，就如实上奏给皇帝。嘉庆览奏后极为震怒，当即下令将王伸汉、包祥、李祥、顾祥、马连升等人押解进京，严加审问。

王伸汉等人自然是要百般抵赖的，不过既然进了刑部大堂，衙役们有一百种办法让他们开口。没两天，熬刑不过的王伸汉等人就和盘托出了此案的前后经过，只求速死。

嘉庆拿到犯人的口供，脸色极为阴沉。这件案子折射出来的大清官场之现状，让嘉庆深感后脊梁发凉。原以为干掉了大贪官和珅，自己又亲政了这么久，大清官场风气应该好转一点了，没想到下面已经腐烂到此等地步！

迟到的审判

著名书法家铁保此刻也不敢再醉心于书法了，在吉伦查案时，铁保就收到了消息。虽然他老人家对查案压根就一窍不通，但是总要为此案操劳一番，向皇上表个态——自己没闲着。可是案情什么的自己根本啥都不了解，怎么办？没事儿，先抽几个倒霉蛋：把当时跟王伸汉、李毓昌一起吃饭的官员、士绅叫过去，一一讯问，又抓了当时为酒宴做饭的厨子们拷打。这些人无辜不无辜无所谓，反正自己得有点儿动作，把姿态做出来。

只可惜铁保此举也没能保住自己，嘉庆气愤地将铁保叫到京城，当面训斥他"昏庸糊涂至极"，你这老东西一点儿脑子都没有，光字写得好有个屁用！王伸汉是你保举的吧？你还说这王伸汉"心地明白，办事认真"，这厮还真是能办事啊！

此时，铁保在嘉庆眼里，不但没有封疆大吏的能力，连位列朝纲都不配。痛骂一顿之后，嘉庆下令摘了他的顶戴花翎，发配到新疆垦荒，这才稍稍消了气。

两江总督下面是江苏巡抚汪日章，这哥们应该和铁保一样，是真不知情。下面有"孝敬"送上来就照单全收，管他是怎么来的！王伸汉这事跟他还真是没啥关系，但既然案发，作为巡抚，总要担责任。嘉庆痛斥汪日章"身为巡抚，于所属有此等巨案，全无察觉。如同聋聩，实属年老无能"，以"失察"之罪，将其革职为民。

收拾完两江总督和江苏巡抚后，接下来就是对正犯的处理。这几人罪大恶极，不严惩不足以消解嘉庆胸中的郁气。首先就是王伸汉，这货私吞赈灾银两，又毒杀查赈大臣，有一百个脑袋也不够砍的。嘉庆毫不犹豫地下令将其斩首示众，并且家产充公，诸子皆发配到伊犁充作军奴。据说其子中有两个死在了新疆，遗孀也是孤苦无依、处境凄凉。

那年月的贪官，一旦被摆到台面上收拾，后果还是挺严重的，正如电视剧《大明王朝1566》中杨金水所言："不上秤，没有四两重；上了秤，一千斤都打不住。"因此，大部分官员都是你好我好大家好，鲜有把事儿做绝的。王伸汉一来不懂毁尸灭迹；二来不懂转移财产，提前和老婆、孩子"断绝关系"，只得认罪伏法。

王伸汉既然砍了，跟着王伸汉的包祥自然也跑不了，一起给砍了。所以说，出来做事，总要有点脑子，不能上司让你干什么就干什么，做事之前还是要权衡一下。

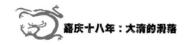

王伸汉的上司、淮安知府王毅收了王伸汉的钱，给王伸汉做保护伞，这事儿东窗事发，那也是一根绳上的蚂蚱，跑不了。不过既然是知府，嘉庆开恩给留了全尸，判处绞刑。可见收人钱财之前，也得好好想想，这事儿自己能不能兜得住。

大清朝收人钱财的上司多得是，但丢命的不多。也幸亏这俩人太蠢，留下那么多证据任人带走，不然这事儿搞不好还真就被判定自杀结案了。

处理完王伸汉那边的人，接下来就是李毓昌的三个随从了。作为"清朝四大奇案"之一，"淮安奇案"之所以轰动一时，也是因为历代贪官残害清官的案子并不罕见，但清官被自己的随从跟贪官一起杀害的案子，还是大清有史以来第一次。古代最讲究一女不侍二夫、一仆不事二主，仆人嫌工资低想跳槽都会备受指责，更何况联合外人毒杀自己的老爷？这种不忠不义的家伙，令人痛恨至极。

在古代，奴婢、雇工杀主人及主人的亲属，属于十恶重罪的"不义"，和"谋反大逆"一个级别。嘉庆作为传统社会里最大的"老爷"，对这种不忠不义之徒自然不会开恩，给了他们一个凌迟处死的"最高待遇"。其中，李祥是此案最紧要的"渠魁"，是勾结外人的主谋，李毓昌更是死在他手上，因此嘉庆给了他"特别关照"：押赴李毓昌坟前单独行刑，刑毕摘其心肝，祭奠李毓昌，颇有武二郎摘潘金莲心肝祭奠大哥的风范。

处理完凶犯，嘉庆也要对因秉公执法而被害的李毓昌进行表彰，号召大家学习清官，共同打造大清盛世。嘉庆追封李毓昌为知府，从厚安葬。封了死人，还要赏活人。由于李毓昌尚无子嗣，嘉庆就亲自从李家族人里选了一个小男孩，过继为李毓昌之子，还赏了他一个举人的身份（范进：……）。李毓昌的族叔李太清四处奔波，为李

毓昌沉冤得雪作出巨大贡献，也被赏了一个武举的身份作为褒奖。

细思极恐

此案了结之后，嘉庆亲自为李毓昌写了一首《悯忠诗三十韵》，以示表彰和缅怀，令办案的山东巡抚吉伦将诗刻在李毓昌坟前的碑上，石碑的落款日期是嘉庆十四年（1809年）。这首《悯忠诗三十韵》挺长的，就不全录了，其中有一句"孤忠天必鉴，五贼罪难偿"，虽然近乎大白话，但确实表达出了嘉庆对清官被害的痛心和对贪官的痛恨。虽说诗句没什么文采（嘉庆不愧是乾隆的亲儿子），不过下笔情真意切，比乾隆那些无病呻吟的作品还是强一点儿的。

至此，"淮安奇案"彻底了结，但这个案子对嘉庆的影响是巨大的。从表面上看，嘉庆对此案的处理可谓天公地道、十分妥善，但案子折射出来的深层次问题，令他寝食难安，他不得不面对一个难以面对的现实——大清官场的贪腐黑暗已经达到一个令人绝望的地步。

知县贪污赈灾银两也就算了，还敢毒杀查赈大员——真是骇人听闻；知县的上司（淮安知府）收了区区两千两银子，就能把查赈大员的命案给压下去——朝廷钦差的命就值两千两银子吗？！而知府的上司（两江总督）成天就知道写写画画，一点儿办事能力都没有——连大清的封疆大吏都是这种货色！

每每思度至此，嘉庆都不敢再想下去——大清的未来会是何种光景呢？

官场腐败至此，上行下效，下面的人也就把贪污看成是再正常不过的事，不贪污的才是异类。李毓昌不肯收钱，这种异类别说在官场上活不下去，连李毓昌自己的随从都不让他活。由此折射出了一个现象——做贪官的，荣华富贵；做清官的，死于非命。

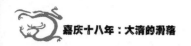

做清官风险这么大，那谁还敢做清官呢？就这么逆向淘汰之后，整个大清官场都是贪官污吏在台上。根据"蟑螂理论"，当你在厨房发现一只蟑螂时，说明你家厨房里已经有一窝蟑螂了。王伸汉虽然被正法了，但大清到底有多少王伸汉，这个谁能查，谁又敢查呢？

平心而论，嘉庆在"淮安奇案"中也算是赏罚分明，颇有惩恶扬善的意思。真心也好，假装也罢，皇帝刚处理了这么多人，下面办事的官员总要多多少少做点样子，表现一下自己的廉洁奉公给皇帝看。于是乎，朝廷上下貌似有了点生气，至少从皇帝的角度来看，形势在好转，一个清平盛世似乎就要到来了。只是谁也想不到，仅仅四年之后的嘉庆十八年，残酷的现实又结结实实地给了嘉庆一记闷棍。

第六章

嘉庆十八年：癸酉之变

有清一代，皇室对宦官这个角色一直都限制得很死。清军入关之前，后金朝廷压根就没主动用过太监。直到顺治时期，清廷在北京站稳了脚跟，才仿照明朝旧制，设立宦官。清代宦官的人数始终不多，据统计，巅峰时期也不过三千人。对比明朝数万的纪录，那是"节约"许多了。而且清代的宦官始终只是宦官，一直在底层伺候人。

极度压抑中的寄托

早在顺治十年（1653年），清廷就颁布禁令："（宦官）非奉差遣，不许擅出皇城；外官有与交结者，发觉一并处死。"并和其他几条规矩一起铸成铁牌，立在交泰殿。和朱元璋那块"内臣不得干预政事"的铁牌不同，清廷对宦官的这些管理规定一直延续并执行了下去。

不过，后来倒是有个安德海掺和了"辛酉政变"，并因此在慈禧身边深受宠幸。然而安德海就此得意忘形，忘了自己只是个太监，他以给同治皇帝办理大婚应用之物为由，向慈禧申请去江南公干，慈禧爽快地同意了（正愁没机会收拾你呢）。但安德海毕竟是太监，没给他正式的公文，所以刚到济南，就被山东巡抚丁宝桢派人抓了起来。随后，丁宝桢就搬出顺治时期的规定——太监无故出城者斩，名正言顺地砍了安德海。慈禧掌权后，正要卸磨杀驴，刚好借丁宝桢之刀宰了安德海这个碍眼的家伙。

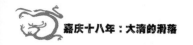

不管怎么说，在清代，宦官要掺和政事是非常危险的。哪怕是破例被慈禧封为正二品总管太监的大太监李莲英，平时最多也就是捞捞钱，没什么干预政事的记录。因此，想从清代找一个能对标唐朝的李辅国、仇士良或者明朝的王振、魏忠贤这种咖位的大太监，是不可能的。清代的宦官只有一个作用，就是伺候人。

伺候人是一个很累的差事，俗话说"伴君如伴虎"，这些宦官们成天在皇帝身边晃悠，稍有疏忽就是一顿板子。号称仁慈的乾隆皇帝就时常因小错毒打身边的太监，经常把太监打得血肉模糊。皇帝亲自下令惩戒太监，还是有记录可查的。而小太监进宫后开始学规矩，就从挨打开始。能混到在皇帝身边当差的太监，那真是不知挨了多少打骂。可以说，清朝的太监，是真正的社会底层、奴才中的奴才。太监原本就有生理缺陷，再加上日常处于这样的生存环境中，很难保持心理不扭曲。

一般来说，当现实中的苦闷无法排解的时候，人们就会倾向于信奉某个宗教，在精神上寻求一点解脱。许多宗教宣扬的套路都是今生受苦受难，死后就能上天堂享福，最差也混个下辈子投胎到富贵人家享福，反正就是给人一点希望，让人有忍耐下去的动力和精神支柱。

当时民间有不少人供奉"狐黄白柳灰"，也就是狐狸、黄鼠狼、刺猬、蛇、老鼠五大仙。太监们把灰仙老鼠给开除掉，剩下的四大仙就奉为"皇宫里的殿神"，日日供奉。还有不少太监老了就住在寺庙或者道观里，了此残生，所以太监们供奉的还有大家熟悉的佛、道、儒三家。

因为太监中的大部分人文化水平极低，生理上有极大缺陷，生活又极度卑微压抑，亟需各种精神寄托，所以除了这些正常且普遍的信仰外，太监们拜什么神的都有：什么王爹爹、王妈妈、坤宁宫外的神杆、上驷院的马、某某宫的蝉，乃至日月星辰、牛郎织女，五花八门，多不胜数。

除了这些大众或小众的宗教外，嘉庆年间还有以刘得财、刘金为代表的一众太监，他们信奉的可就刺激了——天理教。

一个有理想、有抱负的神棍

说起天理教，就不得不说白莲教。对嘉庆来说，白莲教一直是个迈不过去的坎儿。前文中提到，从乾隆后期开始，白莲教就到处起义，折腾得自诩为"十全老人"的乾隆皇帝也只能躲在皇宫里画圈圈诅咒匪首。到了嘉庆元年，白莲教大规模作乱，席卷了朝廷腹地的十六个省。清军足足折腾了九年，才勉强将白莲教镇压下去。前后动用了几十万兵力，耗费军费超过两亿两白银。嘉庆抄没的和珅家产，绝大部分还没捂热乎，就被消耗在白莲教身上。

成规模的白莲教起义虽被镇压了下去，但那么多教众，不可能全被杀光，他们只不过从地上转入地下而已。白莲教有非常多的分支，各个分支又不断地拆分、融合，派系十分繁杂，其中一支叫作三阳教。三阳教即青阳、红阳、白阳三教，属弘阳教系统。三阳教里，有个白阳教龙华会，靠着一本杜撰出来的《龙华经》到处吸引教众，招摇撞骗。白阳教龙华会里，有个来自大兴县的牛人，叫林清。

林清祖上是浙江绍兴人，到林清的父亲林先这一辈，因为当地日子不好过，就从浙江一路漂到京师，在南路巡检司混了个书吏的工作，暂住在大兴县黄村的宋家庄勉强度日。林清少年时期就是出了名的泼皮无赖，林父为此没少揍他。林父看他始终是一副吊儿郎当混日子的模样，也不是办法，就把他送到了北京的九如堂药铺当学徒，混了三年，多少学了些手艺。出师后，林清在三里河药房当伙计，因事

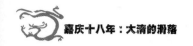
被药铺主人逐出，具体是什么事就查不清了，《靖逆记》中说"（林清）体生伤疤，贾人逐之"，估计是因为打架斗殴。

丢了工作的林清生活顿时困顿起来，无奈找了个打更的差事，混口饭吃。后来林父死了，林清就顶替自己父亲做了书吏，没多久又因为在工作中耍滑头被开除。于是，林清开始到处漂泊，先后摆过茶摊、做过小工、跟长官做过长随、在村里做过赤脚医生、跟粮船做过纤夫、回京城卖过花鸟鹌鹑等。反正为了活下去，他什么都干过。

说实话，这样一个为了糊口四处奔波的街头混混，跟"教主"这种高大上如阳顶天、任我行一般的形象是很难联系起来的——不过，林清虽然混，却有三个特点：一是脸皮厚；二是能忽悠；三是手松（舍得花钱）。别小看这三点，能把这三点做到极致的，都是牛人，混白道的刘备、混黑道的宋江都是其中翘楚。

林清跟人合伙开的花鸟生意干不下去了，就投奔了自己的外甥董国太。董国太的父亲死后，林清还代为操持家业，也算用心。董家怕林清赖着不走，来个鸠占鹊巢，于是董家的族人董伯旺出面，将林清引荐给了龙华会的宋景耀。从此，林清加入了龙华会，掀开了人生的新篇章。

加入龙华会后，林清被分到坎卦教里。坎卦教原来的大哥郭朝俊性格吝啬，遇事又畏缩无能，本就不怎么服众。在这里，林清脸皮厚、能忽悠人且敢于花钱的特点展现无遗，忽悠得会众暗中奉林清为老大。后来，林清找了个机会，取郭朝俊而代之。面对这一"领导换届"，众人很是服帖。

做了老大之后，林清迫不及待地利用自己的特长去变现：对外吹嘘自己能预知祸福吉凶，并趁机对入教者收取"种福钱"，宣称凡是交了钱的，将来都能得到十倍的收益；又宣传交一百钱的人，将来能得到一顷土地，顿时就忽悠得远近不少人挤破头来交钱。林清这下成了大富翁，生活水平提高了不少。这么简单的骗法，直到现在还有人用，偏偏一直就有人信。所以说，人类的愚昧和贪便宜的劣根性从古至今，一直没变。

和普通的神棍不同，林清不仅能敛财，还能散财，很会收买人心。凡是有人找他借钱，林清问都不问，随手就给，颇有当年宋公明"周人之急、扶人之困、挥金如土"之风范。最后"乡村仰食者万余家"，很是风光。这就不能简单地称林清为神棍了，应该是"有理想、有抱负的神棍"。

两大忽悠的强强联合

到此地步，要人有人，要钱有钱，林清心底那个疯狂的念头就按捺不住了。一方面，林清想继续扩大影响，吸纳教众；另一方面，他开始整合龙华会，又整合了弘阳教、圆顿教等派系，最终改名为天理教，在京城周边发展壮大，于是打算干一票大的。

别的不说，就这个组织的整合能力，也非一般人能有的。要做大事，只靠忽悠定然不行，总要身先士卒做个表率。当时有人劝林清学点剑术啥的，将来也好派上用场。林清大言不惭地说："我有神相助，剑术不足道也！"可见有理想、有抱负的神棍说到底还是神棍。

入了教（先交钱）就能发财，还没人欺负，正戳中这些太监的痛点。清宫里一些没啥文化、天天受欺负的太监，就在这种情况下信了天理教。灵不灵另说，反正心里有个支撑。

渐渐地，林清的名气越来越大，一路传到了河南。河南滑县有个叫牛亮臣的人，专程跑到直隶（今河北省保定市）拜见林清。林清设宴款待他，酒桌上喝多了，忍不住掏出自己会众的名册，炫耀自己

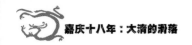

小弟多。牛亮臣说做大事的，人贵精，不贵多，我老家滑县那边有个叫李文成的人，也是个牛人，我看你也是个做大事的人，不如一起合作。林清一听，觉得有道理，于是在牛亮臣启程回河南之时，给了他一笔钱，托他带信给李文成，林清和李文成就此搭上了线。

嘉庆十六年（1811年）春，林清带着小弟支进才一起去滑县回访牛亮臣。实际上，牛亮臣是滑县震卦教李文成的军师。牛亮臣有个同事叫冯克善，冯克善的表哥就是李文成。震卦教是八卦教之一，在河南影响很大。八卦教是康熙年间山东单县人刘佐臣创立的，按照八卦的名称，分乾、坤、震、巽、坎、离、艮、兑八个支部，也有不少信众。八卦教各支部之间犹如五岳剑派一样貌合神离，平时各过各的，有事了就借八卦教的名义联络。

李文成的生平比林清更富传奇色彩。他的祖上世代居住在河南滑县谢家庄，李文成很小的时候便成了孤儿，跟着一个木匠打工，后来有人喊了他一声"嘿，木匠"，他觉得特别丢脸，干脆不干了。撂挑子后，李文成先是在一个私塾念书，由于课堂上经常跟老师抬杠，被老师赶走了。于是李文成自学星象经纬之类的玄学，推演起来倒也头头是道，忽悠了不少人。当时河南民间传唱"若要红花开，须待盐霜来"，李文成就对外声称自己做了个梦，梦里有个神仙说，你李文成就是十八子，明道震宫九教主，"得东方生气，居河洛之中"，必会有大作为。于是，李文成自称"盐霜十八子"（所谓"十八子"，指的是佛教中的"十八界"，即六根：眼界、耳界、鼻界、舌界、身界、意界；六尘：色尘、声尘、香尘、味尘、触尘、法尘；六识：眼识、耳识、鼻识、舌识、身识、意识），借此名号加入了震卦教。

震卦教要发展，守着滑县这一亩三分地肯定不行。李文成也听说了林清的大名，就派军师牛亮臣前去联络。恰巧，林清对李文成也很

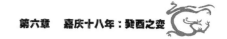

有兴趣，亲自来滑县拜会。两大牛人就在牛亮臣的牵线下，在滑县来了个"历史性的会面"，命运的齿轮就此转动起来。

李文成、林清二人都是大忽悠，一见之下，顿生相见恨晚之意。经过友好而不靠谱的洽谈，两人商定九宫八卦教由李林二人共管，直隶划归林清，河南划归李文成，李文成的表弟冯克善被分到了山东；其余众头领，对着地图，各自划分了自己想要的地盘——规划得够长远的，不知道的还以为这哥俩已经造反成功了。划分好地盘后，双方道别，各自发展势力，约定来年再详细制订计划。

经过一年的发展，双方各自发展了不少教徒。嘉庆十七年（1812年）十一月，李文成赴大兴县黄村会见林清。李文成之前夜观天象，有个什么星星穿入了什么星座，这个东西咱们现在说不清，总之那是老天爷给他们的暗示，大事必成——可见平时忽悠人忽悠得多了也没啥好处，最后连自己都忽悠。

林李二人在黄村约定，明年九月十五日午时，直隶、山东、河南共同起事。其间，李文成好心地对林清说，你这里兵少，我滑县那边兵员不下数万，到时候我提前安排一批精兵扮作商人，来北京帮你，你别轻举妄动，等我的人到了再动手。林清虽然点头说好，其实并没往心里去。

君主专制的顶峰

在李文成和林清眉来眼去的这段日子，嘉庆这边也刚好破获了一起名为"金丹八卦教"的邪教案。这个金丹八卦教和上面那个八卦教还不是一回事，是滦州（今河北省滦州市）一个叫董太的人创立的。董太从乾隆三十八年（1773年）就开始四处传播他的金丹八卦教，直到嘉庆二年（1797年）才被地方官拿获，判了充军。董太死

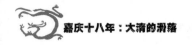

后，董太的儿子董怀信沿着自己老爹规划好的路线继续传教行骗，套路和林清的差不多。嘉庆十七年六月，直隶总督温承惠奏报，董怀信也给抓住了，而且搜出了教众名册，足有两千九百多人，这次算是把金丹八卦教一网打尽了。嘉庆一开始挺高兴，但是了解详细情况后，就高兴不起来了——该教自乾隆三十八年至今，已经四十年了，这会儿才彻底剿灭，历任的直隶总督都是怎么干活的？！

说起来，直隶是京城的南大门，承担着拱卫京师的任务，所以历代皇帝对直隶都十分重视，嘉庆也不例外。曾经无敌于天下的八旗兵现在的战斗力嘉庆又不是不知道，那骑兵上马时不用人扶就是难得的好兵了。因此，直隶建昌营上奏说要扩充编制、添设新营时，嘉庆很支持，还拨了不少饷银。眼下处理完金丹八卦教的事儿，嘉庆又想起新兵这回事，就派人看看新招的兵怎么样。不看不知道，一看吓一跳——直隶建昌营新招的兵，全都是外来的无业游民，一帮乌合之众，什么弓箭、刀枪压根就没见过，这帮人也就上级视察的时候能以发钱的名义召集过来，装装样子，发完钱就一哄而散，鬼影都找不到。拟定新建的营房，别说一间屋子都没盖起来，连选哪块地皮都没定。朝廷安排的几个来带兵的军官，都在城里另租房子住。至于兵饷银、马料银之类的就更不用想了，全被这帮军官们私分了。虚报账到这个份上，真拿皇帝当冤大头了，气得嘉庆当即将直隶总督温承惠降二级留任，提督喜明降三级留任。

说实话，每次看到下面的官员，嘉庆就气不打一处来，"尸位素餐"说的就是这帮孙子。捞钱什么的也就算了，皇帝心知肚明，你捞钱归捞钱，只要好好干活就行，问题是——这帮孙子除了捞钱，什么都不干。天大的事，只要跟自己捞钱没关系，那就躲得远远的。所有人都在浑浑噩噩地混日子，真心为国为民办实事的，只有

李毓昌这种刚进官场的愣头青（还没落得好结果）。

这是为什么呢？

这个问题其实只能怪皇帝自己（不是嘉庆）。清代是中国古代君主专制的巅峰，也是中国历史上相当黑暗的一段时期。无论是先秦时期的王，还是秦始皇之后的皇帝，在帝国的管理架构上，一直有一个COO（首席运营官）的职位。这个COO在历代的名称不太一样，有时候叫丞相，有时候叫太宰，有时候叫大司徒，有时候叫首辅，一般俗称宰相（宰相非具体官职）。无论叫什么名字，其显著标志为有决策权。

现代企业中的CEO（首席执行官），其佼佼者必然是"能不管的事，一定不管"，不然一个大企业上上下下那么多事务，都让CEO来管，CEO累死也忙不过来。好的企业，CEO必然要和COO精诚合作、分工明确，才能带领企业做大做强。

几百人、几千人、几万人的企业尚且如此，几亿人的国家更是事务繁杂，就算皇帝是真龙天子、雄才大略，一天也只有十二个时辰，一个人是不可能全部管得过来的，一定要有人协助，才能将朝政理顺。因此，历朝历代均有宰相来协助皇帝处理政事，比如秦朝的李斯、西汉的萧何、唐初的房玄龄、北宋的寇准。而协助皇帝，必然要分走一部分权力，所以权力就被切割为君权和相权。权力天然是自私的，面对相权，皇帝十分矛盾：一方面需要它，另一方面又忌惮它，毕竟，谁也不想摊上董卓、司马昭那样的权相。因此，相权和君权之间的关系，历来都十分微妙。

后来，凤阳出了个朱元璋，这位十分鸡贼且精力极其旺盛的皇帝十分不爽宰相分走自己的权力，借着"胡惟庸谋反案"，直接废除了丞相一职。而后朱元璋身兼大明的董事长、独资股东、CEO、

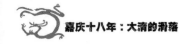
COO等数职，统管了帝国的一切，这是君权第一次在名义上消灭相权。朱元璋本人权力欲极强，加上身体倍儿棒，三更睡，五更起，每天批阅两百多份奏折、处理四百多件国事——如今的"996"跟人家比，弱爆了。朱元璋的儿子朱棣虽然身体也不错，但比朱元璋这种变态级的工作狂还是逊了一筹。于是朱棣搞了个内阁，让其协助自己管理天下。时间一长，内阁逐步以各种形式恢复了相权。因此，在大部分时间里，明朝的管理结构还算健全。

而中国的传统社会发展到清朝时，甚至带有些"半农奴"的色彩。清初几位皇帝为了避免出现刘瑾、王振这种专权误国的太监，以及高拱、张居正这种拿皇帝当儿子训的首辅，就在制度设计上对宦官专权和相权进行了极度压制。清初虽然名义上仍有内阁，但已经沦为虚职。《清史稿》就说"内阁宰辅，名存而已……实权远不逮明"。

雍正一朝设置了军机处这种纯秘书机构，彻底架空了内阁。明代内阁与清代军机处最大的区别在于：内阁有相权，而军机处只是皇帝本人的机要秘书机构，最多提个建议，对国家事务并没有决策权，大事小事都要听皇帝一个人的。

军机处的设立，象征着君主集权在历史上达到了顶峰。从此，相权绝迹。人格健全的宰相没有了生存空间，朝廷官员均以当皇帝的奴才为荣。什么宰相刘罗锅、铁齿铜牙纪晓岚都只是一个美好的幻想。有些汉族大臣，比如湖广总督杨宗仁，想跟雍正皇帝套近乎，在奏折中自称奴才，雍正皇帝直接圈出来打脸："称臣得体。"潜台词就是——做奴才？你也配！

还有一位汉臣马人龙，和满臣天保联名给乾隆皇帝上奏折，署名时，天保在前，马人龙在后，马人龙十分鸡贼地想蹭天保的奴才

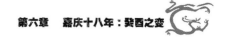

自称，不料乾隆阅后大怒——你马人龙不过就是个汉臣，有什么资格在奏折里自称奴才？！这才真是"欲做奴才而不得"。

"奴才"在满语里是"阿哈"，是奴隶对奴隶主的自称。在满人入关之前，他们基本处于半奴隶制社会。满人入关后，满人和旗人都对皇帝自称奴才，以示忠心。到雍正朝时，要求汉臣、满臣一律称臣，不过满人为了彰显自己的身份，还是自称奴才。到了乾隆时期，要求无论是满人还是汉人，在会奏公事时一律称臣，私下里满人才可以称奴才，但是这条规矩在满人那里形同虚设。

在大清前后几任皇帝的努力下，满朝文武被彻底压弯了脊梁。放眼朝廷上下，不再有真正的朝臣，都只不过是"皇帝的奴才"以及"没资格做奴才的奴才"。历朝历代，除了朱元璋那种变态，也就大清的皇帝在管理架构上真正实现了"乾纲独断"。

尸位素餐才是最佳选择

然而权力和责任从来都是一对相辅相成的双生子，皇帝既然统揽了大权，就要承担相应的责任。权力的过度集中，造成的最大问题就是办事的人没决策权，什么事都要层层上报。没事时还好，一旦出事，你不是皇帝，自作决策，就算是处理得相当完美，最多也只是功过相抵；而一旦造成负面结果，等待你的就是自作主张和坏事两罪并罚。比如地方闹饥荒，县令如果没有经过皇帝的许可，私自开仓放粮，就算救了无数百姓，也是重罪，轻则罢官，重则斩首。电视剧《天下粮仓》中李忠私开官仓被斩首的情节，并非艺术虚构。

在这种环境下，有脑子、有思想、想做事反而是很危险的。像曹振镛（乾隆朝户部尚书曹文埴之子，魏武帝曹操之后，获谥文正）那

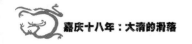

样多磕头、少说话，才能落得善终。遇到事，甭管大小，先上报：知县报知府，知府报知州，知州报总督，总督报皇帝；皇帝下了决策，再层层传递下去。在得到具体指令之前，谁也不妄动，不求有功，但求无过。等来指示之后，无论这个指示多么荒谬，多么不切实际，都要集中人力、物力执行下去——反正浪费的是官家公帑，消耗的是民脂民膏。

事实上，皇帝远在天边，不了解一线情况，下达的指示往往是"既要……又要……"，都是一些泛泛空话。但做官的不管那些，反正成事坏事，都是皇帝的指示，没自己任何责任就行。大家都只做上级指示的事情，上级没指示，就算是利国利民的好事，又与自己何干？所以，除非能捞钱，不然大清的官员几乎个个都如同泥塑木雕一般。和平时期还好，如果摊上白莲教起义、地方灾情之类的危机，皇帝的决策传达下来，往往要慢好几拍。所以白莲教起事之初，清军处处被动、四处灭火、疲于奔命，但也无所谓，反正坏的是你爱新觉罗家的江山，不耽误我捞钱就行，大不了白莲教造反成功，教主登基称帝，大家闻风归附，继续当官捞钱。苍生社稷，关我屁事！

这世上不乏心怀天下、有经世济民之心的人，但这样的人在大清朝廷里很难出头。前面的李毓昌不必说了，为了灾民，连命都搭进去了。但凡有点良心、想真正为国办事的人，进了官场就会发现，自己根本办不成事。

为什么呢？

你要做事，就要担责任、冒风险。尤其是为国家做事，往往要得罪许多在任官员。比如建昌营扩编，大家找些无业游民糊弄上面，然后私分军饷，个个都捞得盆满钵满。假如某个军官正义凛然地说，老子不吃空饷，就要实打实地为国家建立兵营、招兵练兵，那么其他人就得少捞钱。断人财路，如杀人父母，你这是嫌命长啊，李毓昌怎么死的你知道不？你做清官可以，你不能让大家跟着你一起做清官啊。

要知道，腐败这个癌细胞，从大清立国就开始扩散，直至乾隆朝渗透入大清的骨髓。表面看起来光鲜辉煌的康乾盛世，实际上到处是脓包烂疮，不堪一击。

因此，对于做官者来说，尸位素餐才是最佳选择。钱不少捞，又没啥风险，这不就是妥妥的"人生赢家"状态吗？所以嘉庆放眼望去，满眼皆是不作为的官员。也就是在这样的环境下，天理教之类的邪教才能发展壮大起来，连宫里的底层太监都被发展了不少。

屠龙闹剧

林清和李文成约定起事的日子是嘉庆十八年九月十五日。李文成回河南发展大军，先进攻滑县，再北上直捣京城。林清则计划率二百余人杀入紫禁城，直接执行"斩首"行动——斩下龙首。不得不说，林清的想象力还是相当丰富的，居然认为自己可以成为"屠龙中年"。

正所谓"瘦死的骆驼比马大""百足之虫，死而不僵"，大清再腐败，皇帝的安保工作仍然是"T0级任务"。前面说过，清代紫禁城的守备结构主要包括侍卫处、前锋营、护军营以及内务府三旗包衣各营、神机营等。其中，侍卫处负责内廷保卫，只允许上三旗的子弟任职，总兵力约一千人；护军营是守卫紫禁城各个门户要道的主要军队，主要由下五旗的旗人组成，共有八名统领，总兵力一万五千零四十五人；前锋营是皇帝出巡时的军队，总兵力一千八百

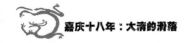

多人；神机营是咸丰朝时才设立的，林清这会儿还遇不到。虽然这些大内侍卫都是"战五渣"，但好歹也是一万六千多人，都站那儿让你砍，也得砍个三五天，更何况嘉庆帝经历过"陈德行刺案"后，又多次发上谕，加强紫禁城的安保工作。因此，至少在明面上紫禁城的安保系数比之前高了很多。即便在金庸先生的武侠小说里，个人武功再高，在千军万马中落单被围，也必遭不幸。林清麾下就算有东邪西毒、南帝北丐那种顶尖高手，也没啥用，除非他派去的是蜀山的剑仙——可惜天理教里没有剑仙，只有神棍。

林清之所以敢偷袭紫禁城，是因为他觉得自己手里还是有一定筹码的，这个筹码就是清宫里的太监。前面说了，宫里许多底层太监信了天理教，这些底层太监和陈德都是一个念头——自己被欺压得太惨了，我要报复！既然日子过得如此之苦，不如拼死搏一把！

林清偷袭紫禁城之前，先安排了几名太监做内应。太监虽然生理上有缺陷，上阵打不了硬仗，但开个门、带个路还是没问题的。搞笑的是，偷袭紫禁城的教众死就死在带路太监手上。

眼看约定起事的日子越来越近，林清也自信地做了周密的安排：进攻紫禁城的人马兵分两路，东路由陈爽率领，这批人穿长褂，衣服里藏好兵器，先混进城内，而后在东华门外集结，太监刘得财、刘金作为内应，开门带路；西路由陈文魁率领，清晨时分在宣武门外的菜市口集结，扮成卖东西的小贩，把兵器藏在担筐内，随后从宣武门直达西华门，由太监张泰、高广福、杨进忠领路。两路教众进入紫禁城后，由太监王福禄、阎进喜作为内应。东路的陈爽作为前线总指挥，攻占紫禁城。林清自己则坐镇黄村，迎接滑县那边李文成的大军。

这个计划相当理想化，先不说李文成那边有没有能力攻下滑县，就算李文成顺利地拿下滑县，从滑县一路直捣北京的路上，要经过多少防区，李文成有这个能力突破重重围困吗？就算清军全是饭桶，目送李文成大摇大摆地杀到北京，滑县到北京，直线距离大概四百五十公里，实际行军距离更长。清代步兵的行军速度大概是每天二十公里——别嫌慢，你背着辎重步行一天试试就知道了，后来的湘军更慢。也就是说，即便在一切顺利，不考虑作战、辎重、补给的情况下，李文成的部队从滑县来到北京也得二十多天。林清纠集的那二百来号人，就算打下了紫禁城，又哪来的自信能坚守二十多天，等来李文成的部队呢？可以说，这次进攻紫禁城的行动，从一开始就注定是个闹剧。

癸酉之变

不管怎么说，九月十五日这天还是到来了。陈爽和陈文魁各自按计划集结了兵力，分进合击。只不过原本安排的二百多人，在渗透入紫禁城的路上悄悄溜了不少。中午时分，陈爽这一路来到东华门外时，只剩下了二三十人。留下来的这些人大概是天理教的铁杆教众，没啥脑子的那种。陈爽率众正进门时，刚好有个卖煤的经过，两边争路，吵了起来。天理教教众一怒之下，脱了衣服准备开干。东华门的守门官兵察觉这帮人身怀利刃，图谋不轨，赶紧关门。仅陈爽和身边的五六个人以及太监刘得财、刘金进了门内，其余教众被关在门外——所以说"路怒害死人"。这些人眼看出师不利，当即四散奔逃，不知去向。陈爽不愧是林清指定的前敌总指挥，在这种情况下也真不怂，抽出兵器就开砍。刘金领着陈爽和两个教众一路杀进熙和门，遭遇护军统领杨澍增及其统帅的一路官兵。激战之下，陈爽重伤被捕，身边的教众当场毙命。

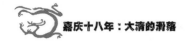

除了陈爽这几人，还有龚恕等两名教众在刘得财的带领下，直扑苍震门。难道这会儿皇帝在苍震门那边吗？不是。早在八月十六日，嘉庆就动身去木兰围场举行木兰秋狝大典去了，九月初十才从避暑山庄动身返京。这会儿皇帝还在回銮的路上，九月十五日这天刚到密云县。木兰秋狝是清代的大型军事演习，也不是什么机密。林清策划进宫杀皇帝，这么大的事，好歹先打听一下皇帝到底在不在家嘛！

既然皇帝不在，刘得财为何带人去苍震门呢？也是杀人——杀总管太监常永贵。常永贵作为总管太监，平时对刘得财这种底层太监自然是少不了欺压打骂。刘得财心里痛恨，刚好借机宰了常永贵，以泄宿怨。苍震门是紫禁城中宫女、太监出入的重要门户，刘得财也不知道常永贵平时在哪儿，从苍震门过，遇到常永贵的概率大一些。只是跟着刘得财的天理教教众只有两人，这两人又不是真的刀枪不入，更何况常永贵此刻正在养心殿伺候皇子，这两人连常永贵的面都没见到，刚到苍震门，就被太监顾某等人协力擒拿。刘得财倒也机灵，眼看形势不对，转身就跑，边跑边喊捉贼，不过现场那么多人看着，刘得财最终还是被抓获了。就此，陈爽这一路也被迅速扑灭。

西华门那边，陈文魁这一路倒挺顺利——虽然一路上也溜了不少人，最终来到西华门外的只剩下四十余人。陈文魁安排几个假装卖柿子的在前，后面猛拥而上。大家推倒担子，抽出兵器就冲入了西华门，西华门的守卫措手不及，被陈文魁带人冲了进去，在太监杨进忠的带领下，直扑尚衣监。

既然皇帝不在紫禁城，杨进忠带人去尚衣监干吗？说来搞笑，也是为了泄私愤，因为他曾被尚衣监的太监欺负过。到了尚衣监，

天理教教众先杀了制衣太监，后杀了在文颖馆供事的数人。杨进忠倒是爽了，却耽误了天理教攻打内廷的时间。陈文魁等人像没头苍蝇一样攻杀至隆宗门时，东边的护军统领杨澍增已经带了身边仅有的几个人增援过来。杨进忠见事不妙，转身就溜。到场的官兵当即关闭了隆宗门和景运门，将陈文魁等几十人堵在了内廷之外。

隆宗门向北就是养心殿，过了养心殿就是后妃居住的西六宫，这伙冲进来的人把千娇万贵的后妃们吓出了一身冷汗。尤为搞笑的是，就这几十号人，居然将镇守午门的统领策凌吓破了胆，策凌一听有人杀进了大内，也不打听一下到底来了几个人，撒腿就跑。跑了半路才发现没来几个人，还是己方人多势众，这才折回去。剩下这些没被吓破胆的值班护军，平日里疏懒惯了，遇到这种突发事件，居然没几个带正经兵器的，大部分是空手和天理教教众搏斗，伤亡者甚多。最后，一些守卫不得不从地上捡砖头瓦砾投砸，不知道的还以为是闹着玩呢。

此刻，陈文魁不知道在心里问候了杨进忠这个死太监祖宗十八代多少次。若是这一行人直奔养心殿，以皇宫守卫之松懈，陈文魁还真有可能直接冲入内廷砍人，那样战果会更大。眼下耽误了时间，大内侍卫们把门一关，再撞门可就难了。攻不开隆宗门，那就爬墙逃走，有几个天理教教众爬上御膳房的矮墙，顺着右门西大墙向北沿行。顺便说一句，隆宗门的牌匾上至今还插着一支天理教教众射出的箭矢。

此时，皇二子绵宁、皇三子绵恺在养心殿，这二人忽然看到对面大墙上有多名手持利刃的刺客，千百年来哪个皇宫也没闹过这一出，当即把二人看傻了。绵宁已三十一岁，还算是沉得住气，在他身边伺候的就是主管太监常永贵。能爬到总管太监的位置上，此

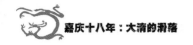

人的脑袋瓜自然是机灵的。常永贵赶紧提醒绵宁：这个距离，可以用鸟枪（明清时期对火绳枪的称呼）拦打这几个人。一句话提醒了绵宁，绵宁赶紧命人取来鸟枪，瞄准墙头就开枪，当即击落一人。墙头上还剩下三四人，绵宁又击落一名手拿白旗的指挥人员。两枪之后，贝勒绵志拎着鸟枪来支援，也击毙了一人。有两名天理教教众潜入了御膳房的屋中，被一堆太监围起来打死。

在这次事件中，绵宁除了在一线亲手击毙数人外，还不忘安排绵恺赶紧回内廷保护母后；控制住现场后，又赶紧给皇帝呈送一封六百里加急的奏折，把详细经过汇报了一遍，表现得确实可圈可点。这一役也奠定了绵宁的地位，后来嘉庆离奇猝死，没来得及留下遗诏，绵宁众望所归，成为大清朝唯一一个以嫡长子身份登基的皇帝——也就是后来输掉了鸦片战争的道光皇帝。

顺便说一下，后来御史恒麟用绵宁击毙天理教教徒的例子上奏皇帝，建议八旗军及蒙古骁骑营一起练习鸟枪，可以大大提高军队战斗力。嘉庆对此的朱批是：

> 我朝开国之初，以弧矢威天下。此次因二阿哥用枪毙敌，并火器营官兵歼贼多名，于是言请交章请习鸟枪，不言弓矢。修明武备，不可重此轻彼，致有偏废。且步器已设有专营，足称劲旅。其八旗满洲蒙古骁骑营及护军营，实无庸再增此名目，纷改旧章。御史恒麟之奏请，实属无益。着无庸议。

这段话的大意是：我大清以弓马威震天下，军中也已经有火器营了，没必要让骑兵练鸟枪。就这么着吧，以后别再提这茬儿了。

可见，虽然朝中不乏恒麟这样有超前眼光的人，却推不动大清这艘搁浅已久的破船。

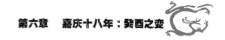

这场闹剧，因发生在干支历中的癸酉年，史称"癸酉之变"。

从来未有事，竟出大清朝

在绵宁鸟枪的威慑下，天理教教众不敢再爬墙了。陈文魁命人找引火之物纵火烧门。危急时刻，成亲王、庄亲王、礼亲王等几位亲王得到消息，各自带了侍卫家丁及少数亲兵过来支援；镇国公奕灏也带了千余名火器营的官兵匆匆赶到。陈文魁见势不妙，赶紧带人从西华门开溜。天理教教众毕竟不是职业军人，沿途四散藏匿，溃不成军。成亲王命护军统领石瑞龄、义烈公庆祥、散秩大臣绵怀、副都统凌策分别把守四门，开始拉网式搜索，将天理教教众和做内应的太监一一擒拿，拒捕者格杀勿论。

发生了这么大的事，王大臣（辅助皇帝处理国政的诸王和大臣，《清史稿》和清代笔记都简称其为"王大臣"）中固然有带人来支援的，也不乏大局已定后才来露脸的，更有逍遥雅步于御河岸边看戏的，倒是没有帮天理教扶梯子的，毕竟大家都不傻，谁都知道天理教赢不了。倘若天理教真的势大到朝廷镇压不了，他们肯定会帮天理教——这些人从来都是谁赢帮谁。

十六日凌晨，大雨如注。暴雨中的紫禁城，仍在进行全面搜捕工作。在五凤楼、南薰殿、御书处假山石头缝里等地方，陆续搜出了藏匿的天理教教徒。最终清点之下，在皇城里连俘虏带击毙的，一共有七十二人。就这几十号人，差点打进紫禁城内廷，也算是千古奇闻了。

这一日，嘉庆的銮驾抵达白涧行宫，绵宁的六百里加急奏报也呈到了嘉庆手里。嘉庆览后，如遭当头一棒，震惊之下，不觉泪流满面。作为皇帝，十年前被一个失业的仆人陈德冲进紫禁城行刺，

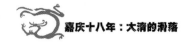

已经是极丢脸的事了。当时为了杀一儆百，特地当众活剐了陈德。这才刚过了十年，居然发展到几十号人冲进皇宫来杀皇帝，自己做皇帝就做得这么失败吗？

嘉庆伤心得难以自已，一时也忘了下达指示。有人建议说，皇宫太危险，皇上先移驾奉天，调大军来护驾，然后在军队的列队簇拥下再回京。嘉庆气得两眼发黑——你这蠢货还嫌朕丢脸丢得不够大？！只是尚处悲伤之中，一时间不方便抽他。

此时，大学士董诰赶紧站出来反对——这是取乱之道。现场已经控制了，皇帝得赶紧回去稳定大局。荣郡王绵亿在旁边也力劝嘉庆迅速返京。董诰和绵亿毕竟一个是大学士，一个是皇帝亲侄子，政治眼光还是有的。京中出了这么大的事，就算有天大的危险，皇帝也得赶紧回京主持大局。要是皇帝需要去奉天调大军保护才敢回自己的宫殿，这等于举着灯笼昭告世人——朝局不稳，皇帝胆小如鼠，不仅会大大动摇民心，还会引起更多人的蠢蠢欲动。

嘉庆在悲伤中久久不能自拔。申时（15:00—17:00），仪亲王等人奏报的《剿办贼匪事已大定折》呈到了嘉庆手里，嘉庆这才回过神来，决定立即回京。

做了决定后，嘉庆连发四道谕旨：一是对杀敌有功的绵宁、绵恺兄弟予以嘉奖，绵宁升为智亲王（之后还将其所持的鸟枪命名为"威烈"），并每年加俸一万二千两白银；二是将对贼人擅入禁地而毫无察觉的步军统领吉伦、左翼总兵玉麟二人革职查办，另行安排大臣托津和侍郎英和回去处理工作；三是仪亲王奏称贼匪进紫禁城的共有二百余人，但是击毙及俘虏的仅几十人，剩下的人哪儿去了？成亲王审出来地安门外还有五百多人，这些人该怎么收拾？你们俩商量好后赶紧回复；四是传谕京城内满洲、蒙古、汉军的

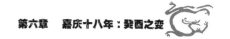

八旗各部护军都统，全都出来，严密搜查，务必把京师周边的乱贼余党清理干净。

这一晚，嘉庆应该没睡好。出了这么大的事，仅仅剿匪是不够的，还要尽快稳定人心。十七日，皇帝一行抵达燕郊行宫后，嘉庆将用一夜没睡好换来的《罪己诏》颁布天下。在《罪己诏》中，嘉庆十分委屈地说，自己做皇帝这么些年，既不残暴，也不昏庸，怎么会突发这样的事呢？实在不理解。反正千错万错，还是皇帝的错，都怪我好了。然而"变起一时，积祸有日"，都是因为你们这帮孙子因循守旧、松懈怠政、只知"因循怠玩"，才酿出这么丢人的事！

皇帝心里郁闷，一股子邪火无处发泄。下面的官兵都是人精，谁敢在这个当口上往枪口上撞，不得不打起精神来做事。北京的步军统领领英当天就派人在宋家庄活捉了林清。在林清的指认下，第二天又抓了不少潜伏宫中的太监；河南的总兵克通阿率兵在河南浚县石羊村大破天理教，前后击毙二千五百余人，活捉一百余人。清军毕竟是正规军，战斗力比邪教的那些乌合之众还是强不少的。

接到奏报后，嘉庆心里这才稍稍安定，回京主持大局。十九日，京城所有的王公大臣均在朝阳门外跪迎嘉庆。嘉庆端起架子，缓缓入宫，回宫后的第一件事就是把之前写好的《罪己诏》发下去。诸王公大臣跪在乾清门处诵读《罪己诏》，个个呜咽失声，比死了亲爹都难受——就凭这演技，拿个奥斯卡奖什么的不在话下。

其实嘉庆总结得也不错，正是各级官员"因循怠玩"，导致无论是中央还是地方的各个机构几乎形同虚设，最终铸成此事。然而，为什么大家都在"因循怠玩"，没人愿意干活呢？如何让认真做事的人出头，让"因循怠玩"的人淘汰，让朝政清正廉明起来，

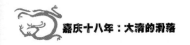

这才是皇帝应该考虑并解决的问题。这不是靠道德指引就能解决的问题，没有行之有效的监督机制，鬼才去做费力不讨好的事呢！不在笼子里的权力，有其隐蔽且固定的运作规律，这个规律不以任何人的意志为转移。哪怕强悍如朱元璋，杀官如麻，也未能解决。受时代所限，嘉庆看不到问题的根源，即使看到了也没有能力和魄力解决，只能哀叹一声："从来未有事，竟出大清朝！"

第七章

花剌子模信使问题

回京后，嘉庆自然是要彻查天理教攻入紫禁城一事的。万万没想到的是，查出来的问题，比这件事本身更令他难以接受。

接话的艺术

事件的主谋和内奸都已经抓获了，那就审吧。二十三日这天，嘉庆亲自在丰润园审问了林清一干造反的主谋和刘得财一众做内应的太监。皇帝亲自审问，自然是规格甚高。嘉庆坐在中间，庄亲王绵课、超勇王拉旺多尔济分坐左右；诸御前侍卫佩刀环立在嘉庆身后，威仪甚肃。

先带来的是刘得财、刘金两个太监。嘉庆很不解地问："朕平时到底哪里亏待你们了，让你们生出这种想法？"刘得财二人吓得话都说不利索了，跪在地上连连磕头说"主子饶命"，这副脓包相把嘉庆给气乐了：你们既然已经归顺了天理教，就是林清的人了，咱们也甭客气，就互称你我就行，还叫什么主子？刘得财二人哆哆嗦嗦的，一句话也说不出来，嘉庆看实在问不出什么，也懒得再纠结，一挥手，命人将二人带下去，先夹打（旧时的酷刑，将犯人上夹棍或拶子后再敲打刑具，以折磨犯人）一顿出出气，而后交给刑部议罪。

现在想来，刘得财、杨进忠等几个太监还真没啥政治野心，纯粹就是在底层被其他太监欺负久了，只想爽一把。受限于文化水平不

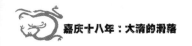

高，他们能想到的只有报仇。他们未必不知道这样做的后果是什么，而是纯粹就没去想。当然了，不论这些太监过得有多凄苦，嘉庆也看不到，看到了也不会认为是自己的错。在他看来，自己没像老爹乾隆那样亲自下令鞭打太监，就算宽仁了，至于太监的生存环境如何，那是古来如此，与自己无关。

随后，嘉庆命人把林清带进来，问他谋反动机是什么。林清不愧是连自己都骗的神棍，这时候仍一口咬定说，这都是老天爷定下的劫数，我只是应劫数而已。嘉庆见状，知道问不出什么动机，就改口问了些天理教教内的情况。林清这几日没少挨打，此时倒也不再充硬汉，问什么答什么，最后录了一份口供，保留至今。接着，嘉庆又问，你还有什么同党。林清说，有个叫祝现的包衣，是我党中的巨魁。嘉庆自然是关注逆犯余党的，便询问左右祝现此刻何在。

领导问问题，如何回答，那都是要事先做好准备的。嘉庆身边的几个大臣没想到皇帝会问这么一出，事先没对好口供，丢人丢大发了。尚书崇禄回答说，祝现此刻"业经正法"；侍郎宋公镕却说祝现"尚未缉获"。同一个问题，两名大臣给出了截然相反的答案，真是拿皇帝当猴儿耍了。实际上，祝现和天理教里的刘呈祥、刘第五、董伯旺、支进才、刘成章这几位大佬，直到道光年间也未被擒获，正史中也未记载这几人的去向，估计是隐姓埋名、溜之大吉了。

那崇禄干吗说"业经正法"呢？这就是跟领导说话的"艺术"了。嘉庆不过随口一问，崇禄随口说一句已经砍了，反正死无对证，皇帝也不可能搜索尸体核对，这样显得大家办事得力，既能给领导留个好印象，也能给领导一个心理安慰。至于祝现这家伙，以后能抓到就偷偷宰了，抓不到也无所谓。皇帝日理万机，过不了两天就把祝现这名字给忘了。反正已经在皇帝面前留下好印象了，以后升官发财都有指望。而宋公镕不谙此道，不小心说了实话，打了崇禄的脸。崇禄是满人，在朝中话语权比宋公镕要大得多。后来《清史稿》和各路野史都极少提及宋公镕，可见他此后的仕途并不平顺。

嘉庆从做"嗣皇帝"时就跟白莲教及大清的官僚系统打交道，对官场上的道道并不是全然不知。崇禄是旗人，嘉庆也不好说什么，只得回身找庄亲王，没话找话，缓解一下尴尬的场面："外面传言内侍全反叛了，现在看来，也就这几个不开眼的家伙，朕的内侍并非全是反贼啊！"庄亲王和超勇王连连称是——不然还能咋回答呢？！

随后，嘉庆下令将首逆各犯全部凌迟处死，从逆各犯一并骈诛，并特别交代将林清的脑袋剁下来，送到直隶、河南、山东等天理教活动的地方重点巡回展览一番。这个操作学名叫作"传首"，目的是警示各地反贼，这就是造反的下场。

林清供出来的这个祝现是什么人呢？皇帝既然亲自过问了，那就去抓吧。祝现倒也十分机灵，好像在林清事发之前就溜得没影儿了，后来也一直没抓到。不过，大清毕竟有户口管理部门，既然知道名字了，就能查到他。林清也说了，祝现是一名包衣。所谓包衣，是清代服役于皇帝、宗室王公之家的一个奴仆群体，那可不是普通的奴才，是"奴才中的奴才"。曹雪芹的祖父曹寅就是正白旗包衣，圣眷甚隆。康熙六次南巡，四次住在曹寅家。祝现这个包衣，服役于豫亲王裕丰家，虽然比曹寅颇有不足，但也比一般的奴才有脸面多了。豫亲王裕丰也是姓爱新觉罗的，家里居然出了个反贼，这可了不得，嘉庆自然是下令彻查，这一查，查出了一件让嘉庆猛生白发的事。

铁帽子王一点也不铁

祝现此人，是豫亲王裕丰家里的庄头，住在桑垡村，类似《红楼

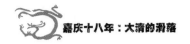

梦》里的乌进孝。既然管理王爷的田产，上下其手的事自然没少干，因此祝现的家产颇为丰裕。祝现有个侄子，叫祝海庆，是豫亲王府的四品典仪之子。九月初八这天，祝海庆去桑堡村祭祖，一同去的有许多祝家的族人。

宴席上，祝海庆的族叔祝嵩山神秘兮兮地将祝海庆拉到一边，悄声道："最近咱家的这个祝现，收罗了不少人在庄子里，鬼鬼祟祟的，肯定有问题。我看他昼伏夜出，跟几十号人神神秘秘的，不知道在商议什么事情。如果他要犯事，咱们宗族都要受牵连。你在豫亲王府，得想想办法。"

祝海庆闻言大惊，还没来得及吃饭，吓得筷子都没拿住："我得赶紧回去，不在这里久留了。"说罢，祝海庆辞别祝嵩山，直奔城中见自己的伯父祝贵山，把这件事跟祝贵山说了。祝贵山也是大惊失色，祝现如果有什么异动，这可是灭九族的罪过。于是，祝贵山赶紧带着祝海庆去见佐领善贵，然后和善贵一起去王府的护卫拜绷阿这里举报了这件事。拜绷阿还算负责，一方面先将祝现的从弟祝瑞喊来问情况；另一方面对祝贵山说，你们赶紧把这件事详细写出来，我得上奏王爷。祝瑞来了之后，对祝现的行为虽然不太清楚，但这可是抄家灭族的罪过，哪敢扛着？祝瑞赶紧赌咒发誓说，我对皇上、对王爷绝对忠心不二。拜绷阿说，你先回桑堡村，详细打探一下再来禀报。

豫亲王毕竟是亲王，也不是拜绷阿一个护卫说见就能见的。第二天，也就是九月初十的傍晚，拜绷阿才见到豫亲王裕丰，把祝现谋反的事汇报了一遍。裕丰说，谋反这么大的事，你有什么证据？拜绷阿哑口无言——这种事，谁会给你留下证据啊？裕丰见拜绷阿没话了，就说你回去吧，明天写个详细的报告给我。

拜绷阿回去后，当即安排祝海庆回桑堡村查探一下情况，最好找到证据。祝海庆回到桑垡村，和祝瑞碰了头。祝瑞说："我今天观察了，祝现这帮人确实有问题，得赶紧举报上去，不然咱们这一族都要抄家灭门，这可不是闹着玩的！"

祝海庆赶紧回去汇报给拜绷阿，拜绷阿又去见豫亲王：这事很紧急了啊！豫亲王仍然不在意：你们又没有实质的证据，没法办啊，赶紧去找证据吧。无奈，拜绷阿只得回去对祝海庆说，劳烦您再回村里，让祝瑞好好找找证据吧。祝海庆傻了眼，官家抓反贼，向来是宁枉勿纵，怎么豫亲王这么有原则，不见证据不抓人啊？

直到十五日黎明，祝瑞以及祝嵩山带着老婆孩子一起来到了祝海庆家里，对祝海庆说："这次肯定了！祝现召集了这么多人，鬼鬼祟祟的，就是在谋反，赶紧举报吧！"祝海庆级别低，见不到王爷，就写了举报状，递给了佐领善贵。善贵也难以见到王爷，就递给了统领伊精阿。这种天上掉下来的一等功，伊精阿倒是不贪：王爷进大内议事去了，您还是自己递给王爷吧。善贵只是个佐领，没资格进紫禁城，无奈，又等了一天。十六日这天，裕丰才回到家里。善贵带着祝海庆在王府门口等了一天了，赶紧拦下王爷的马，把举报状递了上去。裕丰在马上看了半天，又把举报状还给了善贵：这件事不要声张，应该在哪里办，就在哪里办吧。

当晚，裕丰派护军到善贵这里，又索取那个举报状看了一遍。看完仍然还给了善贵，随后护军带人去桑垡村抓人，不料祝现已经没影了。后来祝现一直也没抓到，民间传闻他就藏匿在豫亲王府中。传言传得头头是道的，后来甚至传到了皇帝的耳朵里。

护军没抓到人，回去报给了王爷。这么大的事，裕丰好歹跟皇帝汇报一下，起码做一点准备，皇宫大内遇到反贼围攻时也就不至于那么措手不及了，不料没抓到人就没抓到人，这事儿就此打住了。

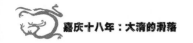

其实裕丰也有苦衷，祝现这货是自己府上的庄头，他要是真谋反，自己肯定要受牵连；更何况裕丰自己曾经在祝现的带领下在林清家中住过一晚。这事要是查出来，对自己是半点好处都没有，干脆闭嘴装不知道，也许祝现只是叫几十号人一起喝个酒、聊个天、搞个轰趴，过两天就散了呢？就这样，"癸酉之变"被扼杀在萌芽中的一次机会就被忽略掉了。

时人兰簃外史记录裕丰之事时，就感慨到：拜绷阿把祝现的事汇报给豫亲王时，如果豫亲王立即汇报给朝廷，不仅能迅速抓到这些反贼，紫禁城被围攻这件事也可消弭于无形。

为什么豫亲王一拖再拖，不去及时解决问题，反而严禁声张呢？倒不是为了包庇祝现，而是因为祝氏宗族里有很多人是王府旧人，恐怕彼此株连，连累到王爷自己。但是贼众聚集，谋反之事已经这么明显了，豫亲王还敢掩盖，实在是自作自受。

祝现的来龙去脉查清呈报给嘉庆后，真是把皇帝气得七窍生烟：你裕丰作为世袭罔替的铁帽子王，是跟我一样姓爱新觉罗的皇亲，这么大的事情居然隐匿不报，到底是何居心？龙颜震怒的嘉庆当场革去裕丰的王爵，交宗人府议罪。审理裕丰的是庄亲王绵课等人，最后给裕丰定的罪是"谋反大逆，知情不举，依律杖一百，流三千里"。不过亲王嘛，哪能真挨打，依律折圈禁二年（也不知道怎么计算的）。最后嘉庆看在裕丰先祖多铎在大清开国时战功卓越的分上，将惩罚改为罚俸十年，禁足家中，不得出王府一步。豫亲王的爵位，由其三弟裕兴承袭。

可惜裕兴也是个不成器的家伙，荒淫无耻，人品还不如裕丰。嘉庆二十五年（1820年），嘉庆猝然驾崩，裕兴居然不顾国孝家孝在身，奸污了婢女寅格，寅格羞愤自缢。宗人府查知此事后，上奏即位不久的道光皇帝。在那个底层百姓毫无人权可言的时代，亲王睡了个丫鬟不是什么大不了的事儿，问题是此事发生在国丧期间，道光皇帝气得直呼要杀了裕兴："国家法令，王公与庶民共之。裕兴不自爱惜，恣意干纪，且亲丧未满，国服未除，罪孰大焉！"后来皇太后和几位王公说情，道光皇帝这才留了裕兴一命，改为夺爵并关入宗人府圈禁三年。豫亲王的爵位，由裕丰的五弟裕全继承。

历史的通病

事实上，除了豫亲王裕丰的知情不报外，大清朝廷还错失了很多将"癸酉之变"扼杀于萌芽之中的机会。林清聚集了那么多人，在人口流动率极低的古代，是很扎眼的。卢沟司巡检陈绍荣，因百姓逃窜，也从百姓嘴里查出了大致的情况。陈绍荣将情况申报给了宛平县，县令派兵去捉拿，没抓到人。宛平县县令和裕丰作出了惊人一致的选择——抓不到就抓不到，这事儿就此打住。

而步军统领吉伦，平时没少贪，史书对他的评价就是"贪吏"。"癸酉之变"数日前，吉伦借口在白涧迎接皇上的銮驾，在香界寺游玩，又是饮酒，又是吟诗作对，好不快活。当天出城门时，有左营参将拦住吉伦的马车，趴在车窗上说："最近京城中的情形很不对劲，恐有大事发生。要不你还是留在城内吧。"

吉伦一脸正气，凛然呵斥道："如今太平盛世，国泰民安，你犯什么病，说这种疯话！"说罢，吉伦将参将甩在一边，驾车而去。

就这样，大清上到亲王，中至统领，下至县令，对种种隐患均选择了视而不见，任其发展，最终酿成了闻名于世的"癸酉之变"。

这就很奇怪了，别的不说，剿灭反贼可是一大功劳，哪怕给朝廷提个醒，让皇宫加强戒备，也算蹭了功劳的边儿，怎么从上到下都是

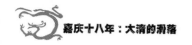

一副"事不关己、高高挂起"相儿呢？嘉庆看到龙案上摊着的调查报告，肯定是再次受到暴击，欲哭无泪。

大清的官僚系统为何瘫痪到此等地步呢？

兄弟我的这本书，谈及的事无论多么离奇玄幻，都是有正史及清人笔记可查的，绝非胡编乱造，但现在不得不扯一个野史了。

相传，在中亚古国花剌子模，有一个十分奇怪的习俗：凡是给君王带来好消息的信使，就会得到提升；凡是给君王带来坏消息的人，则会被送去喂老虎。于是，将帅出征在外，凡麾下将士有功，就派他们给君王送去好消息，以使他们得到提升；若将士有罪，则派他们送去坏消息，顺便给国王的老虎当"食物"。王小波先生据此写了一篇文章，就叫《花剌子模信使问题》，首发于《读书》杂志1995年第3期，后来收录在王小波先生的文集《沉默的大多数》中。

花剌子模远在中亚，在历史上存在的时间很短。大家如果看过金庸先生的武侠小说《射雕英雄传》，应该还记得郭靖的杀父仇人完颜洪烈联合花剌子模，打算夹击蒙古，于是郭靖随成吉思汗西征，一直杀到花剌子模的撒马尔罕城下，最后利用巨型风筝飞进城内，灭了花剌子模。至于花剌子模到底有没有这个风俗，正史上无记载，我们后世人也就不得而知了。

不过在其他史书中，记载了许多类似的故事，比如《左传》中"越国伐吴"的故事："吴人告败于王，王恶其闻也，自刭七人于幕下。"此事在《史记》中也有记载："吴人告败于王夫差，夫差恶其闻也。或泄其语，吴王怒，斩七人于幕下。"意思是：吴王夫差担心打败仗的消息传开，就将通报消息者全部杀掉了。

夫差是昏庸的亡国之君，那开国之君呢？西汉初年，汉高祖刘邦打算远征匈奴，前后屡遣使者窥探虚实。据《史记·刘敬叔孙通列传》记载：

> 汉七年，韩王信反，高帝自往击之。至晋阳，闻信与匈奴欲共击汉，上大怒，使人使匈奴。匈奴匿其壮士肥牛马，但见老弱及羸畜。使者十辈来，皆言匈奴可击。上使刘敬复往使匈奴，还报曰："两国相击，此宜夸矜见所长。今臣往，徒见羸瘠老弱，此必欲见短，伏奇兵以争利。愚以为匈奴不可击也。"是时汉兵已逾句注，二十余万兵已业行。上怒，骂刘敬曰："齐虏！以口舌得官，今乃妄言沮吾军。"械系敬广武。遂往，至平城，匈奴果出奇兵围高帝白登，七日然后得解。

这段话的意思是：刘邦打算揍匈奴，匈奴隐藏实力，把精壮的士兵和肥硕的牛马都藏了起来，只在外面留着老弱残兵和病快快的牲畜。刘邦前后派了十个使臣，都被骗了，回来就说匈奴羸弱不堪，可以揍。但是刘敬透过现象看到了本质，劝刘邦说，匈奴每次都只表现出老弱病残，肯定有诈，不能打。刘邦十分生气，大骂刘敬，你这混蛋就会耍嘴皮子，现在说这种不祥的话乱我军心！于是给刘敬套上刑具，把他关在了广武（今河南省荥阳市东北广武山上）。开国之君往往是雄才大略的，但是刘邦也只信前面使者说的好消息，拒绝思考刘敬的忠言，还差点宰了刘敬。后来大家都知道了，刘邦轻敌冒进，遭匈奴围困，险些被活捉，史称"白登之围"。

历史中，这种事层出不穷，要举例子，能从春秋战国一路说到老蒋败退台湾，夫差和刘邦算是两个典型。

中国如此，国外也不遑多让。英文中有一句短语，叫作"Killing the messenger"，直译过来就是"射杀信使"，与王小波先生提出的"花剌子模信使问题"颇有异曲同工之妙。

古罗马共和国时期，亚美尼亚人建立了他们历史上唯一一个大帝

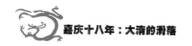

国——亚美尼亚王国，国王提格兰二世通过与本都的王室联姻，与米特拉达梯六世结盟。有了强力盟友后，提格兰二世征服了叙利亚和西里西亚，以及小亚细亚半岛腹地，并占领了乞里西亚，还洗劫了大部分卡帕多西亚地区，将亚美尼亚的势力推上了巅峰。

公元前70年，提格兰二世通过联姻结来的盟友兼岳父米特拉达梯六世被罗马帝国击败，躲到了亚美尼亚境内。面对不可一世的罗马大军，提格兰二世有两个选择，一是把岳父出卖给罗马，换取一时的平安（政治联姻从来都是利益关系）；二是继续支持本都王国，两家互为犄角，继续联合对抗罗马。但是提格兰二世一条也没选，因为罗马军团还在黑海南岸收拾不愿意投降的古希腊城邦，似乎一时半会儿打不到亚美尼亚。于是，提格兰二世把岳父软禁起来，静观其变。

不料罗马军团的统帅卢库鲁斯很快就肃清了古希腊城邦的抵抗，完成了对征服地的控制。随后，卢库鲁斯派自己的弟弟向亚美尼亚提出交涉，被提格兰二世的亚美尼亚政府傲慢地拒绝了。第二年，也就是公元前69年，卢库鲁斯发动了对亚美尼亚的进攻。很快，前线的信使向提格兰二世汇报了罗马军团入侵的消息。正常人的反应应该是要么组织军队迎战，要么干脆出城投降。诡异的是，提格兰二世害怕罗马军团入侵的消息引起内乱，斩杀了前来报信的信使。

很显然，斩杀信使并不能让罗马军团退兵。罗马人的大军迟早要打到提格兰二世的家门口。事情再也无法隐瞒后，提格兰二世才任命他最信任的两位将领去应付边境危机。亚美尼亚人密特罗巴赞尼奉命率三千骑兵与轻步兵去拖延罗马军团的进军速度，希腊人曼西阿斯则成为新首都提格兰诺塞塔的防卫总指挥。提格兰二世自己则返回亚美尼亚本土去募集大军，筹备决战。只可惜为时已晚，在提格兰诺塞塔，亚美尼亚军队惨败给罗马军团。最终，亚美尼亚在历史中昙花一现后，就迅速分崩离析。

可见无论中外，"花剌子模信使问题"这种现象都是真实存在的。至于花剌子模到底有没有这个风俗，其实并不重要。

站在豫亲王裕丰的角度上，自己知悉了林清、祝现谋反的事，去抓人又没抓到，这事能跟皇帝说吗？在大清官场中，还真不能说！

大清官场历来是欺上瞒下，互相糊弄。你好我好大家好，谁也不较真的。这时忽然冒出一堆反贼，反贼怎么来的呢？一连串的人都得受到牵连。更何况，在这海晏河清的太平盛世，你居然说有人要犯上作乱，他们为什么犯上作乱？是吃不上饭了，还是活不下去了？这不是给大清抹黑吗？朕治理国家就这么差劲吗？皇上一不高兴，虽然不可能将裕丰扔笼子里喂老虎，一顿斥责、罚俸之类的惩罚还是少不了的。虽然"问题"不好解决，但是"发现问题的人"很好解决。你不掺和，大概率没你什么事；你掺和了，解决好了，没啥功劳，解决不好，全是你背锅。因此，无论是豫亲王裕丰，还是步军统领吉伦，抑或是宛平县县令，发现问题的第一选择是先想办法掩盖问题。裕丰是太倒霉了，祝现是自己的包衣，这才被抓了典型。吉伦和宛平县县令则是一点屁事儿都没有，追究八圈责任也追究不到他们头上，又何苦去做解决问题这种吃力不讨好的事儿呢？

无耻的裁定

前面说了，"祝现就藏在豫亲王府"的流言传到了嘉庆的耳朵里，嘉庆命肃亲王永锡调查。永锡懒得动弹，就令步军统领英和去豫亲王府提祝海庆问话。英和倒也客气，问来问去也没问出什么，就回去复命了。查不到结果，皇帝自然不甘心，又命庄亲王绵课带着英和，再去豫亲王府一趟，详细查询祝现的踪迹。这次阵仗挺大，佐

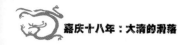

领善贵就把前面祝海庆、祝瑞等人举报祝现谋反的事详细地汇报了一下。朝廷这才知道原来早就有人举报此事，一众军机大臣商议之下，给出的方案是：将拜绷阿革职查办，祝海庆等人拘拿过来严加审讯，才能查到祝现的下落。

这个解决方案相当无厘头。在我们看来，祝海庆等人是举报祝现的有功之人，拜绷阿也三番两次地找豫亲王汇报，让豫亲王早做准备。抓谁也轮不到抓这几个人吧？问题是，这么大的事，总要有人出来背锅。豫亲王都自身难保了，你们几个下人背个锅又有什么了不起的？这就是官场的吊诡之处。现在要调查此事，总要拿人来问话。问谁呢？别人都不知道情况，就你们几个人当时举报过此事。既然你们举报了，就证明你们知情，不问你们问谁？

祝嵩山、祝海庆等人自然是埋头喊冤。明明自己是举报人，怎么把举报人给扣起来审讯了？无论如何这理也说不通啊！最后，军机处也觉得这么搞，实在没法向皇帝交代，嘉庆虽然平庸，但毕竟不傻。问题是——这事儿总要有人背锅，不然就显得朝廷太无能了。几位主审商议之下，决定只抽祝瑞一个倒霉蛋。

你祝瑞直到十五日才拿到证据来汇报，肯定是你太狡猾了！祝现的谋逆，你祝瑞肯定熟知，一直拖着不举报，肯定是为了包庇祝现！后来你祝瑞为了让自己脱罪，拖到了十五日才来举报，就是为了让朝廷事到临头才知悉此事，搞得朝廷措手不及，被天理教攻进了紫禁城。你祝瑞真是狡猾至极，把祝海庆这几个人都骗了！

就这样，最后裁定将祝瑞捉拿入罪，祝海庆、祝嵩山、祝贵山几人忠心于朝廷，只是被祝瑞蒙蔽了，不予追究，并提拔至本旗的大营当差；拜绷阿官复原职。

这事儿就这么定了！

这个处理结果是相当无耻的，每每想到朝廷的这个处理方式，真是令人后背发凉。为了糊弄差事，不惜把无辜的祝瑞治罪。而处理人员则对上对下都有交代，有人背锅，有人脱罪，除了祝瑞，可谓皆大欢喜。这正好从侧面印证了当时裕丰、吉伦、宛平县县令等人的选择真是没错。当一艘破船漏水时，闭嘴才是最好的选择，谁先说话谁倒霉，这就是典型的"花剌子模信使问题"。只不过裕丰实在跑不掉干系，这才倒霉地被革去了爵位。

帝国的麻醉剂

人脑存在一种神经传导物质，叫作多巴胺。这种分泌物和人的情欲、感觉有关，它传递兴奋、开心等信息。当人们遇到恋爱、发工资、玩耍、得到赞美等美好情况时，人脑就会分泌大量的多巴胺，让人感到身心愉悦、快感倍增。人类对这种兴奋感和欣慰感十分着迷，会想不停地、反复地进行某种上瘾性行为，以刺激多巴胺的分泌。但是多巴胺失调会引发精神分裂、帕金森症、注意力缺陷等症状，给人体带来极大伤害。一般来说，人体通过正常行为获取的多巴胺都是适量并且安全的。当多巴胺频繁升高的时候，其他神经细胞会释放出一种叫作 γ-氨基丁酸的抑制物，避免感受器官神经受到过度的刺激，强迫神经与大脑休息，从而避免过度兴奋伤害大脑和身体。换句话说，人体自身有"纠错机制"，其作用是维持各方的平衡，避免某一种物质失控而有害健康。

但是多巴胺带来的感受实在是妙不可言，令人无法自拔。后来，日本鬼子发明了一种药物，叫作甲基苯丙胺，俗称冰毒。这玩意儿能刺激人体分泌比正常情况下高出千倍的多巴胺，令人维持精神抖擞的状态数日，这种药品被日本日本广泛使用于战场——反正能不能活还

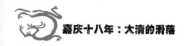

都两说，日本鬼子对这玩意儿对人体的伤害也就视而不见了。尤其是神风特攻队，只要有条件，那是必须要先嗨一把再去见天照大神的。

毒品的介入，直接破坏了人体对多巴胺的抑制平衡。即使后来从肉体上戒断了毒品，由于多巴胺的平衡已经被破坏，人脑感受惯了大剂量的多巴胺，普通的多巴胺分泌量也无法引起人体的兴奋了，所以瘾君子们个个都显得无精打采，除了毒品，对什么都不感兴趣——这就是毒品的"心瘾"。这里也奉劝大家一句：没有"百分百戒毒"这个概念，"不吸第一口"才是远离毒品的唯一办法。

说完快乐，再说一下人体的另一种机制——疼痛。可能没有人喜欢这种感觉，但是疼痛确实是一种十分有用的信号。当人体受到外伤或体内有细胞病变时，神经元就会尽职尽责地将疼痛感传输给大脑，而后大脑才能准确地判断是哪个部位受伤了或者病变了，进而作出相应的处理。如果一个人没有痛觉，蚊子叮了不痒，刀子划了不疼，内脏烂了无知觉，那么这个人离死就不远了。因为即使是手指上的一个小伤口，如果得不到及时处理，也可能引发感染，甚至坏死。我们时常从新闻中看到，某人身体莫名其妙地疼痛，不去看病，只是吃止痛片镇痛，直到止痛片也不起作用时，才发现身体已经癌变，无力回天了。

现在我们把大清朝廷看作人体，那么好消息就是毒品，坏消息就是疼痛。有的人身体疼痛就立刻就医查病灶；而有的人只吃止痛片，眼下不疼就是没事。当然也有高明的医生，在疼痛发作前就看出机体有病，但是听话的人是少数，大部分人像蔡桓公那样极不客气地回应"寡人无疾"。

我们现在是理智的，知道疼痛了要看病，毒品不能碰。而大清朝廷并不是一个人，是一堆人。这些人的个人利益，和朝廷利益、和百姓利益，往往是不重叠甚至对立的。从某种意义上讲，各级官吏其实都只是大清的寄生虫。当大清膘肥体健的时候，寄生虫能生活得很好；而当大清浑身脓疮烂包的时候，也不耽误这些寄生虫从大清的肉体上汲取最后的养分。如果皇帝想清除顽疾，那么首先要清理的就是大清躯体上这些大大小小的寄生虫。向上汇报脓疮烂包对各级官吏自身有什么好处吗？没有！那我为什么要说呢？

所以我们往往看到的是这样的现象：无论地方上烂成什么样，各级官吏向上汇报的通通都是天下太平、海晏河清。皇帝作为帝国的中枢，每天被"太平盛世""鲜花着锦""烈火烹油"的毒品麻醉着，也就无法感受到被华服遮盖住的脓包烂疮。有一些实在瞒不住的，才会捅到皇帝这里。这时候，往往小病已经拖成了大病，小事已经拖成了大事，朝廷要耗费更大的人力物力才能平息。但这钱又不是官员自己出，把国库耗光了也不心疼，反正地方官员有一百个办法让自己撇清关系，不向上传递消息就是最好的自保手段。真暴雷了，最多被安个失察之罪，过不了两天就换个地方继续当官。千里为官只为财，要想升官发财，还不是皇帝的一句话！各级官员要想尽办法方便地捞钱，最直接的手段就是掩盖帝国上下的脓疮，再给皇帝不断注射"皇上圣明""天下太平"之类的麻醉剂。皇上一高兴，提拔的机会不就来了？反之，天下再乱，你也不能说。

在《水浒传》中，杨志护送生辰纲，与老都管起了争执，随口说一句："如今须不比太平时节。"老都管当即就抓住杨志的话不放："你说这话，该剜口割舌，今日天下怎地不太平？"就算杨志将生辰纲安全地押送到东京汴梁，回去也少不了穿小鞋。你说有人要进攻紫禁城谋反，你胡说八道什么你？！太平盛世，哪有此事？！

这么说，皇帝就很无辜吗？不是的。选择虚幻的毒品，还是选择

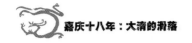

疼痛的真相，主动权还是在皇帝手里。皇帝再无知，总要识数的，给下面官员开多少俸禄，皇帝哪能不知道？这些官员们平日里的排场，又岂是那点儿死工资能维持的？皇帝对官员贪污这事儿是心知肚明的，甚至将能大贪特贪的肥差交给某人，也算是皇帝拉拢人的手段。比如《鹿鼎记》中康熙安排韦小宝去抄鳌拜的家，其实就是明着给韦小宝发财的机会。索额图听到皇帝安排自己和韦小宝一起去抄鳌拜的家，当即就明白："是了，皇上要给他些好处。鳌拜当权多年，家中的金银财宝自是不计其数。皇上派我去抄他家，那是最大的肥缺。这件事我毫无功劳，为什么要挑我发财？皇上叫小桂子陪我去，取佛经为名，监视是实。抄鳌拜的家，这小太监是正使，我索某人是副使。这中间的过节倘若弄错了，那就有大大不便。"

《鹿鼎记》虽是小说，影射的却是现实。历史上，康熙安排曹玺、曹寅、曹颙祖孙三代干了几十年的苏州织造或江宁织造，就是把这个肥差赏给自己人，让自己人发财。至于中间怎么发财的，皇帝心里明镜似的，只是不想管。只要忠于皇帝，给皇帝办好差事，你贪点儿，皇帝是懒得追究的。因为皇帝要的，是通过官僚系统统治国家，维持江山和皇位的稳固。只要能达到这个目的，用什么手段都没关系。贪腐固然方便了皇帝把控群臣，但也像癌症一样在大清的机体内四处扩散。权力和责任从来都是一对双生子，皇帝大权在握，就要背上朝廷贪腐的直接责任。

领导让你多提意见

那把贪官污吏全杀了，全换成清官不就行了？这种事，朱元璋、雍正都干过，无奈贪官杀不胜杀，数万官员前腐后继。明初规定，贪污六十两银子，斩首；清朝规定，监守自盗一千两银子以上，斩监候。按这个标准来的话，大明除了海瑞，大清除了张伯行，从上到下，所有的官员都要砍头。前面说的甘肃省"冒赈案"，把整个甘肃的官员从上到下一扫而空。甘肃省被查，并不是因为只有甘肃省贪腐，而是甘肃省倒霉，被抓了现行而已。

没了官员，皇帝孤家寡人的，怎么统治国家呢？这就是大清朝的死结了。整个官场，从上到下就没有清官。前面说过，别说和珅了，就是林则徐、关天培、刘墉、纪晓岚这些风评不错的官员，平日里迎来送往、"三节两寿"的也没少收。这是官场上的规矩，是游戏规则，从皇帝到官员，大家都心照不宣。皇帝一个人撑不起天下，不得不依靠这帮贪官来维护自己的统治。因此，贪腐是大清朝一个无法解决的绝症。对皇帝来说，各级官员盘剥的只是最底层的草民，只要别刮得太狠引发民变，皇帝也就睁一只眼闭一只眼了。

但是官员是有任期的，大部分官职的任期也就三年，不像皇帝可以干一辈子。对官员本人来说，在有限的任期内尽可能地多捞钱，才符合自己的实际利益。下个任期是升官还是降职，这个谁也不好说，万一被调到一个鸟不拉屎的穷地方，那怎么办？所以各级官员都是精致的现实主义者，活在当下，在权力未过期之前，疯狂地搜刮民脂民膏，才不管底层百姓的死活。跟捞钱无关的事儿，应付糊弄过去就行了。

林清那些反贼，能抓到固然是好，抓不到也就抓不到。反正林清攻入紫禁城，倒霉的是皇宫的守卫，事后挨板子的也是大内侍卫，跟京师的地方官扯不上关系。但是你若是当个事儿汇报上去了，就要面临一系列问题：你怎么得到的消息？事先怎么没抓到人呢？哦，你失职，让歹徒跑了，结果这帮歹徒围攻紫禁城，是不是你也有责任？这个神逻辑不是玩笑，祝瑞的下场就是明证。

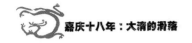

所以官场上一直奉行的"欺上不瞒下"的行事规则，是很有道理的。大清朝烂成什么样，跟我没关系，只要多汇报太平盛世的"正能量"，糊弄住上面，别耽误我捞钱就行了。而朝廷每日充斥着的好消息，就像毒品一样，为皇帝制造了上邦大国、国富民强、天下安澜、比屋可封的幻象。皇帝吸多了"正能量"，每天多巴胺都处于爆表的状态，忽然你不开眼，冒出来说实话，搞得皇帝不开心，倒霉的还是你自己。

这样不开眼的人，也不是没有。早在嘉庆刚亲政的嘉庆四年二月，嘉庆帝就像模像样地下诏，让大家畅所欲言，并表示有则改之、无则加勉，绝不秋后算账："广开言路，原欲内外臣工，各抒所见，指陈利弊，以收兼听并观之效，不特事关国计民生，弹劾官吏，俱当直言无隐。即朕用人行政，有能规谏者。如果敷陈得当，朕必虚心采纳，特加奖擢，以风励有位。"

领导让你多提意见，那可说不准是客套还是圈套。你就提点"领导每天废寝忘食地工作，太辛苦了，一点都不注重身体，我对您意见可大了！我们全凭您这车头带着往前跑，您为了大家也要保重身体，以后要改正不爱惜自己身体的毛病"之类的意见，把马屁拍得让领导受用就行了。从古至今，把领导的客气当真的，哪有什么好下场？清朝官场里都是人精，可偏就有个不开眼的人，叫洪亮吉。

洪亮吉出生于乾隆十一年（1746年），自幼丧父，刻苦读书，以词章考据闻名，尤其擅长舆地（旧时指地理），颇得袁枚、蒋士铨的赏识。不过洪亮吉虽然有才，却深受科举制度的摧残，以至于多年来屡试不中。为了糊口，洪亮吉先后在安徽学政朱筠、陕西巡抚毕沅等人府上做幕僚，同时刻苦复习备考。

直到乾隆五十五年（1790年），四十五岁的洪亮吉终于以一甲第二名的成绩高中进士。随后，洪亮吉被授翰林院编修，在国史馆担任编纂官。

嘉庆三年（1798年），洪亮吉实在看不惯大清官场的黑暗，上书力陈内外弊政数千言。那会儿乾隆还活着呢，"十全老人"哪能听你这个？洪亮吉差点被砍了。洪亮吉眼看情形不对，借口回家办理弟弟的丧事，这才躲过一劫。没多久，乾隆驾崩，嘉庆的老师朱珪觉得洪亮吉是个人才，就将其召了回来，协助修纂《高宗实录》。

洪亮吉眼看嘉庆帝干净利索地收拾掉了大贪官和珅，就以为大清自此能变成晴朗天下，谁承想官场各种黑暗依旧，毫无起色，于是想告老还乡。刚好嘉庆帝下诏，广开言路，洪亮吉按捺不住读书人骨子里犯颜谏言的冲动（吾终不可以立仗马辜圣天子恩），临行前再次上书言事。皇帝就是做做样子而已，大家都是"不疼不痒地糊弄"加"认认真真地恭维"，唯独洪亮吉洋洋洒洒地写了一篇五千多字的《乞假将归留别成亲王极言时政启》，直指时弊。这一年，洪亮吉已经五十三岁。年过半百的人，还是如此天真，实在可叹。

洪亮吉的原文挺长，这里就不摘录了，总之核心意思就是指出眼下"风俗则日趋卑下，赏罚则仍不严明，言路则似通未通，吏治则欲肃而未肃"，并把每一句话都展开，举事实，讲道理，有理有据、洋洋洒洒地将皇帝的施政能力和大清官场的一大半官员批了个狗血淋头："处事模棱两可，软弱无能，热衷钻营，苟且偷安。"

为什么会这样呢？原因在于皇上你本人能力不足。"纯皇帝（乾隆）固圣不可及"，意思是，你那糊涂老爹当年的圣明，你是难以达到了。那该怎么办呢？"亮吉以为今日皇上当先法宪皇帝（雍正）之严明，使吏治肃而民乐生；然后法仁皇帝（康熙）之宽仁，以转移风俗。则文武一张一弛之道也"。意思是，你别按自己的思路来了，

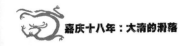

先学学你爷爷雍正皇帝的严明，整理吏治，再学你曾祖父康熙皇帝的宽仁，转移风俗，一张一弛，这才是治国之道。文章中罗列了尸位素餐的官员四十余人，顺便把大清各种弊端揭了个底朝天。

客观一点地说，嘉庆的个人能力比康熙、雍正固然有所不如，比老糊涂之前的乾隆也差了一大截。大清官场虽然黑暗，但眼不瞎的人都能看出来。但是——这事儿能说吗？以虚怀纳谏闻于史册的李世民，也有好几次差点宰了魏征，后来还毁了魏征的神道碑（魏征刚死时，李世民极度悲痛，不仅将其隆重厚葬，还亲自撰写了碑文。但魏征病逝后仅仅五个月的时间，李世民就下令砸了墓碑，还取消了魏征儿子和公主的婚约。后世推测原因主要有两个：一是魏征曾经向李世民推荐杜正文和侯君集，结果太子李承乾谋反，这两个人都被牵扯进去了。但这件事发生在魏征生前，其后李世民还对魏家许婚，并给魏征写了神道碑碑文，可见这件事并没有影响他们君臣的关系。二是魏征在世时，曾将所有谏言整理成册，交给褚遂良，而褚遂良是写史书的。这件事后来被李世民知道后，他的态度就变了，不过据说最后还是下令修复了被毁的神道碑）。

洪亮吉只是个翰林院编修，没资格给皇帝上书，于是他将这封上书抄了三份，分别给了皇帝的老师朱珪、左都御史刘权，以及成亲王永瑆。朱珪和刘权都是官场老油条，一看这信就知道要惹祸，扣下不发，后来也因此被嘉庆连降三级作为处分。没想到书法家永瑆没啥政治头脑，一看分析得头头是道，颇有前明海瑞上《治安疏》的风范，就不假思索地转呈给了皇帝。

嘉庆也不是什么脾气好的人，过去做"嗣皇帝"，不得不装孙子，现在做真皇帝了，大权在握，生杀予夺，那脾气是日益见长，因此读了洪亮吉的上书，勃然大怒：说我不行？你洪亮吉算老几？！

震怒之下，嘉庆下旨革去洪亮吉的职位：你也别退休了，关刑部大牢里，着军机大臣严加审问。皇上震怒，那官员办事的效率就快得很。洪亮吉还在西华门外都虞司没动身，就被如狼似虎的官兵直接绑走。围观的吃瓜群众议论纷纷，洪亮吉这次肯定要以大不敬之罪被砍头了。洪亮吉的好友赵怀玉看到洪亮吉的狼狈样儿，伤情之下，投地拜别，哭得说不出话来。洪亮吉颇有慷慨赴死的觉悟，笑着对赵怀玉说："味辛（赵怀玉的号）啊，今天见到我的死，何必悲伤？"而后洪亮吉随口作了一首绝句，末两句为："丈夫自信头颅好，须为朝廷吃一刀。"

可见，无论是说实话的洪亮吉，还是洪亮吉的好朋友赵怀玉，或是吃瓜群众，都有一个基本共识——说实话、揭短处，是要掉脑袋的。在一个说实话要冒如此风险的朝廷中，有几人会去做洪亮吉呢？

后来，嘉庆也觉得前脚下诏让大家进言，后脚就把上书言事者给治罪了，不利于自己打造从谏如流的人设，便特地关照一下刑部说，洪亮吉是读书人，身体弱，别动刑——这下可把洪亮吉给感动坏了，当即伏地大哭，承认有罪。

你既然自己都认罪了，那还有什么好说的？军机大臣及刑部官员审理之后，一致认为洪亮吉犯了大不敬之罪，该斩立决。这要是真砍了，嘉庆自己脸上也挂不住，于是格外"开恩"，免去洪亮吉的死罪，改为发配伊犁，交伊犁将军保宁严加管束。保宁倒是很会揣摩上意，悄悄地在奏折里问：皇上您是不是不好意思直接杀他？没事，都交给我，我保证让他来伊犁后死得悄无声息、干干净净。这下可把嘉庆吓了一跳，留洪亮吉一条命就是保住自己的颜面，真弄死他的话，自己有一千张嘴也说不清了。嘉庆赶紧下旨严饬保宁糊涂，不准乱来。

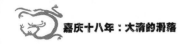

除了下旨逐一驳斥了洪亮吉的谏言外，嘉庆又发上谕：近日风气，往往为了议论而议论，别自负为国为民就胡说八道。这种风气蔓延开来，那还得了？所以朕才不得不惩戒一番，以儆效尤。

那什么是"胡说八道"，什么是"为国进言"呢？最终解释权还是在皇帝这里。反正就是万岁爷一念之间的事儿，没什么明确标准。

因洪亮吉案之处理，此后正经言事者越来越少，几近绝迹。这就好比一个浑身病痛的人，不愿开刀治病，只是天天吃止疼药。止疼药虽能让人感觉不到疼痛，但病症拖到最后，必然要爆发的。

这还是嘉庆四年的事儿，发展到嘉庆十八年，更是没有人再去触这个霉头了。皇帝老佛爷爱听好听话，大家就说好听话；皇帝老佛爷不爱听实话，大家谁也不说实话。皇帝就这样被彻底困在自己和官场联手打造的信息茧房中，成了瞎子、聋子。

"花刺子模信使问题"的根源，其实就是皇权本身。谁愿意去喂老虎呢？就算有再确切的证据证明不久后会有暴徒要进攻紫禁城，那也先瞒着再说。皇帝真被杀了，大不了再换个皇帝，我还继续做我的官，给谁磕头不是磕头？豫亲王、吉伦、宛平县县令如果真当个事儿报上去了，自己个儿没有任何好处，反而可能惹一身腥——如果暴徒没成行，你就是谎报军情、妖言惑众，诽谤大清太平盛世；如果暴徒成行了，你这消息从哪儿来的？你还知道什么内幕？你为什么没拦住暴徒？不说清楚别想走！

别闹了，大家当官都是来发财的，谁有闲工夫管这个！

坎坷的货币

对任何一个政体来说，经济都是其正常运作的根基。如果经济完蛋了，再厉害的政权也无法维持。明末的白银通货紧缩、清末的铜币通货膨胀、民国末期的纸币通货膨胀，莫不如此。经济的运转有其内在规律，这个规律是不以人的意志为转移的，所以经济学中有一句话——棍棒打不垮经济规律。

金属货币：交易不能承受之重

然而统治者往往意识不到这一点，总觉得自己通过权力可以控制经济规律，最终都在历史长河前一败涂地。

最典型的例子，就是朱元璋。朱元璋作为一名从叫花子混成开国皇帝的奇人，自然有其过人之处。不过这并不能掩盖他本人经济头脑的空乏，以及带有深厚小农意识的鸡贼。可以说，大明亡国的隐患，从一开始就是朱元璋埋下去的。

最初的商品交换，是以物易物。但是携带物品毕竟太麻烦，而且你的东西刚好被对方需要的概率也不是很高。市场亟需一种被大家都接受的一般等价物。原始时代海边没什么人居住，贝类既漂亮又稀少；大小适中，便于携带和计数；你不刻意砸的话，也不太容易损坏。这些优点，使贝壳一开始便充当了一般等价物的角色，所以在汉字中，财、货、贵、贿、赂、贸、费等和资产或交易相关的字，都是

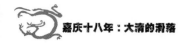

带贝字旁的。

随着社会的发展，贝壳不再能满足交换的需求，逐渐退出了流通。金属作为一般等价物，登上了历史舞台。

金属种类虽然多，作为货币使用的基本上只有三种——金、银、铜。这三种金属有几个共同点。

一、质地均匀，便于携带、分割、计算（比贝壳多了分割功能）。

二、质地坚固，不易损坏，便于长期保存（比贝壳更坚固）。

三、是地球上的基础元素，储量有限，只能通过开采获得，无法人为生产（比能繁衍的贝壳稳定）。

这三点是其他物质难以比拟的，所以马克思说："金银天然不是货币，但货币天然是金银。"至今，黄金仍是外汇储备的重要组成部分，人类社会本质上仍处于"金本位时代"。

虽说是金本位，但由于黄金的价值较高，日常交易中用到黄金的地方很少。对平民百姓来说，用得上白银的交易其实也不多，绝大部分交易是使用价值相对较低的铜钱。这时候，金属货币的一个缺点就显现出来了——重。我小时候存了一大罐一块钱硬币，一共才三四百块钱，但是抱着沉甸甸的，数钱都要数半天，后来我就全存银行了，再也不弄存钱罐了。

为便于各位读者阅读和对比，本章的部分数值采用阿拉伯数字表述法。古代的一文铜钱约重4克，一贯钱是一千文铜钱，那么就约重4000克，也就是8斤（各位读者可能更熟悉"斤"这个重量单位）。宋徽宗时期，买一石米需要二三贯钱，那么铜钱的重量合今天的16斤至24斤。宋代的一市斤约合今天的640克。沈括的《梦溪笔谈》卷三有"凡石者以九十二斤半为法，乃汉秤三百四十一斤也"的记载，因此一石大米约合59200克，即59.2千克，或者说118.4斤。南宋绍兴初年，米价涨至五六贯一石。也就是说，买118.4斤的米，要背40斤至48斤的铜钱过去，实在太重了！在大宗交易中，这个缺点更明显。

此外，中国铜资源本来就短缺，在某段历史时期（如清末铜荒时期）或部分地区（宋代的边境）甚至铸造价值更低的铁钱。铁钱使用起来更麻烦。在宋初，四川曾经一匹罗卖到两万铁钱，这两万铁钱足有一百三十斤重，体格差点儿的背都背不动。为了应对这种情况，一种革命性的货币出现了——纸币。

疯狂的纸币

最初的纸币，叫交子。交子诞生于北宋时期的四川民间，当时的商人为了携带和交易的方便，发明了这种纸币。交子是一种正反两面都有特殊图案并带有印记的纸币，纸币上没有标明市值，纸币的面值由商人根据自身的需要自行填写。再后来，交子进一步发展为钱引和银票，大大方便了古代的商贸交易。

交子也好，银票也好，本身都是没有价值的纸。其流动的关键，在于信用背书。交子是在民间商人之间流通的，其信用也只在熟人之间有效，难以在全国通行。更何况并不是所有的银票铺户都是守法经营、恪守信用的。有一些唯利是图、贪得无厌的银票铺户，恶意欺诈，在滥发银票之后闭门不出，停止营业；或者挪用存款经营他项，买卖失败而破产，使所发银票无法兑现。这些操作往往会引起事端，影响社会经济的稳定。

为了解决此事，宋仁宗天圣元年（1023年），政府设益州银票务，由京朝官一二人担任监官，主持银票发行，并"置钞纸院，以革伪造之弊"，严格监管银票的印制过程，这便是中国最早由政府正式发行

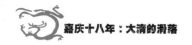

的纸币——官交子，同时也是世界上最早发行的纸币。

问题是，商铺固然有唯利是图、贪得无厌之辈，朝廷就一定是好的吗？北宋时期就有了纸币，但是直到20世纪50年代初，纸币已经运行九百多年了，许多地方依旧只认真金白银，这其中的原因值得深思。

宋徽宗大观元年（1107年），朝廷改"银票"为"钱引"，改"银票务"为"钱引务"。除四川、福建、浙江、湖广等地仍沿用银票外，其他诸路均改用钱引。后四川也于大观三年（1109年）改银票为钱引。钱引与银票的最大区别，是钱引以"缗"（一千文为一缗）为单位，而且纸张、印刷、图画和印鉴都很精良。但钱引不置钞本，不许兑换，随意增发，因此纸券价值大跌，到了南宋嘉定时期，每缗只值现钱一百文。也就是说，发展出纸币的宋朝，自己都没控制住纸币的信用。

纸币本身是没有价值的，其价值全靠发行机构的信用来背书。信用这东西虽然无形，但会实实在在地影响经济的发展。宋元前期还算注重商贸，发行纸币比较克制，有真金白银可以兑换；后期财政吃紧，也就顾不上那么多了。

时间来到大明，朱元璋看宋元的纸币那么好用，那自己也发行吧。至于准备金什么的，看心情，反正自己是皇帝，勒令你必须使用就行了。于是大明成了罕见的立国之初纸币就毫无信用的朝代。

大明宝钞虽然毫无信用，但作为老朱家剥削百官及民众的一个工具，好用得很。老朱家给百官发俸禄，是米钞分支的。原本老朱给官员们开的俸禄就不高，再通过滥发纸币盘剥一通，百官几乎算是白给老朱家打工了。客观来说，大明的官员不贪污真活不下去。海瑞那样的清官，真是活得跟叫花子没啥区别。百分之九十九点九九九九的官员才没兴致去要饭，对他们来说，最现实的做法是将权力变现，被皇帝压榨后，转身就去搜刮百姓，毫无心理负担。

明代的银票大部分时候相当于一张废纸，因此满人入关前期，收税一律要真金白银。顺治十四年（1657年），大清户部规定：所有省份的大部分苛捐杂税的征缴，必须使用白银。由于铜钱充足却笨重，不便于运输，因此有人提议收税时七成使用白银，三成使用铜钱——用白银征收的赋税都要运送至京城，用铜钱征收的赋税则留在自省以下的各级官府中，供地方支出使用。朝廷最后采纳了这一建议。

到了雍正十一年（1733年），清朝各省的田赋都使用白银，但安徽巡抚提出：少量的支付或者大笔税收的零头，可以使用铜钱支付。乾隆元年（1736年），由于直隶省的田赋支付使用的铜钱数量超过了白银，上谕同意依旧准许用铜钱或白银来缴税。咸丰朝因制钱（明清两代按其本朝法定的钱币体制由官炉铸行的钱币，以别于前朝的旧钱和本朝的私铸钱）缺乏，朝廷也在京城尝试推行钞票，结果钞票价值一路下跌，去市场买东西没人肯收，逐渐又变成了废纸。

就这样，兜兜转转几百年，市场流通的主流货币依旧是金属货币，这严重地拖累了经济的发展。

灾难性的铜钱通胀

或许有人觉得，金属货币好歹是真金、白银、黄铜，重点儿就重点儿吧，好歹价值稳定，不容易发生金融混乱——这样想就太天真了！金银造假这等事姑且不论，贵重金属自身的价格也一直处于变化中。单就铸造铜钱，这里面就有不少学问。

铜钱并不是纯铜的，一般是铜铅或铜锡混合铸造而成的。至于铜铅的比例，就看铸造者的心情了。倒不是铜的比例越高越好。铜钱

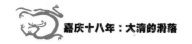

成色好，容易被人熔毁偷铜，导致铜钱稀缺，扰乱市场；铜钱成色不好，铸造成本低，则假币泛滥。《石渠余纪》对此总结道："自古铜贵钱重，则私销；铜贱钱轻，则私铸。"

无论哪种方案都有弊端，这让朝廷头疼不已，清朝历代统治者都只能在钱币的重量和铜铅比例上作文章。康熙一朝铸造的铜钱比例是铜六铅四。后来由于铜资源匮乏，铜的比例不断降低，就有了铜四铅六的铜钱，铸造的质量令人难以恭维。

咸丰时期，内忧外患叠加，财政困难，就翻出当年刘备铸造"直百五铢"的老套路，铸造了一批"大额"铜钱。有当十、当二十、当三十、当四十、当五十、当百共计六种面值。不过后来估计怕引起动乱，只在市面上投放了当十铜钱。相较之下，还算比刘备有底限。不过即便是当十铜钱，同样出了京城就没人认。当十铜钱重一两八钱，铜量远低于正常的十枚制钱——写个"当十"就能当十文钱用吗？老百姓又不傻！京城在天子脚下，刀架在脖子上，不得不用。出了京城十里，一枚当十铜钱也就能顶二文制钱。也就是说，每一枚当十铜钱，清政府就从（十文）中剥削百姓八文。这样做，加剧了乾隆末期开始的"银贵钱贱"，进而加剧了铜币的通货膨胀（白银外流也是主要原因），百姓苦不堪言。这个问题一直延续到清朝灭亡，民国铸造出"袁大头"版的银元和铜币，才算是稳定了金属货币的币值。

经过这么多波折，百姓对朝廷的不信任已经刻入骨髓。别说纸币了，铜钱的信用都不怎么靠谱，唯一能保值的还是真金白银。偏偏康乾盛世之际，"中产之家，尝旬月不观一金"，日常交易还是以铜钱为主，这导致百姓面对朝廷的盘剥毫无应对之法。

铜币的通货膨胀带来的后果是灾难性的。因为朝廷收税要的是银子，而百姓日常使用的是铜钱。白银外流后，银贵钱贱，百姓要兑付同等的银两，需要掏出更多的铜钱才行。清初规定的官方汇率是一两银子兑换一千文铜钱，通货膨胀之后，到了道光时期，三千文铜钱才能兑换一两银子。也就是说，即使大清"永不加赋"，百姓实际缴纳的税赋也翻了三倍。《清史稿》中对此记载道："较之高祖以前，更以三年之粮完一年之粮。"

在巨大的经济压力下，许多百姓只能卖田卖房，沦为佃户；有些连佃户都当不上的，只能沦为流民。这些流民，后来成了太平天国的兵丁来源。可以说，从通货膨胀的那一刻开始，大清的灭亡就开始了倒计时。

铸钱工匠大罢工

从铜到铜钱，要经历一个铸造的过程。这个过程需要许多工匠，他们类似今天的印钞厂员工。这部分人，好歹也是掌握了钱币铸造这么一个国家机密的特殊群体，薪资待遇不能太差。一方面，待遇低了，请不来好手；另一方面，朝廷也担心这些人私下偷铜。至于这些人掌握铸钱技术后出去是否会私自铸钱，这个倒不用特别担心（也管不住）。毕竟铜钱本体是铜，和纸币不同，是有实际价值的，私自铸造的铜钱也得是真铜才行，不然难以流通。

然而，朝廷的腐朽已经深入骨髓，而且士大夫历来轻视工匠这一群体。乾隆年间，户部宝泉局设有东西南北四个铸造厂，匠人工役共有两千多人。铸造铜币这种小事儿，朝廷是懒得自己去操作的，就以炉为单位，把活儿外包出去，承接这活儿的叫炉头。炉头包工包料，最终按产品跟朝廷结算工钱，炉头就是实际的包工头。包工头这个位置大家都懂的，一方面，朝廷拨下的铸币款项很少有足额下发的；另一方面，包工头自己要盈利，肯定往下压榨工匠们的工钱，工

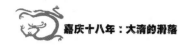

匠们被克扣工钱也就成了家常便饭，矛盾就这样日积月累下来。

工匠也是人，也要吃饭。工资克扣多了，糊口都成问题。乾隆六年（1741年）七月二十七日，炉头又一次克扣了工匠们的工钱，这下工匠们不干了——罢工！

四个铸造厂的两千多人集体罢工，这声势还是很大的。宝泉局见情形不妙，赶紧妥协，让炉头按正常工钱结算。西、北、南三厂的工匠领到钱后，逐渐散去，开炉铸钱。但东厂内的翻沙工童光荣表示，要把过去欠的钱都补上才能开工，他鼓动工匠们继续罢工。工匠们是不齐心的，此时磨钱匠张文仓急需钱用，要先领了这次的钱复工。争执之下，童光荣失手砸死了张文仓。这下闹出了人命，童光荣自己也呆了。宝泉局的监督立刻拿下了童光荣，扭送到大兴县审讯。剩余的工匠气势已衰，陆续领了钱开工，这一天的罢工算是勉强平息了下去。

但是童光荣的诉求传到了工匠群中，在大家伙儿的心中引起了不小的涟漪。酝酿到八月初七，北厂的工匠们再次罢工，要求将今年秋季的新账和过去两年的旧账一并清算了结，每炉每卯要二十八串工钱——这个价钱其实很合理。宝泉局的监督几经开导，工匠们依旧不肯开工，一定要结算清工钱再开炉。到了十八日，西厂也开始罢工喧闹，随即南厂和东厂也都停炉观望。在现场的炉头和宝泉局官员见情形不妙，赶紧调兵镇压。出兵的是步兵统领衙门，工匠们也不怕，爬到厂区内的土堆上，用砖头瓦块反击。由于人数众多，也不好大开杀戒，官员就下令对空鸣枪数声，吓住工匠后再围厂镇压。

枪声过后，工匠们虽然不再喧闹，但仍旧不肯复工。事情越闹越大，户部官员担心事情闹到不可开交的地步，影响交工，最终决定将冬季的工料银两先暂借给炉头，令炉头如数发放。这笔钱计在炉头名下，以后慢慢扣还。工匠们领到了钱，这才开炉复工。

　　事情虽然结束了，秋后算账是不可免的。户部一方面暗中调查此事的领头人，另一方面把事件经过上奏给了乾隆皇帝。乾隆览奏后当即弗然不悦："办理殊怯矣！此等刁民，即枪伤一二何妨？彼见空枪，所以益无忌惮也！"意思是，你们办事太胆小了，这些刁民，打死一两个也没啥大不了的。他们看你们只放空枪，所以越来越肆无忌惮了。随后，乾隆命令兵部尚书领布军统领舒赫德，务必严密查访此事的组织者，查出来要重惩。下完命令，乾隆仍不解气，再度下达最高指示——以后再有聚众闹事达四五十人者，不分青红皂白，现场格杀勿论！

　　有了乾隆大帝的霸气指示，铸币厂聚众闹事的情况少了很多。话说回来，要想彻底解决这个问题，唯一的办法是按时足量地给工人发工钱，绝不是靠杀人就能镇压下去的。不然大家没饭吃，横竖是一死，早晚还得闹。

　　正所谓重要的事情往往是简单的，而简单的事情却往往难以做到。按时足量发工钱这种事，既重要又简单，在大清却很难做到。朝廷对外承包铸币这种业务，预算中的费用绝对是有富裕的（真发出来多少另说），那真是挤破头都要争抢的好生意。但是我凭啥把这个活儿交给你呢？平时不认真打点，这肥差哪儿轮得到你？所以各大炉头平日里给户部主管部门官员的"孝敬"是绝对少不了的。这生意看似挣得不少，但大部分都作为回扣孝敬出去了。而朝廷的拨款，经手人往往要再扒一层皮。这样下来，真正到炉头手里的，其实也没多少钱。实际上，还是主管官员吃肉，炉头跟着喝个汤，炉头再撒点儿汤汁，下面的工匠趴在地上舔一舔。而朝廷的拨款很少能及时下来，主管官员的胃口也大小不定，炉头这里周转不过来，那肯定要克扣下面

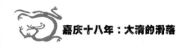

工匠的工钱。因此，按时足量地给工人发工资，在大清朝的铸币厂是天方夜谭。

时间就这么到了嘉庆二十一年（1816年）五月，铸币厂再次爆发了一次大规模的罢工斗争。此次罢工的导火索是增料钱。一开始，朝廷拨给炉头的料钱不太够，又追加了一笔。这个消息被下面的工匠们知道后，当即坐不住了。因为增加料钱，意味着要增加生产；要增加生产，大家就要多付出劳动。而你炉头拿了增加生产的钱，只让大家多干活，不给大家分钱，那肯定不行。于是，工部宝源局的匠役们开始停炉罢工，现场的监督文禄等人难以弹压，只好口头答应回去就拿钱分给大家。文禄将此事告诉了侍郎成格。反正是炉头的钱，成格与同僚钱法侍郎佛住、工部右侍郎吴烜商量了一下，决定大事化小、小事化了，从增料钱里抽出三成分给众匠役。佛住于五月十六日含糊奏请，将料钱分给了匠役。原本以为此事就此打住了，没想到匠役们见闹事能闹来钱，其他几个厂的匠役也参与了进来。到了六月六日，户部宝泉局的工匠也纷纷停炉罢工，围堵炉头要钱。成格眼看事情越闹越大，只得奏请兵丁镇压。

铸币是国家经济的根基，风声不可避免地传入了嘉庆的耳朵里。为此，嘉庆特地分别召见了几次佛住以及吴烜询问情况，此二人却始终回复说，铸币厂安静无事，皇上您安心歇着吧。嘉庆日理万机，也就没有多追问。

虽然嘉庆没多问，毕竟铸钱是大事，下面还是有操心的人。御史萧镇听说此事后，觉得佛住等人的奏报与事实肯定有出入，经过一番调查，在六月十二日这天上了一道奏折，把事情捅了出去，嘉庆这才知道整件事情的经过。

京师宝泉局就在皇帝的眼皮子底下，为什么出了事，佛住、吴烜第一反应还是瞒报呢？前面说的"花剌子模信使问题"固然是原因之一，但其根源是官僚集团（也可以理解为公司中层）已经形成了一个牢不可破的利益共同体，一起将皇上蒙在鼓里。这事儿不报，就等于没有发生；没有发生，随你怎么处理，大家都没责任，就此一起升官发财，其乐融融，反正吃亏的只有皇上一个人。

得知真相后的嘉庆，气不打一处来：这么大的事，佛住你们几个不主动上奏也就算了，朕几次主动问你们，你们还用"安静无事"来糊弄朕！到今天还未恢复生产，耽误了铸钱，影响货币流通、影响经济发展，算谁的？发完火，嘉庆下令让英和带兵镇压，尤其要将带头闹事的匠役贾喜子捉拿归案，交付刑部严加惩处。

工匠们的生存状态，其实嘉庆并不怎么关心。虽然嘉庆风评还不错，庙号仁宗，但他毕竟是专制帝王，让他与匠役这种底层百姓共情，那是不现实的。在嘉庆看来，匠役这种微末小人，"贪得无厌，是其常态"。令他生气的是，铸造钱币这种涉及国家经济稳定的事出了乱子，一个小小的钱法侍郎就敢自做主张欺瞒下去。三年前发生了天理教攻打紫禁城这么大的祸事，自己还专门写了一篇《因循疲玩论》作为最高指示下发下去，让大家学习，没想到下面的人把最高指示当厕纸，依旧是欺上瞒下，毫无畏惧之心。这样的官员如果纵容下去，那朝廷还怎么得了？！于是，嘉庆通谕内阁，将佛住、吴烜革职，交付督查院严加议处，"以为满汉侍郎不实心任事者戒"。

大清的财政中枢，类似今天的中央银行。一个简单的铸币厂就办成这样，大清的官僚系统之腐化、欺上瞒下风之盛行、大清政体之脆弱，也就可想而知了。

最后的机会（上）

公元1765年，也就是乾隆三十年，已经做了三十年皇帝的乾隆浩浩荡荡地开始了他的第四次南巡。乾隆帝一直以自己的爷爷康熙为榜样：康熙搞千叟宴，乾隆也搞千叟宴；康熙六次南巡，乾隆也六次南巡，而且每次的规模都要超过祖父，以示自己治国有方、强爷胜祖。

乾隆的第四次南巡，规模十分庞大，收获也颇丰。一方面，加固了海塘，保证了江南的稳定；另一方面，沿途起复了一些不得志的官员，收拢了江南士族的人心。心情大好的乾隆帝还谕免了江苏、安徽的一百四十三万余两白银的钱粮以及浙江十三万余两白银的钱粮。至少从表面上看，百姓无不深感皇恩浩荡。

这一年，未来的嘉庆帝永琰刚刚五岁，其生母魏佳氏也随乾隆帝南巡，在路上从皇妃升为皇贵妃。在乾隆帝看来，这是一个利国利民、皆大欢喜的局面。至于南巡造成的人力、物力、财力的消耗，以及地方官为了迎接圣驾的折腾，在财大气粗的大清面前算个屁！底层百姓怨言再多，谁敢传到皇帝耳朵里呢？

天平的倾斜

在南巡的终点杭州城，志得意满的乾隆帝在观潮楼检阅福建水师，以炫耀大清武功。但见水面上水师舰队乘风破浪，势不可挡；

背后的杭州城繁花似锦，盛世太平。俯瞰天下，文治武功，千古帝王，无出其右。在乾隆看来，大清正处于且将一直处于国力的巅峰时期，这个功劳毫无疑问要算到自己头上。一切都显得那么美好。

就在这一年，在遥远的英吉利，有个叫詹姆斯·瓦特（James Watt）的人，在一项关键的技术上迈出了关键的一步。这个关键的东西，叫作蒸汽机。

蒸汽机并不是瓦特发明的。早在1698年，即康熙三十七年，托马斯·塞维利（Thomas Savery）就根据前人的理论，制造出了早期的工业实用蒸汽机。后来，托马斯·纽科门（Thomas Newcomen）借鉴丹尼斯·帕潘（Denis Papin）、托马斯·塞维利的经验，于1705年取得"冷凝进入活塞下部的蒸汽和把活塞与连杆联接以产生运动"的专利权。此后，纽科门继续改进蒸汽机，于1712年，也就是康熙五十一年首次制成可供实用的大气式蒸汽机，被称为纽可门机。这台蒸汽机的汽缸活塞直径为30.48厘米，每分钟往复12次，功率为5.5马力。因为它热效率低，燃料消耗量大，所以并未得到有效推广。

时间来到1763年，格拉斯哥大学（University of Glasgow）有一台纽科门蒸汽机正在伦敦修理，被一直醉心于蒸汽机的詹姆斯·瓦特知道了。他请求学校将蒸汽机交给自己修理。修理后，这台蒸汽机勉强可以工作，但是效率很低。经过大量研究，瓦特发现效率低的原因在于活塞每推动一次，气缸里的蒸汽都要先冷凝，然后再加热进行下一次推动，这使得蒸汽80%的热量都耗费在维持气缸的温度上。于是，瓦特开始重点处理冷凝器，解决效率低的问题。直到1765年，也就是乾隆三十年，瓦特取得了关键性的进展。他将冷凝器与气缸分离开来，使得气缸可以持续维持注入蒸汽的温度，并在此基础上很快建造了一个可以连续运转的模型。

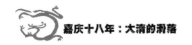

当然了，即使是瓦特改良后的蒸汽机，要真正推广出去也需要很长的一段路，会有材料强度、加工工艺等问题需要解决。直到1774年，瓦特才将蒸汽机投入生产。两年后的1776年，第一批新型蒸汽机制造成功并应用于实际生产。这批蒸汽机由于只能提供往复直线运动，所以主要应用于抽水泵上，和我们印象中老式火车头上的蒸汽机相去甚远。

但无论如何，蒸汽机掀开了工业革命的序幕，开启了一个全新的时代，人类自此逐步进入了工业化时代。工业化社会的生产效率，对农业化社会是碾压性的。生产效率带来的国力提升，是呈几何倍数的增长。区区弹丸之地的英伦三岛能在19世纪成长为日不落帝国，工业革命功不可没。

1937年，仅仅是半工业化的日本全面入侵中国，落后的农业化中国几乎毫无招架之力，一年时间就丢了半壁江山。幸亏秦皇汉武唐宗宋祖诸君为中国打下了广袤的疆域，使得中国战略空间巨大，而当年的日本并未完全实现工业化，中国军民拼死抗战，通过"以空间换时间"的战略，成功地将日本慢慢拖死。可以说，从蒸汽机落地的那一刻起，世界的天平就开始倾斜了。从这个角度来说，蒸汽机出现的意义，怎么夸都不为过。

遍地贫困的天朝上国

伴随着全球贸易的发展，在工业化道路上飞速发展的英国，迫切需要开辟新的市场和广阔的原料产地。当时亚洲地域最大、人口最多的大清，从表面上看，显然是非常理想的新兴市场。但是，一方面，清帝国以自给自足的自然经济为主，绝大部分人还挣扎在温饱线上，除了士绅阶层，绝大部分百姓毫无购买力（马戛尔尼在回忆录中就评价清帝国"遍地是惊人的贫困"）；另一方面，清帝国对外仅有广州十三行这一个开放窗口，产品流入量相当有限。为了打开中国市场，英国派遣了以马戛尔尼为首的庞大外交使团，并携带了众多展示大英帝国最新科技成果的礼物，于乾隆五十八年（1793年）访问中国，希望能与清帝国建立正常的外交关系，以便开展贸易活动。

临出发前，英国王室给马戛尔尼定下了几个并不过分的目标。

一、英国派遣全权大使常驻北京，如中国愿意派大使到伦敦，英国王室必将以最高礼仪款待。

二、准许英国在舟山和天津进行贸易，并仿效澳门先例，在舟山附近指定一个小岛，供商人居留和存放货物（没错，英国人最早看上的是舟山而不是香港。实际上，舟山的地理条件更加优越，也更靠近江南富庶地区，理论上可以比香港发展得更好）。

三、允许驻在澳门的英国商人居住广州。

四、英国商品在中国内河运送时，争取免税或减税，希望中国有固定的、公开的海关收税标准。

这四条条款，放在明清之前的任一朝代，都并不算稀奇。两国之间互派大使，租赁场地居住、周转货物，争取免税或者减税优待等，都是国际贸易不可或缺的条件。英国愿意以同等条件对待中国，并没有后来签署不平等条约的那种傲慢。唐代长安城有数万外国人定居，街上可以见到多种肤色的人。两宋经济发达，海上丝绸之路一路通到非洲东海岸。至今，开封城还有当年定居做生意的犹太人后裔。元朝地跨欧亚，对外贸易更加频繁，蒙古人对商贸同样是加以鼓励和保护的态度，所以才有《马可·波罗游记》中对中国天堂一般的描写。

然而这几则条款在大清看来，却是极不可思议的，第一条就不能通过。在"天朝上国"的世界观中，这个世界只有大清、大清的附属

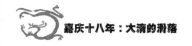

国、仰慕大清但是大清懒得管的化外之地。大清对外只有朝贡体系，没有外交体系。英吉利远隔重洋，从来就没听说过，谁知道是哪个旮旯的蛮夷荒地，居然也想和我大清平起平坐，你也配？！

当然了，万里之外的英吉利国仰慕天朝，倾心向化，大老远的来给皇帝祝寿，那也是要好好招待一下，以示天朝恩典的。因此，从马戛尔尼入境开始，乾隆就几次下旨，让地方好生招待。皇上既然下旨优待，地方官自然不敢怠慢，反正花的是皇帝的钱，不能丢了皇家的面子。据马戛尔尼使团回忆，仅仅在白河口，大清地方官就一次性给使团的"狮子号"船送来了足够六百人食用一周的食物，其中包括二十头小牛、一百头猪、一百只羊、一千只鸡、三千个南瓜，以及如西瓜、苹果、梨、李子、杏等诸多果品，总之，款待相当丰盛。与此形成对比的是大清子民们的食不果腹、衣不蔽体、房屋破败：中国船夫一天只吃两顿饭，食物仅仅是一点米饭、蔬菜和炒过的葱，"大多数人全身只有一条衬裤"，农舍"大多破烂肮脏，相当惊人"——老百姓勒紧裤腰带，饿不死就行了，招待洋人可不能失了礼数，别让人笑话，一定得体现我天朝上国的丰饶。

地方官送来的东西，英国人根本吃不完，常常将其送给中国船夫。船夫们总是千恩万谢，甚至连英国人喝剩下的茶叶，都会要过来煮开接着喝。许多猪、鸡之类的动物，在途中碰撞而死，英国人随手就把死了的动物丢进海里，不料岸上的中国人看到后，争先恐后地跳进海里，捡起来洗干净带了回去，这些都给英国使团留下了很深的印象。

当然了，这种情况也不是大清独有的。早在隋炀帝时期，西域商人请求到洛阳城内进行商业交易，到达洛阳后，只见城内所有的房屋都被装饰一新，所有的商铺都放满了珍贵的商品，所有人都穿着绫罗绸缎，连菜贩子的摊位上都铺着奢华的龙须席。此外，路边的每棵树都用丝绸缠裹起来。西域客商在客栈中吃饭，却被店家告知不用付钱。西域商人问起原因，店家就说："我大隋富裕，应有尽有，吃饭不要钱。"这帮没见识的西域商人十分不解地问隋朝官员："中国也有穷人，他们衣不蔽体，为什么不把这些丝绸送给他们，反而用来缠裹树木呢？"随行的官员闻言，惭愧得无话可说。只不过隋朝时的官员尚且会惭愧，大清的官员已经不会惭愧了。

失之交臂

中英两国在国家观、价值观等方面的差异，注定了马戛尔尼这次外交行动是不可能成功的。在乾隆看来，这是偏远的蕞尔小国带了一堆贡品来给自己祝寿而已。仅仅在马戛尔尼觐见皇帝时要不要三跪九叩这个问题上，双方就鸡同鸭讲了许久。最终，马戛尔尼在众人跪拜时单膝跪地，行了单膝礼。英国人觉得自己已经作出了让步，但在乌泱泱一众三跪九叩的人里，还是挺扎眼的。就礼仪这一项，乾隆就给"英夷"判了死刑，什么条款都不必再谈了。

马戛尔尼带来的礼物挺多，什么天体运行仪、地球仪、卡宾枪、连发手枪、有一百一十门火炮的"君主号"战舰模型、赫歇尔望远镜等，无一不是当时最新的科技结晶。无烟火药直到1890年之后才大规模装备欧洲的军队，1860年英法联军攻入北京时，所用的武器并不比马戛尔尼进贡的武器先进多少。被当作国礼的东西自然是精品，所以后来才有野史说"英法联军在北京仓库里找到了不少比自己所用武器还先进的武器"。

据说蒸汽机这东西，乾隆也是见到了的，还饶有兴致地给这个机器取名为活气机。看到这玩意儿不需要人力、畜力就能自己动，

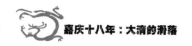

乾隆也是挺惊讶的，不过量其也不过是些木牛流马之类的奇技淫巧，没什么稀奇的。更何况这东西节省了不少人力，那人就闲下来了。人一闲，就容易惹是生非，这哪儿行！还是让百姓们忙一些比较好，这样才不会胡思乱想。乾隆的高知灼见，让身边负责解说的洋人无言以对——我天朝上国"驭民五策"之一的疲民之术岂是这帮没文化的洋鬼子能搞得懂的！

生产力决定生产关系，这是亘古不变的真理；反过来说就是：要想解放生产力，首先要调整生产关系。然而统治者对于权力的渴望，比瘾君子之于毒品更甚。英国也是先有了《大宪章》，后有工业革命。英国国王约翰（John，1166—1216）在13世纪初，迫于压力签署了著名的《大宪章》，墨迹未干就将其撕毁，导致英国陷入了持久的内战。后来约翰去世，亨利三世即位，将《大宪章》里限制王权的条款删了许多才发布。之后英国王权再度加强，《大宪章》几乎成了废纸。直到17世纪英国资产阶级革命后，才彻底赋予了《大宪章》生命，使其得到由上至下的广泛认可。《大宪章》限制了国王的权力，确定了"王在法下"这一基本原则，这才逐渐解放了英国的生产力。工业革命发生在英国，也是历史的必然。而一旦生产力有了突破性的发展，生产关系就要随之作出突破性的调整。到时，皇帝即便仍然是皇帝，其权力也会受到诸多限制。英国国王面对权力受限时，尚且挣扎了几百年，"真龙天子"的大清皇帝面对这种风险，又岂会放任不管？乾隆虽然未必清晰地知道生产力与生产关系之间的道理，但他作为一名将大清子民收拾得服服帖帖的统治者，直觉告诉他，现有的落后生产力最有利于爱新觉罗家的统治。为了维持自家江山的千秋万代，皇帝们宁可限制生产力的发展，甚至开历史的倒车——反正苦的是底层百姓，享福的永远是他爱新觉罗家的皇亲国戚。

最后，乾隆给英国国王乔治三世（George III，1738—1820）回了一道谕旨，原文如下：

敕英吉利国王谕

奉天承运皇帝敕谕：英吉利国王知悉，咨尔国王远在重洋，倾心向化，特遣使恭赍表章，航海来廷，叩祝万寿，并备进方物，用将忱悃。

朕披阅表文，词意肫恳，具见尔国王恭顺之诚，深为嘉许。所有赍到表贡之正副使臣，念其奉使远涉，推恩加礼。已令大臣带领瞻觐，赐予筵宴，叠加赏赉，用示怀柔。其已回珠山之管船官役人等六百余名，虽未来京，朕亦优加赏赐，俾得普沾恩惠，一视同仁。

至尔国王表内恳请派一尔国之人住居天朝，照管尔国买卖一节，此则与天朝体制不合，断不可行。向来西洋各国有愿来天朝当差之人，原准其来京，但既来之后，即遵用天朝服色，安置堂内，永远不准复回本国，此系天朝定制，想尔国王亦所知悉。今尔国王欲求派一尔国之人居住京城，既不能若来京当差之西洋人，在京居住不归本国，又不可听其往来，常通信息，实为无益之事。

且天朝所管地方至为广远，凡外邦使臣到京，驿馆供给，行止出入，俱有一定体制，从无听其自便之例。今尔国若留人在京，言语不通，服饰殊制，无地可以安置。若必似来京当差之西洋人，令其一律改易服饰，天朝亦不肯强人以所难。设天朝欲差人常驻尔国，亦岂尔国所能遵行？况西洋诸国甚多，非止尔一国。若俱似尔国王恳请派人留京，岂能一一听许？是此事断断难行。岂能因尔国王一人之请，以至更张天朝百余年法度。若云尔国王为照料买卖起见，则尔国人在澳门贸易非止一日，原无不加以关照。即如从前博尔都噶尔亚（葡萄牙），意达哩亚等国屡次遣使来朝，亦曾以照料贸易为请。天朝鉴其

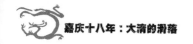

恫忱，优加体恤。凡遇该国等贸易之事，无不照料周备。前次广东商人吴昭平有拖欠洋船价值银两者，俱饬令该管总督由官庠内先行动支帑项代为清还，并将拖欠商人重治其罪。想此事尔国亦闻知矣。外国又何必派人留京，为此越例断不可行之请，况留人在京，距澳门贸易处所几及万里，伊亦何能照料耶？

若云仰慕天朝，欲其观习教化，则天朝自有天朝礼法，与尔国各不相同。尔国所留之人即能习学，尔国自有风俗制度，亦断不能效法中国，即学会亦属无用。

天朝抚有四海，惟励精图治，办理政务，奇珍异宝，并不贵重。尔国王此次赍进各物，念其诚心远献，特谕该管衙门收纳。其实天朝德威远被，万国来王，种种贵重之物，梯航毕集，无所不有。尔之正使等所亲见。然从不贵奇巧，并无更需尔国制办物件。是尔国王所请派人留京一事，于天朝体制既属不合，而于尔国亦殊觉无益。特此详晰开示，遣令该使等安程回国。尔国王惟当善体朕意，益励款诚。永矢恭顺，以保义尔有邦，共享太平之福。除正副使臣以下各官及通事兵役人等正贡加赏各物件另单赏给外，兹因尔国使臣归国，特颁敕谕，并赐赍尔国王文绮珍物，具如常仪。加赐彩缎罗绮，文玩器具诸珍，另有清单，王其祗受，悉朕眷怀。

特此敕谕。

简单来说就是：英国国王你好，你大老远的派人来给我送礼，这份孝心我领了。我也没亏待你的人，好吃好喝地招待着。不过你想跟我做生意，这事儿不行，跟我这里的礼仪不合，不能因为你一家而废了我这里多年的规矩。再说我家里丰裕得很，啥都有，也不缺你那点儿破玩意儿。就这么着吧，给你也回了点儿礼，揣着走吧，以后别提这茬儿了。

大清与世界接轨的第一次机会，就此错过。

海关杂费猛于虎

马戛尔尼无功而返之后，英国消停了一段时间。1815年年初，在广州十三行做生意的英国代理商写信给自己的管理委员会抱怨，他们在进行贸易活动时，受到了地方官的压制和刁难，刁难的直接原因是"多丽丝号事件"：英国战船"多丽丝号"在中国传统势力范围内扣押了几艘美国船只，广州官员向英国代理商特选委员会提出抗议，要求"多丽丝号"向美国一方赔偿损失并撤回欧洲。英国代理商的特选委员会哪儿管得着英国国王的军舰，但是时任两广总督的松筠不听解释，封锁了英国商馆，让商人们想办法予以赔偿。

其实无论英美之间谁对谁错，都是洋鬼子之间的矛盾，跟两广总督实在扯不上关系。直到一百多年之后的1930年，在海牙召开的国际法编纂会议上，国际社会才第一次提出"领海"这个概念。换句话说，"多丽丝号"的行动符合当时的海事法原则。中国政府合理的处理方式应该是让英美两国滚远点儿，自己去解决内部矛盾，别在中国的家门口折腾，无论如何都犯不上替美国人向英国人讨要赔偿——到底是不是因为松筠吃了美国商船的回扣或是其他原因，已经不得而知了。更何况战舰犯了事，你找商人要赔偿，实在有点无厘头。就好像大清的八旗军在地面上欺负了绿营军，绿营军告状告到衙门，衙门从东北的粮商身上要赔偿一样扯淡——不过你别说，这事儿大清的衙门还真干得出来。

凭良心说，广州的官员还真不是专门针对英国商人的。在中国传统思想中，士农工商，商人的地位是最低的。管你哪儿来的，只

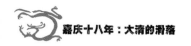
要是做生意的，就可以随意欺负。哪怕混到明代沈万三、清代胡雪岩那份上，实权者看上了你的财富，想捏死你，就跟捏死只蚂蚁一样。十三行那边在关税上稍微动点手脚，就能从英国商人身上大大地捞一笔，还不用担什么责任，何乐而不为呢？大清的粮商、盐商、布商，谁没被宰过？正所谓靠山吃山、靠海吃海，十三行靠着洋行，自然就吃洋鬼子。即使没有"多丽丝号事件"，广州的官员也能随时随地找个借口，拿捏洋鬼子一下。

跳过直接原因，其根源在于广州的英国商贸从来就没有得到过两国之间的正式承认或者共同规定的贸易协定之类的条约的保护。既然没有正式的通商条约，广州的地方官自然可以将这些商人任意搓圆捏扁，商人却没有任何法律依据来维护自己的权利。

英国代理商特选委员会在收集了足够多的信息后，于1815年7月28日写信给英国政府，请求英国政府再次派出一个使团来商讨处理此事。英国代理商特选委员会这帮傻老外天真地以为，直接向中国皇帝提出申诉，就会使自己受到的不公正待遇得到纠正。英国代理商特选委员会还特别强调，英国和广东之间的贸易，不仅对英国很重要，对中国同样很重要。自己每年在广州交了那么多苛捐杂税，这是很大一笔钱，如果失去了这一笔钱，大清政府应该也会感到肉疼。

实际上，广州对外贸易收来的那点儿关税，对此刻的大清政府来说，还真是无足轻重。洋人交的苛捐杂税，大部分进了地方官员的腰包，真正进入国库的寥寥无几。历任大清皇帝对中外贸易都毫不上心，和没啥这方面的财政收入也有很大关系。

清朝海关腐败了两百年，历任主管都赚得盆满钵满，谁也不知道海关到底有多大潜力。直到后来英国人罗伯特·赫德（Robert Hart）

在1863年正式担任大清海关总税务司，大清的海关才在赫德的管理下一改积弊，实现了垂直管理、按章征税、按律执法等章程，使得海关成为清末大清政府治下唯一清廉的部门。1908年赫德离职时，大清海关税收占清政府财政收入的24.35%（从9%提高至24.35%），达到3020万两白银！而之前大清国库最丰裕的乾隆四十二年（1777年），国库存银也不过8182万两白银（之前每年的财政收入是三四千万两白银）。也就是说，仅海关一项的收入，就可以达到乾隆巅峰时期国库存银的36.9%——这还是在签订了一系列不平等条约、失去了关税自主权的情况下。可见，开放中外交流，是可以双赢的。即使在腐败透顶的专制王朝，只要有正确的管理，一样可以打造出清廉高效的政府机构。若没有赫德把控海关，给大清续命，大清绝对撑不到1911年。

说起关税，其实大清的税率很低。康熙二十三年（1684年）就规定，洋船原税"抽三分"，即3%。康熙二十四年（1685年）又"于原减之外，再减二分"。康熙二十八年（1689年）又颁行税率"进口课税四分"。也就是说，清前期的关税基本在2%到4%之间波动，这个税额真是良心价。在鸦片战争之前，法理上的中国关税只有2%，英国东印度公司高兴得屁颠屁颠地来做生意（包括卖鸦片），不料被大清官场给了当头一棒。

想进门谈生意？先交"门敬"！

地方最近不太平，要剿匪，交点"匪捐"吧！

你这货物打算运走是吧？交点"起厘"！

路上关卡一个又一个，每个关卡都有费用。花样繁多的捐费，把东印度公司整得一脸懵圈——上帝啊，这可比关税狠多了！

税和费不一样，税是法律明文规定的税赋，说好多少就是多少。而费则可以随意更改，爱收多少就收多少。大清的潜规则，在"税"

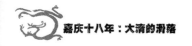

和"费"这两个字上那是玩得炉火纯青。不想交钱，想绕过海关走私？那更好！关税虽然少，还得交给朝廷一部分，走私的话，地方官可以直接抽好处费，把钱全揣进自己腰包里。明清两代海禁难开，很大原因是海禁形成了利益集团。沿海地区的地方官靠着海禁，可以在走私上大捞特捞，当然捞的钱少不了要孝敬上司和京官。因此，谁敢说开海禁，满朝文武的唾沫星子都能淹死你。

被地方官拿捏多了，洋人也长了心眼。第二次鸦片战争之后，英国在与大清签订的中英《天津条约》第二十六款里，专门规定进出口关税统一为5%，比康熙时期的关税还要高一点。定死税额后，其他乱七八糟的费用一概免谈。公开且固定的税额标准，这个从马戛尔尼那时就有的愿望，直至此刻才在大炮的炮口下达成。

三跪九叩高于一切

收到英国代理商特选委员会的信件，英国政府还是要为自己的公民做点事的。此时，英国国王乔治三世的精神病病情日益严重，他的儿子威尔士亲王乔治以摄政王的身份代行政务。他决定委派一位地位较高的人作为特使，前去觐见中国皇帝，这个任务最终落在阿美士德（William Pitt Amherst）勋爵头上。

1816年的英国，还没动战争的心思。阿美士德使团的使命，仅仅是请一位英国代理商们认可的中国商人进行生意上的对接，并通过派遣使节或者呈递书面请愿书的方式，与北京建立某种联系，顺便解释一下"多丽丝号事件"的前因经过。

1816年2月8日，也就是嘉庆二十一年，以阿美士德为首的使团挂帆出发，再次出使大清。摄政王威尔士亲王希望阿美士德能踩在马戛尔尼的肩膀上，将中英关系推进一步。不过，阿美士德本人对这次出使并不抱太大期望。他深知，清政府的权力是绝对的，一切全凭皇帝一人的好恶，和外界影响几乎没有关系。

从阿美士德的视角来看，中国近几个世纪的变化还没有欧洲近几十年的变化多，十分无趣。因为"虽然中国幅员辽阔，物产丰富，人口众多，但是缺乏活力和变化。令人感到乏味的单调一致统治着一切，也让一切都失去了活力"。而独裁者一般是不喜欢个性化的，整齐划一才好统治。

从规模上来说，阿美士德使团比马戛尔尼使团少二十人，只有七十五人。经过漫长的航行，阿美士德使团逐渐靠近中国。越接近中国，阿美士德的心情就越沉重。外国使团只要不惹事，一般都能得到大清十分优厚的款待，这点马戛尔尼可以证明。但是外国使团和大清朝廷之间有一个无法调和的矛盾，就是面见皇帝时的三跪九叩。比较广泛的说法是马戛尔尼在觐见乾隆时，行了单膝跪地礼，而据当时使团中的小斯当东爵士（Sir George Staunton）回忆，马戛尔尼应该是在众人跪地叩头时，觉得自己单独站着挺奇怪，就蹲了下来。总之，当时中外对于"跪拜"的矛盾是极为尖锐的。

另一个典型例子是嘉庆十年的俄国戈洛夫金使团。1805年5月，俄国为了扩大商业利益、增加通商口岸，同时希望解决与中国的边界问题，沙皇亚历山大一世任命戈洛夫金伯爵为大使，组建了二百四十二名成员的庞大使团，并精心准备了总价值达十五万卢布（1805年的十五万卢布，这不是一个小数目）的礼物出使中国。

俄国使团从圣彼得堡出发，经过长途跋涉，终于在1806年1月14日进入大清境内，抵达库伦（今蒙古国乌兰巴托）进行休整。嘉庆接到奏报，得知俄国要派人来给自己祝寿，还挺高兴的，下令北京有关方面做好接待准备。虽然在使团人数、礼品清单等方面中俄之间

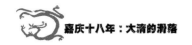

有较大分歧，但经过争吵，各退一步，还是勉强达成了一致意见，唯独在三跪九叩这个觐见皇帝的礼节上，双方都寸步不让。嘉庆帝让库伦的大臣监督俄国使者，让俄国人先学叩头，学会了再让他们入京。戈洛夫金和马戛尔尼一样，坚决不下跪，双方争吵了很长时间，消息传到北京，嘉庆龙颜大怒，下旨将俄国使团驱逐出境。要知道，此时俄国已经越过了《尼布楚条约》的界线，开始蚕食外东北和库页岛，和三跪九叩的礼节相比，外东北那点儿领土在皇帝心中显然没那么重要。在此后的半个世纪里，俄国再也没有向清朝派出官方使团。

大清与世界接轨的又一次机会，也就此错过了。

坐—站—跪

阿美士德本人也极为抵触三跪九叩这个奇怪的礼节。欧洲人觐见君主的通用礼节一般是右手捧心，上身鞠躬，行单膝礼。中国这种跪地三次、磕头九次的礼仪，十分烦琐累人，而且折损尊严，无论是俄国人还是英国人，对此都难以接受。因此，阿美士德认为此次出使的前景并不乐观。

事实上，中国古代也并不是一直都跪拜皇帝的。春秋战国时期，周天子召见诸侯时，还要向诸侯行揖礼。据《周礼·夏官》记载："孤、卿特揖，大夫以其等旅揖，士旁三揖。王还，揖门左、门右。"那时没凳子、椅子，大家都跪坐于席上，不存在谁跪拜谁。秦始皇统一天下后，君臣之间仍然沿袭先秦时期的礼仪，没有跪拜这一说。后来秦亡汉兴，刘邦是个大老粗，称帝后依旧和大臣们打成一片，成天喝酒胡闹。有时候大臣喝多了，还怼起皇帝来，最厉害时，闹得拔剑毁坏宫殿，连刘邦都觉得这帮孙子闹得太过分了。这时，叔孙通建议汉高祖制定礼仪制度，并在整个朝廷加以推行，以正君臣之位。刘邦说，行吧，你去搞一套礼仪来。经过一段时间的推行、演习，叔孙通真的整出了一套礼仪。上朝时，武将们居西面东，文官们居东面西。皇帝临朝后，文武百官依次向皇帝朝贺。整个过程井然有序，没人敢喧哗失礼。皇帝也不用给大臣答礼了，朝堂上顿时肃穆起来。刘邦的虚荣心得到了极大满足，乐呵呵地对叔孙通说，不错不错，我今天才知道当皇帝原来这么爽。

但是叔孙通也没有制定"跪拜"这个礼仪，大臣们向皇帝汇报工作时，还都是跪坐于席上。当丞相来上朝时，皇帝还要起身表示尊重，即康有为说的"皇帝为丞相起"。汉朝之后，在三国两晋南北朝、隋唐、五代十国这些时期，皇帝和大臣都是坐着议事的。皇帝接见使臣，也不会强制要求对方跪拜。唐代画家阎立本的传世之作《步辇图》（见图9-1，第167页），描绘了松赞干布的使臣禄东赞朝见唐太宗李世民时的场景，禄东赞面对李世民就是立而未跪。

时间来到北宋，赵匡胤这位武人黄袍加身之后，不爽于大臣与自己平起平坐，便耍了个小花招，在上朝时对大臣们说，我老眼昏花，看不清字，你们拿过来给我看。大臣们不知是计，纷纷拿着奏折凑到宋太祖跟前。赵匡胤早就安排好人，趁此机会撤去大臣们的座椅。大臣们汇报完工作，回头一看，座椅没了，再要也不给，只好站着。这一站，就再也坐不下去了。朱熹对此还吐槽过，说汇报工作时间很长，站着挺累的。

不管怎么说，此刻中国人还是站着的，好歹还算是"人与人之间的差距"。宋代"景德四图"中的《舆驾观汴涨图》（见图9-2），绘制了宋真宗赵恒到一线视察修筑汴河河堤的场景。图中，百姓见到皇帝，也无一人跪拜。这至少表明，宋朝的画师认为在表现皇帝

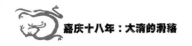

亲临民间的场景时，画面并不需要出现臣民跪迎圣驾的特写。

紧接着，蒙古人建立了元朝，游牧民族还处于农奴社会，礼仪习惯体现于朝堂上，就是大臣必须跪着向皇帝汇报工作。汇报完工作，皇帝说"平身"了，你才能站起来。南宋灭亡后，丞相文天祥被押解到元大都。忽必烈要他行下跪之礼，文天祥拒绝了："南揖北跪。"跪是你们胡人的风俗，我们"南人"是作揖的。最终，文天祥也没跪拜忽必烈，只给他作了个揖。康有为对中国君臣礼仪的演变总结道："汉制，皇帝为丞相起，晋、六朝及唐，君臣皆坐。宋乃立，惟元乃跪，后世从之。"

明朝的缔造者朱元璋出身太低，虽然在军政方面有着过人的才能，但在经济上一窍不通，海禁就是朱元璋开的头，"洪武模式"的财政措施也一直深受诟病。而且朱元璋内心深处极度自卑，这就导致他浑身都是敏感点，谁不小心说个"秃"字、"光"字，都会令他怀疑对方在讽刺他做过和尚，一挥手就拉出去砍了。自卑的外在表现往往是极强的自负。你们出身都比我高对吧？但是你们都得跪拜我，服不服？基于这种心理，朱元璋虽然驱逐了蒙古人，但却很欣然地保留了跪拜礼，还将其发展成了"五拜三叩首"。清代进一步将"五拜三叩首"发展为"三跪九叩"。再看清代绘制皇帝出行的画作，比如《乾隆南巡图》（见图9-3），皇帝所到之处，无论官民，均是黑压压跪了一片。

中国人这一跪，可就再也站不起来了。这时臣民与皇帝之间的差距，就不再是"人与人之间的差距"了，而是"人与神之间的差距"。皇帝是真龙天子，你就得跪！中国人就这样一步一步地在皇权面前失去了自己作为人的最起码的尊严，甚至忘了祖上曾经是有尊严的。

图 9-1 步辇图　　图 9-2 舆驾观　　图 9-3 乾隆南
　　　　　　　　　汴涨图　　　　　巡图

一个文明古国的没落

　　欧洲国家有"虚君"的传统（相当于中国的春秋战国时期），王权专制的时间并不长。大部分时间里，贵族可以与国王分庭抗礼，甚至实力强于国王。国王只是贵族中的第一人，没有高高在上的地位，更没有对整个国家的领导权与支配权。你让一个一直与君主基本上平起平坐的人对着一个外国君主三跪九叩，这人不跟你急才怪！

　　出使之前，英国政府也明白这种要跪拜九次的礼仪肯定会引起个人感情上的反感，但是外交任务还是要做的。因此，英国政府将这个皮球踢给了阿美士德，让他参考马戛尔尼和小斯当东的意见，自己作出随机应变的判断。

　　阿美士德作为大使，虽然肩负着外交使命，但绝不愿降低自己的人格与尊严。他在进入中国之前，就认真考虑过这个问题。基于自己肩负的任务，他愿意在合理的范围内，尽可能地顺从清帝国的特殊习俗。不过有戈洛夫金使团先例在前，阿美士德对这次出使实在不抱什么希望。

　　经过漫长的航行，1816年7月28日，阿美士德使团的船队经过庙岛群岛，驶入渤海，在塘沽靠岸。阿美士德之前已经通过传教士带信，先向清政府知会了此次出使，不过英国船还是来得太快了，

以至于地方官完全没做好接待准备。使团是在天津塘沽靠岸的，没有清政府的许可，英国人只能呆在船上，不能上岸。当时天津属于直隶，而直隶总督在保定府。时任天津兵备道的张五纬和长芦盐政广惠出面，会晤了阿美士德一行。两人上了英国人的船，首先问的是船上有没有带中国皇帝的画像，令人无语。

随后几天，负责接待使团的大清官员们陆续接见了阿美士德的船队。与以往的使团一样，双方的接触是礼貌而得体的。会晤使团的张五纬等人问使团这次来的目的是什么，阿美士德回答说，我们的摄政王威尔士亲王希望向大清皇帝陛下表达他的敬意，并且巩固一下由他们伟大的父亲建立起来的友好关系。当然还要顺便沟通一些其他的事情，具体都写在信上了，信已经转交给军机大臣托津，他看了就知道。这个回答十分得体，张五纬等人十分满意。在觐见皇帝的人数等方面，双方虽然有分歧，但还是可以沟通的。不管怎么说，几次接触下来，气氛都是礼貌而友好的。直到中国官员说，为了确保在皇帝面前能够端庄稳重地行礼，你们得事先做好练习。换句话说，就是你们得学会三跪九叩这个基本礼仪，才能带你们去见皇帝。阿美士德不想在还没见到皇帝时就闹冲突，于是打出了外交迂回辞令："我们将会和前任特使一样，对皇帝陛下表达我们最崇高的敬意。"

阿美士德的回答非常圆滑，张五纬也打哈哈说，皇上对英国的印象非常好，比其他国家都要好。陪同会晤的钢铁直男寅宾紧接着补充到，因为英国从非常遥远的地方来大清表达自己的仰慕之情、向化之心，比暹罗、吕宋、朝鲜、日本更不容易，委实可嘉——这下把天给聊死了，只好转头给船上送补给品。不管怎么说，朝廷在给洋人的物质待遇上，一向很大方。

负责搬运补给的民夫们很少洗澡，身上散发出的臭味，把阿美士德等人熏得够呛，阿美士德的朋友据此将中国人描述为不整洁的民族。实际上，这是一件非常冤枉的事。历史上，中国人十分讲究仪表的干净整洁，早在周朝时，中国人就将洗澡作为一种仪式化的东西，刻入了民族的基因里。《周礼·仪礼·聘礼·第八》中记载："管人为客，三日具沐，五日具浴。"就是说，客人来了，主人要提供三天一洗头、五天一洗澡的招待；《汉律》中记载："吏五日得一下沐，言休息以洗沐也。"就是说，官员们上了五天班之后，专门放一天假来洗澡。而欧洲从黑暗的中世纪开始，一直到18世纪，都还没有洗澡的习惯，国王和贵族们都是一身恶臭，只能靠香水遮味。直到明末，西方传教士在中国的见闻，还是遍地繁花似锦，人们衣着得体，房屋整洁，生活愉快。在万历后期来到中国的葡萄牙人曾德昭写的《大中国志》一书中，作者对已处于水深火热之中的王朝末期的大明仍称赞有加，所见所闻皆是富裕繁荣、文明得体："中国人爽快地赞颂邻国的任何德行，勇敢地自承不如；而其他国家的人，除了自己国家的东西以外，不喜欢别的东西。中国人看见来自欧洲的产品，即使并不精巧，仍然会发出一声赞叹……这种谦逊态度真值得称羡。（这一点）表现在一个才能超越他人的民族上，对于那些有眼无珠、故意贬低所见东西的人来说，是一种羞辱。"可见，大明的开放包容，完全不同于乾隆朝"天朝物产丰盈，无所不有"的傲慢自大。

虽然曾德昭去的是江南富庶之地，难免以偏概全。但马戛尔尼也去过江南，二人对所见所闻的评价两极分化。马戛尔尼在乾隆盛世时访问中国，只看到了"遍地是惊人的贫困"：许多人连衣服都穿不全，只能赤膊，更别说洗澡了；脑后那条长长的辫子多年不洗，

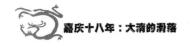
那味道可想而知。无怪乎在西方人看来，原本得体优雅的中国人在大清的统治下，正在逐步退化为野蛮人。

私下里，阿美士德和小斯当东也讨论过跪拜礼这个问题。小斯当东的意思是，如果仅仅为了让使团能够得到皇帝的接见，就在这方面作出妥协，是不值得的。这对商业交往毫无意义，只会损害自己和国家的尊严——损失尊严去交换利益，只能既失去尊严，又失去利益。不过，小斯当东也提出，有没有一种可能，大清给予英国人一些优惠条件，作为英国人行三跪九叩之礼的交换。阿美士德对此表示悲观，在他的认知中，大清绝不可能作出任何退让。

事实也确实如此，阿美士德的预言十分准确，这是一次注定失败的外交行动。

最后的机会（下）

经过几次友好而不靠谱的会晤，直到1816年8月10日，小斯当东才从大清官员方面得知，觐见皇帝的日期初步定为8月22日。朝廷安排了五百多名纤夫，拖着英国人的船，顺着河进入了天津。

鸡同鸭讲

此前，嘉庆帝对俄国人桀骜不驯、不知礼仪之事就十分不爽，这次特地下旨："此次英吉利国进贡使臣，至天津海口登岸。特命苏楞额、广惠传旨赐宴。令其宴行三跪九叩礼，如合式，即日带领进京；如不谙礼仪，具奏候旨。其原船勿令驾驶，仍由原路回津，泛海回国。"

接到旨意的苏楞额和广惠不敢怠慢，在8月13日开了一桌宴席，招待阿美士德一行人。双方客套一番后，广惠率先发难：这次为你们设宴，是遵照圣上的谕令进行的。也就是说，这次不是我请你们吃饭，是皇上请你们吃饭，这是御赐的宴席。为了向我们的皇上表达感谢，咱们都要对皇上的画像行三跪九叩之礼才行。

阿美士德继续用外交辞令打哈哈：我们已经做好准备，见到大清皇帝时，就会像对我们自己的君主一样表达我们的敬意。

广惠可不听这外交辞令，直接挑明了说：你们得叩头，叩一次还不行，得三跪九叩。

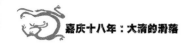

阿美士德见这个问题实在无法回避，就说：我们准备在各方面都遵行马戛尔尼的先例。

广惠赶紧说：是的，之前你们的大使马戛尔尼就很听话，在觐见皇帝和其他场合都行了叩头礼。苏楞额在旁边补充到：没错没错，马戛尔尼经过广州时，我本人也在现场，他就行了叩头礼。俩人说得跟真的一样，刚好小斯当东也在，就异口同声地让小斯当东作证：你说是不是？

小斯当东心说，我当然知道不是，只是这个场合直接拆穿两人的谎言，有点不好意思，就含糊回应道：我们大使对上次使团有关情况的了解，全都来自于马戛尔尼回国后向我们的君主提交的真实报告。上次访问中国是二十三年前的事，那时我还只是个十二岁的孩子，记不太清了。

广惠和苏楞额见从小斯当东这里得不到满意的答复，就傲慢地说：让皇上满意是十分重要的事。这个场合礼仪绝不能省略，你们不行礼，我们单独行礼也很不合适。你们还是跟着我们一起跪拜吧。

阿美士德回应道：我们非常想向皇帝陛下表达我们所有的敬意，让皇帝陛下满意。但是，我们也不能违背对自己君主的责任。从这样的感情出发，我们决定用向英国君主表达敬意的方式觐见大清皇帝陛下。这是马戛尔尼的做法，也是我们的君主对我们的训令。

广惠说：如果这样的话，你们很可能得不到皇上的接见。

阿美士德说：既然不行礼过不去，这顿饭不吃也罢。待我到北京后，我会把这里的情况以书信的形式汇报给皇帝陛下，作出解释的。

皇帝请吃饭，叫赐宴。在大清，无论是皇亲国戚还是朝廷大员，都将其视为无上的荣耀。而阿美士德为了不磕头，宁肯不吃饭。这种行为，在大清叫作抗旨，若是换了天朝子民，如此抗旨，别说砍头了，不诛九族才怪。所以阿美士德此言一出，在场的大清官员无不倒吸一口冷气，觉得是一件极不可思议的事。

为了缓解僵硬的气氛，广惠赶紧换了个角度对阿美士德说：皇上接见，那是无上的荣耀，你这么固执，不仅你见不到皇上，你的儿子也得不到皇上的接见了。这么小的孩子能得到皇上的接见，那是十分不容易的事。你可不能因此让你的儿子失去觐见皇上的机会啊！

这就是双方文化上的差异了。对阿美士德来说，拜见皇帝，那是外交使命，还真不觉得有什么荣耀的地方。而大清则不同，谁能蒙皇帝赐见一面，回去真能吹上一辈子。此时的情景，就和二十多年前马戛尔尼使团访问大清一样，持续的鸡同鸭讲，毫无进展。

阿美士德说：嘉庆皇帝能得到和他父亲乾隆皇帝一样的尊敬，不可能感到不满意的。

大清官员说：当年马戛尔尼的表现十分不妥当，先帝十分生气。而且在场的王公大臣也认为，当他们自己跪拜的时候，英国人仍然站着，这是再荒唐不过的事情了。

据《清实录》记载，马戛尔尼走后，乾隆爷很不爽，专门传谕给军机大臣：英吉利使臣来热河见朕，连基本的磕头都不会，朕委实不快，大概是沿途地方官接待他们太过优厚，把他们给惯坏了。这帮人现在回去，沿途就按照最低标准供给，饿不死他们就行。这种无知的外夷，不值得大清加以优待。

就在双方相对无言之际，苏楞额开口说：你们不跪拜皇上的话，你们在广东的生意肯定会受到影响，这损失你们得自己担着，而且皇上会对你们英国国王大大地不满。

最后这句话是奔着外交冲突去的，现场的翻译官马礼逊没有翻译。双方僵持了半天，大清官员最后无奈，说这次不坚持让你们跪拜

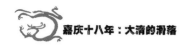

了，但是由此造成的后果要由阿美士德全面负责。而且不跪拜的话，你们的贡品皇上也未必会接受。你们很可能会被直接遣返，就像俄国的戈洛夫金使团那样。

阿美士德说，我服从于我的国家的君主的命令，不会有什么心理负担。不过为了表示我们商谈的诚意，我愿意向皇帝的画像鞠躬。你们跪拜多少次，我就鞠躬多少次。

广惠见阿美士德退让了，就得寸进尺：要不你单膝跪吧？

阿美士德予以坚决拒绝：我肯鞠躬就不错了，没得谈。

最终，大清官员跪拜，英方鞠躬，算是勉强把这一页翻过，吃上了这顿饭。

用过正餐，广惠忧心忡忡地说：这次教你们演习礼仪失败了，估计皇上会很不高兴。

阿美士德说：我面对皇帝时，会表达我崇高的敬意。这种跪拜九次的礼仪，对尊敬程度的增加没有一丝一毫的帮助。

广惠说：你不跪拜，就让你儿子杰弗里跪拜吧？阿美士德严肃地拒绝了这个要求。

后来，大清官员在官方和私下多次与阿美士德进行接触，话题始终绕不开"三跪九叩"这玩意儿。嘉庆给广惠和苏楞额下的旨意是：让洋人学会三跪九叩再进京，广惠二人始终没能完成这个任务，反而差点被阿美士德的外交辞令绕进去。最终，英国使团还是离开了天津，向北京进发。

到达通州后，通州的地方官同样与英国使团在跪拜礼这个问题上鸡同鸭讲了许久，也被外交辞令绕了进去。嘉庆得到消息后，狠狠地训斥了广惠和苏楞额：洋人没学会跪拜，怎么就让这帮不知礼仪的外夷离开天津了呢？

广惠、苏楞额二人接旨后，吓出了一身冷汗。为了跪拜礼这事儿，双方已经鸡同鸭讲了十几次了。最后广惠对阿美士德下了最后通牒：要么行跪拜礼，要么回老家。回老家的话，你们的贡品也会被退回。

阿美士德解释说：我这是礼品，不是贡品，二者区别很大。要不这样吧，你们也对着我们的摄政王的画像行礼。你们怎么对摄政王行礼，我就怎么对大清皇帝行礼。你们三跪九叩，我也三跪九叩。

在英方看来，大清和英国是平等的关系；而在大清看来，英国是不谙教化的外夷，这世上只有一个天朝上国，就是我大清，其他国家只是藩国、属国，不可能和大清平起平坐。基于这个认知差异，双方无论如何也沟通不到一个频道上。

广惠对阿美士德的这个提议感到极为震惊——我天朝上国的官员对外夷国王行三跪九叩之礼？这不是找死吗？！且不说你们国王只是一个番邦之主，即使在我大清，能受三跪九叩之礼的只有皇上。其他人要接受此礼，那就代表你要造反当皇帝，是要诛九族的！

广惠对阿美士德的提议也给予了严肃拒绝。眼看沟通不来，阿美士德提出了一个折中的办法：要么大清皇帝指定一名大臣向我们摄政王的画像行同样的跪拜礼；要么大清皇帝发布一个声明，以后如果大清出使英国，也要对英国君主行跪拜礼。这两个条件满足其一，我就愿意向大清皇帝行跪拜礼。

这两个条件在英国人看来，表达了平等的关系，但在大清官员看来，谁都不可能跟我天朝平等。虽然在当时条件下，不可能有大清官员出使英国，但是嘉庆帝也绝不会发布这样的声明。因为一旦作此声明，就等于承认英国和大清是平等的国与国之间的关系，这是天朝上国绝对不能接受的。因此，都不用向上奏报，广惠直接就给拒绝了。

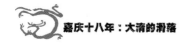

气氛一时间有点尴尬，随即广惠将阿美士德拉到一旁，悄悄地指点道：老弟你真是傻啊，咱俩都接受了上面的命令，难以正式让步，但是你可以在这里悄悄行礼，反正你们国王也不知道，回去后你爱怎么说就怎么说呀。这样你完成了出使任务，回去也不会被追责——这是中国官场的精髓，一般人我不教他。

阿美士德对此表示难以理解：即使我卑鄙到回去做虚假报告的程度，也没用啊，这里有七十多人看着呢，他们都会说出真相。

广惠更加不理解了：你不是他们的上级吗？他们怎么敢打你的小报告？自古官场不都是欺上不瞒下，大家联手糊弄的吗？

阿美士德顿时目瞪口呆，无言以对。

最终，双方不欢而散。在通州，前后有多名以苏楞额、广惠、和世泰、穆克登额等几位钦差为首的大清官员与英国使团进行了多轮会晤，话题始终离不开"三跪九叩"，每次都是鸡同鸭讲。大清的官员从一开始苦口婆心地劝说，到最后粗暴地训斥，都无法"教化"阿美士德这群蛮夷，双方始终没能在这个问题上达成一致。

最后一次机会

不过，不管怎么说，英国人比俄国人圆滑一些，虽然谈不拢，却也始终没起冲突。但是和世泰这边就很难受了：皇帝派他们这些人去教洋人行礼，没想到洋人全是茅坑里的石头——又臭又硬，一点儿都不肯学。这可怎么交差？如实回答吧，天威难测，领导怪罪你这点差事都办不好，自己的职业生涯岂不是到头了？

和世泰不亏是官场老油条，稍动脑筋，就把这事儿给圆过去了。8月24日，和世泰向嘉庆上奏说，英国使团正在学习礼仪，但是这帮洋鬼子太笨，一直学不会。这话很有讲究，阿美士德的原意是我坚决不会向大清皇帝行三跪九叩之礼，从和世泰笔下汇报上去，就成了英国人愿意跪拜，只是太笨了，一时半会儿学不会。传话人笔锋一转，主要矛盾就给回避过去了，对内对外都能糊弄。

嘉庆接到奏报，倒也大气，指示道：这帮人在偏僻荒夷之处，不懂我天朝的礼仪，行礼的时候难免生疏一些，没什么大不了的，到时候找个人在前面带着他们行礼就行了，"凡事不可过于苛细，转失驭外之礼"。

话都说到这里了，和世泰只能在8月27日再次奏报说，英国使臣一直在学习，只是一直没学会，但是这些使臣十分恭顺，对皇上派人带领行礼一事表示十分感激云云。蒙在鼓里的嘉庆表示十分满意，就宣召农历七月初七，也就是公历8月29日召见英国使团。

皇上都说召见了，没辙，带着来吧。8月28日，嘉庆先是在勤政殿里召见了和世泰、穆克登额二人，当面问英国人学习礼仪学习得怎么样了。和世泰、穆克登额二人见瞒不过去了，自己摘了顶戴，磕头说英国人还没开始学。嘉庆勃然大怒：还没学呢！你们早干吗去了？！和世泰擦冷汗道：那使臣说临觐见时遵行跪拜礼仪，所以明天召见肯定能行礼……的吧……

嘉庆对底下这帮人说话始终不尽不实也是无奈，只好先应了再说。于是和世泰扭头让阿美士德一行人从通州连夜出发，在明日卯时前赶到圆明园觐见。这时，和世泰玩了个心眼，让阿美士德坐马车先行一步，另外安排人将英国人的礼服等行李拖在后面慢行。

和世泰安排英国人觐见的时间是卯时，也就是凌晨五点。这个时间点，说实话是挺早的，不过清代皇帝上朝时间一直都是卯时，也不算欺负洋人。但是和世泰是28日夜间就让英国使臣连夜从通州出发，赶了一夜的路，才赶到圆明园。

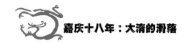

　　我查了一下，从通州到圆明园，距离大概是37公里。这个距离现在看不算远，但是当年没有地铁，没有公路，只能坐没有避震效果的马车行驶在坑坑洼洼的泥土路上，那个滋味，谁坐谁知道。据阿美士德回忆，他们是28日下午五点从通州出发的，于29日凌晨四点左右，也就是寅时赶到了圆明园。清代大臣上朝都是寅时就在午门外等着了，但是那些大臣的家就在北京城内，阿美士德他们可是在马车上颠簸了一夜。

　　英国使团一行人刚在圆明园和世泰安排的一间小房子里安顿下来，还没喘口气，和世泰就安排张五纬来传话：皇上现在就要见你们。这个突然袭击，把阿美士德搞懵了——出发时你也没说皇帝要见我们啊！且不说我赶了一夜的路，现在累得要命，关键是礼服和国书都在后面行李队伍中，还没送到，穿得随随便便，也不符合外交礼仪啊？！

　　无奈，阿美士德只好说：我现在十分疲惫，衣服都没换，而且国书也没带，这是十分失礼的行为。麻烦您回去说一声，明天再觐见是否可以？

　　张五纬对此表示难以理解：皇上召见，还不赶紧躬身小跑过去，还要让皇上等你一天，你算老几啊？

　　不解归不解，张五纬也不能把阿美士德扛过去，只好回去禀报和世泰。和世泰又传话说，这次皇上就是私下见见面，不谈正事，不是正式召见，没关系，赶紧去吧。

　　阿美士德说，真对不住，我奔波了一夜，真的很疲惫，就请皇帝陛下仁慈地等到明天再见吧。

　　传话的张五纬不敢再传这种"大逆不道"的话，说：这样吧，您还是自己到大人的房间里谈吧。

阿美士德既然说自己很疲惫，又怎么会去和世泰的房间呢？就对张五纬说：我不去了，张大人您带个话吧。

张五纬无奈，最后和世泰亲自过来了，用各种理由劝阿美士德赶紧去，还上手想直接把人架走。阿美士德好歹是外交官，对这种粗鲁的行为十分反感，表示今天坚决不出门。后来又来了一位王爷，劝阿美士德说：要不你先来我房间休息一下？我房间比较舒服。阿美士德对这种邀请方式感到十分不满，便予以拒绝。那位王爷无奈地摇摇头——这次皇上要动大气了。

其实这正是和世泰想要的效果。和世泰接上谕去教洋人学习礼仪，没想到这帮洋人死活不上道。万一阿美士德真去见皇帝，君前失仪，他这个引领人也要担责任，于是想了这个"人衣分离"的点子，让阿美士德自己说不见皇帝。

嘉庆一直被蒙在鼓里，时间到了就宣英使觐见。和世泰赶紧回奏说，英国使臣太笨，走得慢，等人到门口了再宣。过了一会儿，嘉庆还不见人，第二次传见，和世泰又上奏说，英国使臣突然身体不适，拉肚子了，真是不巧，再多等会儿吧。

阿美士德说自己身体疲惫是真的，可没说拉肚子这回事，这是和世泰给加的戏。又过了一会儿，嘉庆第三次传见，和世泰回奏说，使臣病倒了，起不来，真无奈啊。

嘉庆这会儿也有点烦了，就下令让使臣回房间休息，安排个御医去看看，让副使来吧。没想到和世泰回奏说，副使也病倒了，要不等使臣们病好了再一起觐见？

嘉庆这次是真怒了：这帮使臣是来进贡的，还是来装大爷的？！皇帝三请五请都不肯来！气得嘉庆当场下旨，让这帮没礼数的使臣赶紧滚蛋，贡品一概不收！

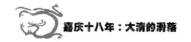

就这样，和世泰通过欺上瞒下的手段，避免了英国使臣与嘉庆的会面，自己教导使臣学习礼仪不力之失被成功掩盖。得了圣旨的和世泰，得意洋洋地派人将阿美士德一行赶出了北京。

和世泰这一番操作，只是小聪明。人在官场，不可能和别人完全无嫌隙，况且这番操作全程都在皇帝眼皮子底下进行。第二天，也就是8月30日，嘉庆就得到下面人打的小报告：英国使臣可没生病，只是人到了，衣服没到，不敢穿着便装觐见皇帝，所以托言身体不适。嘉庆一想也对，外国使臣觐见皇帝是很隆重的，衣冠不整确实不成体统，也不能全怪英国使臣。但是人都被赶走了，再叫回来也有点抹不开面子。反正只是个外邦蛮夷、蕞尔小国，没见就没见吧。不过，这帮英夷大老远来进贡的孝心不可冷落，思虑再三，嘉庆决定派人追上英国使臣，酌情收下一些贡品，并给一些赏赐，同时给英国国王回一封国书，别失了我天朝上国的气度。国书中写道：

尔使臣始达天津，朕饬派官吏在彼赐宴，岂尔使臣于谢宴时，即不遵礼节。朕以远国小臣，未娴礼度，可以矜恕，特命大臣于尔使臣将次抵京之时，告以乾隆五十八年尔使臣行礼，悉跪叩如仪，此次岂容改异。尔使臣面告我大臣，以临时遵行跪叩，不致愆仪，我大臣据以入奏。朕乃降旨于七月初七日，令尔使臣瞻觐。初八日于正大光明殿赐宴颁赏，再于同乐园赐食。初九日陛辞，并于是日游万寿山。十一日在太和门颁赏，再赴礼部筵宴，十二日遣行。其行礼日期仪节，俱已告知尔使臣矣。初七日瞻觐之期，尔使臣已至宫门，朕即御殿，尔正使忽称急病，不能动履，朕以正使猝病，事或有之，因只令副使入见，乃副使二人亦同称患病，其为无礼莫此之甚。朕不加深责，即日遣令归国。尔使臣既未瞻觐，则尔国王表文亦不便进呈，仍由尔使臣携回。尔使臣不能恭敬办事，代达個忱，乃尔使臣之咎，尔国王恭顺之心，朕实鉴之。特将贡物内地理图画像、山水人像收纳，嘉尔诚心，即同全收。并赐尔国王白玉如意一柄、翡翠玉朝珠一盘，大荷包二对、小荷包八个，以示怀柔。至尔国距中华过远，遣使远涉，良非易事。且来使于中国礼仪不能谙习，重劳唇舌，非所乐闻。天朝不宝远物，凡尔国奇巧之器，亦不视为珍异。嗣后毋庸遣使远来，徒频跋陟。

这段话的大意是：英国国王你好，你派小弟来上贡，我也没亏待他们，好吃好喝地管着。但是你们的小弟在吃饭时不遵守我这里的礼节，我很大度，没跟你们计较。我原本计划在初七接见你的小弟，连续几天，连吃带玩一条龙服务。没想到你的小弟在临接见时说生病了，不来见我了，我想突发疾病的事儿也不罕见，就让你小弟的小弟来见吧，没想到你小弟的小弟也说自己生病了。哪有几个人一起生病的？分明是拿架子看不起人。我也懒得追究，让你的小弟回去了。你的这些贡品，我挑了几件不值钱的留下，权当成全你这份孝心。我回赠给你的都是好东西，挺值钱的，看我多大方！你们英国离我天朝太远了，而且每次你们的人来了都学不会行礼，我挺烦的。你们那些蒸汽机啊、火炮啊之类的奇巧玩意儿，我也看不上。以后别派人来了，省得麻烦。

凭良心说，嘉庆给英国国王回信的语气相对乾隆来说，已经和善许多了。而且嘉庆还特意下旨，让沿途官员好生招待使臣，不要怠慢了他们。后来，江苏布政使陈桂上奏表功说，英夷过境时，自己严加防范，没让英夷停泊。嘉庆批复到：怀远以德，正常人晓行夜宿，哪能不让人停泊，这么办事不太地道，过犹不及。可见，嘉庆比乾隆那

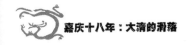
小心眼强多了。但是，嘉庆骨子里那"天朝不宝远物，凡尔国奇巧之器，亦不视为珍异"的傲慢无知，和乾隆实在不相上下。所以，即使嘉庆接见了阿美士德，对历史走向也不会有什么影响。这不仅仅因为双方在历史、文化、制度、观念上存在着巨大差异，更重要的是，你永远无法让一个不屑、更不愿开眼看世界的人睁开他的双眼。

大清与世界正常接轨的最后一次机会，就此错过。

一个王朝的执念

给英国国王回过信，嘉庆还不忘惩罚一下相关人员。毕竟外交搞不好，显得我天朝上国没有礼数，也挺丢人的。为此，嘉庆下旨申斥"庸臣误事"，自感丢脸。随后，嘉庆下发了处理决定：和世泰罚俸五年，革去藩理院尚书、镶白旗汉军统领之职，只留公爵的爵位；穆克登额革去礼部尚书、镶黄旗汉军统领之职，降为镶蓝旗汉军副都统；苏楞额革去工部尚书、镶红旗汉军统领之职，去顶戴花翎，降为三品工部左侍郎；广惠降为内务府八品笔贴式（这人最倒霉，从钦差大臣直接被撸为小文秘了）。

处理完几名大臣，嘉庆还是觉得话没说透，又花了两天时间梳理了一下这次外交事件的经过，下谕旨道：英吉利的使臣在天津赐宴时就没学会礼仪，匆忙地把人给带进京，这是苏楞额、广惠的责任。到了通州后，还没开始学礼仪，奏报时也不好好说，这是和世泰、穆克登额的责任。初七一早朕传旨召见使臣时，该使臣颠簸了一夜，还没去馆舍休息就来到宫门外，对方的正装没到，不敢来觐见。这也不是什么大不了的事，当时如果和世泰如实上报，朕定会改个时间召见，也让人家好好休息一下。没想到和世泰连连用不得体的言语上奏，造成误会，以至于把人家给赶走了。和世泰办事糊涂，固然有错，但是当天各项准备都做好了，御前行走的一堆王公大臣都在殿廷，亲眼目睹了这件事，却都坐视和世泰仓皇失措，没一个人肯给他指点。第二天才用旁观者清的态度跟我说这件事的详细情况。既然知道和世泰茫然糊涂、没有主见，为什么不代和世泰说明一下呢？就算不敢代和世泰说明，私下提醒和世泰一下也行啊。你们这些同朝为臣的，平时看起来和颜悦色、一团和气，遇到事了就事不关己、漠不关心，还真是官场险恶。希望你们吸取教训，互相帮助提携，一心为国，不要事不关己就不管不问了。

不管是"癸酉之变"，还是这次的外交误会；不管自己写多少《因循疲玩论》之类的最高学习材料下发给大臣，让他们认真学习；不管自己如何苦口婆心、谆谆教诲，底下这帮人嘴上说得好听，转身就该干吗干吗。阳奉阴违、欺上瞒下、事不关己高高挂起之风由来已久，积弊已深。嘉庆恨归恨，却也无力改变，只得再次下旨，督促大家好好学习《因循疲玩论》的精神。

和世泰费了那么大心机，只为掩盖自己无法说服英夷学习三跪九叩这件事，最后落得革职罚俸的下场，实在令人无语。但是话说回来，为何清代统治者对三跪九叩有这么大的执念呢？嘉庆那会儿还没挨打，也就罢了。第一次鸦片战争后的咸丰时期，外国使臣要来亲递国书，咸丰皇帝因为外国使臣不肯三跪九叩，死活不予接见，甚至为此扣押并虐杀了英法方派出的巴夏礼使团，间接引来了英法联军。打不过了，咸丰就跑到热河，反正就是不见。

后来咸丰异想天开，宁可放弃所有关税，让洋人多挣钱；宁可找俄国人调停，把外东北割给俄国人作为酬谢；宁可死在热河——总之，外国使臣不行跪拜礼，就是坚决不见。咸丰死后，同治孤儿寡母的，眼看实在拦不住洋人，最后通过长达三个月的谈判，让洋人把三

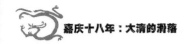

鞠躬升级为五鞠躬——见其他国家的君主时是三鞠躬，见大清皇帝要五鞠躬，反正大清皇帝就是要比其他君主高一级！

就是这个简单的鞠躬问题，明明可以通过谈判来解决，却被咸丰搞得割地赔款，至今收不回来。在国家利益和虚礼之间，清代统治者是宁可放弃国家利益的。

为何会这样呢？

前面说了，古代中国是没有平等的外交体系的，只有朝贡体系。在皇帝看来，世界上只有一个国家，就是我大清；世界上只有一位皇帝，就是我大清皇帝。其他国家都是蛮夷之地，仰慕教化，来我天朝学习、进贡的。英夷要以平等的身份来和大清做生意，见了皇帝也不行三跪九叩大礼，这是要破坏古代中国传统的朝贡体系，大清绝不接受。

所谓的朝贡体系，对中国其实是没什么实际好处的。在英国人之前，东亚和东南亚的小国家来中国进贡，可以从中获取丰厚回报。因为明清两代都本着"厚往薄来"的原则，只要在名义上藩属中国，进贡一些当地不值钱的土特产，中国皇帝往往要赏赐价值几倍甚至几十倍的礼品，所以这些小国朝贡上瘾，隔三差五就来进贡。磕个头也没啥大不了的，只要给钱，能磕到你破产！

在朝贡体系中，中国耗费巨大，除了赢得一个"万国来朝"的虚名，没什么切实利益。在明代，朝贡国一度达到一百四十八个，这得贴出去多少钱啊！为此，明代还多次下令，让这些藩属国减少朝贡次数，天天来挺烦的，也没那么多钱打发他们。到了清代，朝贡国只有十七八个，虽然不多，但同样是赔钱买卖，只给自己营造了一个"天朝上国"的幻象。

明知赔钱，明清两代为何还要消耗巨额财力维持朝贡体系？除了"天朝上国"这个虚名实在好听外，还因为朝贡体系里隐藏了一个十分诡异的东西——正统性。

古代王朝是无所谓"人民的选择"的，君权神授，上天指定，就是正统。但是要证明自己是天命所归，也要费一番功夫。清末民初的史学家孟森曾详细剖析古代王朝的正统性，其重要原则有两条："匹夫起事，无凭借威炳之嫌；为民除暴，无预窥神器之意。"按孟森的说法，"自始皇以来，得国正者，唯汉与明"。意思是，从秦至清，两千多年来各王朝政权最服众的只有汉朝和明朝。汉高祖刘邦推翻的是不得人心的暴秦统治，明太祖朱元璋推翻的是落后的外族统治，二者的初衷都是为民除暴，重塑江山，初衷"正"，得国自然"正"。其他朝代，要么目的不纯，要么手段不正。比如曹魏晋王司马炎逼迫魏元帝禅位，建立晋朝；北周隋国公杨坚夺了女婿北周静帝的江山，建立隋朝；后周御前都点检赵匡胤趁后周恭帝年幼，陈桥兵变、黄袍加身，建立宋朝，均属于臣子以下犯上，初衷也不是为民除暴，而是自己贪心想当皇帝，其正统性均无法与汉、明两朝相提并论。

按照这个逻辑，元清两代是得国最不正的。元代是外族入侵，不必多说。大清前身是后金，后金发家之地是辽东，当地原本有明成祖朱棣设置的努尔干都司，治下皆大明子民。后金开国大汗努尔哈赤曾在李成梁手下做过多年的小弟，万历十一年（1583年），被大明任命为建州左卫都指挥使；万历十七年（1589年），受封为都督佥事、龙虎将军。严格来讲，努尔哈赤创立后金，属于地方军阀割地叛乱，一开始就不存在正统性。

对于自己得国不正的言论，大清统治者自然会激烈驳斥、残酷镇压。明亡之后，大儒吕留良伤心国变，拒不出仕。吕留良一生致力于反清复明，可惜未能如愿。其弟子曾静深受影响，异想天开地给岳飞的

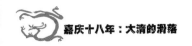

后代——陕甘总督岳钟琪写信，劝他起兵反清复明。岳钟琪哪里会那么天真，反手就把曾静交给了雍正。雍正审理"曾静案"后，觉得杀曾静容易，堵天下人的悠悠之口难，对其反清复明思想的源头——吕留良更是痛恨不已。此时，吕留良已经死去四十多年了，雍正仍然下令将其开棺戮尸。吕留良的子孙及门人，或遭戮尸，或遭斩首，或流徙为奴，罹难酷烈。直至1909年清廷颁布新律，禁止蓄奴，吕氏子孙才摆脱为奴为婢的命运。收拾完吕留良一脉，雍正又特地写了《大义觉迷录》，留曾静一条命，让他作为"反面教材"，忏悔讲解。

在《大义觉迷录》中，雍正解释道：明朝亡国，并不是亡在我大清手里，而是亡在流寇李自成手里，是大明山海关总兵吴三桂请我们来给崇祯皇帝报仇的。大清干掉了李自成，为崇祯皇帝报了仇，是有大恩于明朝的。只是崇祯上吊后，明朝后继无人，我们这才无可奈何地坐了天下。所以大清的建立正是天命民心之所归，乃道义之当！自古，天下没有比我大清更名正言顺的王朝了！

雍正的话貌似无懈可击，实际上有很大缺陷。清军入关后，前后诱骗并屠杀了超过一万名明朝宗室。崇祯的太子朱慈烺在北京被抓，被多尔衮以冒充皇室的名义杀掉；崇祯第四子朱慈炤隐姓埋名，一直藏到七十五岁，暴露身份后，仍然被康熙下令凌迟处死，丝毫不顾念他年事已高，朱慈炤的子孙也一同被害。雍正的"明朝后继无人，大清才不得已顺天应民，坐了天下"的说法，不攻自破。更何况清军入关后，杀戮甚惨，以至于流寇头子张献忠的义子李定国都看不下去了，宣布归顺南明永历朝廷，对抗清廷。

曾静身陷囹圄后，小命捏在大清统治者手里，哪里还敢再反驳。虽然雍正发誓不杀曾静，并下令爱新觉罗的子孙后代都不得违背此誓言，但是雍正死后，乾隆刚一登基，就把曾静给剐了。清朝皇帝对自己的执政合法性极为敏感，以至于清代文字狱之惨烈，蔚为空前。

历朝历代，其实很少有统治者对执政合法性有如此深的执念。秦失其鹿，天下共逐之。刘邦、项羽楚汉相争，谁赢天下就是谁的，执政合法性是什么玩意儿？管它的！后来刘邦的后代汉献帝刘协把皇位"禅位"给了曹丕（曹魏开国皇帝），曹丕的后代魏元帝曹奂"禅位"给了司马炎（西晋开国皇帝），司马炎的后代晋恭帝司马德文"禅位"给了刘裕（刘宋开国皇帝），刘裕的后代宋顺帝刘准"禅位"给了萧道成（南齐开国皇帝），萧道成的后代齐和帝萧宝融"禅位"给了萧衍（南梁开国皇帝），萧衍的后代梁敬帝萧方智"禅位"给了陈霸先（南陈开国皇帝），直至南陈被隋朝开国皇帝杨坚所灭。而杨坚的皇位源自北周静帝的"禅位"，杨坚的后代杨侑（隋恭帝，隋炀帝杨广之孙）"禅位"给了李渊（唐朝开国皇帝），李渊的后代唐哀帝李柷"禅位"给了朱温（后梁开国皇帝）。不管真的假的，反正通过"禅位"得来的，名义上就是合法的。

五代十国时期，政权更迭频繁，短短五十年，换了五个朝代，前后共有十五个皇帝（后梁朱温、后唐李存勖、后晋石敬瑭、后汉刘知远、后周郭威、吴杨行密、南唐李昪、吴越钱镠、南楚马殷、前蜀王建、后蜀孟知祥、南汉刘䶮、荆南高季兴、闽王审知、北汉刘旻），所以才有"朱李石刘郭，梁唐晋汉周，都来十五帝，播乱五十秋"的诗句。既然是你方唱罢我登场，就更没有人看重"正统性"这个东西了，也就是后梁的朱温、徐齐的徐知诰（也就是南唐李昪）做做样子，搞搞"禅位"，其余人都懒得玩虚的，谁有实力谁称帝，拳头大就是硬道理。直到后周大将赵匡胤"接受禅位"，才给五代十国这套虚礼收了个尾。南宋小皇帝赵昺被陆秀夫背着投海殉国，忽必烈作为游牧民族的大汗，更是崇尚武力，头脑里压根没有"禅位"这个概念。

元朝的天下是真刀真枪打出来的，不服就出来比划比划——后来真有不服的，元末群雄并起，最后夺得天下的是朱元璋。朱元璋在登基诏书里大大方方地承认"朕本淮右庶民"，不用你们禅让。大宋的国祚早已结束，而我是从蒙古人手里夺来了天下——我要把江山让给赵宋的后人？我有病啊？！

瞅见没？朱元璋是个实在人，实在有实在的好处，不会在政权的正统性上纠结。虽然朱元璋个人极度敏感，对无意间刺痛自己旧时不光彩经历的人心狠手辣，但那只是针对个人经历，而对于大明王朝的正统性，老朱没多想，天下也无人质疑。

时间来到明末清初，此时明亡是必然的。明末的社会矛盾已经不可调和，没有李自成，也会有张自成、王自成。但是满人入关有很大的偶然性。明亡于流寇不假，但是雍正所说的"为崇祯报仇，报完仇发现崇祯无后，不得已才坐了天下"纯属扯淡。崇祯的几个儿子都死于清朝统治者之手，谎言压根就编不圆。如果清朝像元朝一样，坦坦荡荡地承认江山就是自己开疆拓土、武力所得，那也没什么，偏偏"又欲又立"，天下要坐，圣人要当，而且一遍遍地申明是因中原无主才勉强坐的。按照这个逻辑，如果崇祯的儿子此时站出来，那清军是要退军并把皇位还给人家的，所以无论太子朱慈烺是真是假，都必须是"冒名顶替之徒"，不死也得死。

一个人被说到自卑处，往往会爆发极端情绪。"正统性"是清朝统治者的敏感点，谁说谁死。清朝那规模和打压力度皆空前的文字狱，正是其政权自卑心的体现。而凡是能证明自身正统性的"证据"，清朝必然是大肆推广且极力维护。比如全民剃发易服；让孔家世袭衍圣公；去十三陵拜祭朱元璋；对藩属国给予贡赐。至于江阴、嘉定等不听话的地方，清军的政策也很清晰，就是一个字——杀！把敢质疑、不听话的人全杀了，那剩下的人就都是顺民了。

番邦来朝贡，就是承认大清是天下的正统政权。既然承认，那三跪九叩是绝对免不了的。大清的藩属国虽然不多，但个个都必须按规矩办事。我大清是很敏感的，你不跪拜，就是不承认我，那就别来朝贡了。来朝贡的，我大清一律是好吃好喝招待着，宁可多花钱，也要养着这个承认自己正统性的藩属国。有了足够的正统性，才能坐稳江山。

世俗理性

清初，政权不稳，大清统治者这么敏感，也还好理解，但阿美士德访华时，大清已立国一百七十多年，许多满人连满语都不会说了，这根基已经够稳定了吧，为何嘉庆还是这么敏感呢？

这里要扯一个名词——世俗理性，简单地理解就是"基于现实社会的实用主义"。

大清各种奇葩问题的根源，就在于缺乏世俗理性。同样是古代王朝，唐代可以开放包容各族，吸引无数外国人来长安定居；宋代可以开辟新航线，海上丝绸之路一路通到红海和非洲东海岸；明代可以大方地承认自己的火器落后，对弗朗机火炮十分好奇，千方百计地弄过来研究，这些都是世俗理性。做生意可以挣钱，那就做生意；开辟新航线可以打开新市场，那就开辟新航线；火器落后，那就引进先进火器。一切从基于现实的实用主义出发，不管黑猫白猫，抓到老鼠就是好猫。

而大清不同，因为大清自诩的正统性存在极大缺陷，所以任何事物都要先上纲上线，绝不能影响大清的正统性，这就必然会抛弃世俗理性。

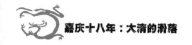
康熙朝的戴梓，发明了能二十八枚子弹连发的二十八连珠火铳，这可以算是现代机关枪的前身了，比欧洲人发明机关枪早两百多年，威力和先进性超过当时世界强国的同类火器，而康熙想到的不是这东西可以提升军队的战斗力，而是不能被汉人掌握了来打满人；马戛尔尼请求发展贸易，乾隆想到的不是能不能提高国民收入，而是不能让汉人与洋人勾结，排挤满人；《天工开物》这种纯技术类书籍传播时，大清不会因为它能提高生产力而推广，反而将其列为禁书，以免开启民智；《海国图志》这种记载了当时各主要国家位置和风土人情、详细介绍了各强国已掌握的先进科技的书，会动摇民众心中"大清乃天朝上国、天下共主，无所不有"的传统观念，也要迅速查禁。后来，这本中国人写的书传入日本，迅速开启了日本的近代化，在甲午战争中击败了大清。

为了维护自己那迂腐可笑的"正统性"，大清可以禁掉一切外来的先进科技，切断一切可疑的思想苗头。不符合自己正统性的东西、可以证明自己说法存在缺陷的东西，直接毁掉，统统毁掉！没有了证据，就不能证明他们的说法有缺陷了。然后，那存在缺陷的正统性，就成了"天命所归"。

所以马戛尔尼也好，戈洛夫金也好，阿美士德也好，这些外国使臣来中国朝贡，首先要承认大清的正统性，而承认其正统性的一个具体表现，就是和大清子民一样，向大清皇帝行三跪九叩之礼。在西方看来，跪拜与否，是一个礼节性问题；而在大清看来，这是一个涉及自身执政合法性的原则性问题，所以宁可不见，绝不允许外国人不跪。大清百姓都跪，你们凭什么不跪？你让大清百姓怎么想？对大清来说，宁可任何小事都上纲上线，也绝不能让任何质疑其统治正统性的思想抬头。这样一个抱残守缺的王朝，极度缺乏世俗理性。而缺乏世俗理性，正是大清一切奇葩行为的根源。

世界给了大清一次次机会，而大清却又一次次错过。然而历史和世界的潮流是不可阻挡的，你不开眼看世界，自然会有人打得你睁眼。阿美士德离开仅二十余年后，鸦片战争就爆发了。若是乾隆、嘉庆时期的大清尚存一丝世俗理性，与世界接轨，与时俱进，务实求是，又何至于在鸦片战争中一败涂地呢？

第十一章

消失的行印

中国是一个印鉴文化十分发达的国家。印章的起源一说商代，一说夏代，至今没有定论。反正可以肯定的是，至少在春秋战国时期，印章就已经在中国广泛使用了。正经公文，只签个名是没用的，必须盖上印章，这公文才算正式生效。

秦始皇统一天下后，下令用和氏璧雕刻成传国玉玺，作为皇帝的凭证。这个传国玉玺一直是中国皇帝的信物，虽然历经战乱，还是一路传承了下来。直到北宋末年"靖康之变"被金人掳走，至今下落不明，明清两代都是自己另行再刻的国玺。

秦始皇之前，所有的印章都可以叫作"玺"。秦始皇称帝后，制定了一堆皇帝专用的名词。大家熟知的"朕"这个字，就是在秦始皇二十六年时从普通的自称升级为皇帝专属自称。"玺"这个字，也被秦始皇征用了，非皇帝不得用玺；其余的印章，就只能叫"印"了。

万两赎官印

玉玺成了皇权的一个象征，做皇帝的，没有玉玺就显得名不正、言不顺。所以乾隆传位给嘉庆时，舍不得放权，临了还把玉玺揣怀里给顺走了，害得七十六岁高龄的刘墉追到养心殿，对着老主子连哄带劝，才说服乾隆把玉玺传给嘉庆。

朝廷公文必须用印才算生效，所以各级官员都配发有相应的官印，发个文书、写个通缉令什么的，都要盖上官印。可以说，官印就是官员的吃饭家伙。地方官上任时，老婆孩子可以不带，官印是必须带在身上的。丢了官印，非但官做不成，脑袋都可能搬家。因此，历朝历代的官员均对自己的官印视若生命，生怕出一点岔子。

清代徐珂的《清稗类钞》中，就记载了这样一则故事。乾隆年间，有个小官叫李炳，在海南崖州府做府尹。有一次，李炳去琼州拜会曾经的上司，路过海口时，闲着无聊，喊了个女子作陪，兴致挺高，就留那女子过了夜。那女子见李炳带了个盒子，以为盒中有财物，便半夜悄悄起床给顺走了。女子回家后，与丈夫打开一看，原来是官印。这玩意儿搁在手里就像烫手的山芋，卖又卖不出去，还也不敢还回去。无奈之下，二人来到一个军营的演武厅，悄悄地给扔了进去，然后二人就跑路了。

李炳拜会上司回去后，遇到案子，需要在审判书上盖章，不料打开盒子一看，官印没了。这下把李炳吓得三魂与七魄齐飞——丢了大印，可是要掉脑袋的！李炳思来想去，也就路上那个女子有可能偷了官印，于是派人去找，谁料那女子早就不见踪影了。这下，李炳也没办法，只好称病休假，暗中派人寻找。

当地有个姓高的长官，视察士兵出操，自己在演武厅随便找了个地方撒尿，恰巧捡到了那女人扔的官印，一看是李炳的，立刻就明白李炳为啥生病了。于是，高长官找了个借口，派人请李炳来赴宴。李炳丢了官印，上吊的心都有了，哪有心思去吃饭，便随便找了个借口把来人打发走了。高长官又对派遣出去的人说："你告诉李府尹，他的病是心病，我可以治，不用吃药。"颇有诸葛亮给周瑜治病之风范。李炳见来人话里有话，只好勉强赴宴。

李炳来了，高长官先是取笑道："你脸色正常，为何说抱恙呢？"

李炳心神不定地说："一点小病，偶然发作。有违钧旨，死罪死罪。"

高长官笑道："到了这个地步，你还骗我呢！然而你的病我早已知晓，是为了囊中之物吧？怎么不说实话？说不定我能帮你呢！"

李炳一听就明白了，官印在高长官手里，赶紧回家凑了一千两银子给高长官送来。高长官却不要，打哈哈说，都是朋友，收钱多不厚道。李炳心下明白，这是嫌弃银子少了，于是又加了三千两银子，高长官还是不要。李炳再加，高长官依旧不要。那就再加，反反复复，一直加到了一万两银子，高长官这才收下银子，把官印还给了李炳。

清代官员俸禄不高，平时陈规陋矩该收多少也有定数。刮地皮可以，不能竭泽而渔，不然老百姓都饿死了，也难收场。这一下子多了一万两银子的额外支出，把李炳给掏空了，李炳只得加倍地贪污回来，闹得地方上天怒人怨，最后事发被弹劾。李炳这种小官，比不得李侍尧、和珅那种朝中有人的高官，仕途就到此为止了。

一个偏远地方的府尹，相当于现在一个十八线小地级市的市长，丢了官印尚且如此折腾，宁可奉上一万两银子，也得取回官印，可见官印对于官员来说，是一件多么重要的东西。当官的丢了官印，那是相当严重的事。

兵部行印不见了

经历过陈德行刺、天理教围攻紫禁城、外交丢人等一系列事件后，嘉庆几乎每天都会苦口婆心地对各级官员谆谆教导，翻来覆去也只是那几句话：爱卿啊，你们可长点儿心吧！就算做一天和尚撞一天钟，撞钟时也认真点、负责点！好歹对得起朝廷发给你的这份俸禄行不？

　　无论嘉庆专门写多少篇《因循疲玩论》之类的教导文章下发下去，都没谁真当回事。风头过去，就扔茅房里擦屁股用了。没有有效的监督机制与制约机制，只靠谆谆教导就想扭转官场风气，嘉庆未免也太天真了。

　　嘉庆二十五年（1820年）三月初八，嘉庆启程进谒东陵。此行主要是为了拜祭一下大清的康雍乾三位先皇。皇帝出行，仪仗自然是极为隆重的。此次东陵祭祖，嘉庆预计来去花费一个多月，下令内阁各部筹备行动，并且强调带上各部的行印，以方便路上办公。

　　清代官印实行双印制，即"堂印"加"行印"。顾名思义，"堂印"就是保存在衙门不动的印，而"行印"就是官员外出时携带、使用的印。为了区分，行印在官称之前加刻"行在"。行印源于多尔衮摄政时期，顺治六年（1649年），摄政王多尔衮谕礼部：我带兵在外，政令需要多个衙门下达，官印不便携带，各衙门各另铸一颗加一行字，著礼部作速造办，各该衙门携用。此后，双印制在朝廷各部推广，并延伸到地方衙门和军队。皇帝的行印叫作"行宝"，平时保存于寝宫。皇帝出巡，行宝由内阁学士捧宝随行。各衙门行印平时放在库房，外出时由衙门负责管印的官员贴身携带。

　　带印这种小事儿自然不用皇帝躬亲，下达完指令后，嘉庆就带人先出发了。第二天，当皇帝仪仗浩浩荡荡地来到汤山行宫（位于今河北省承德市头沟镇）时，突然收到管理兵部事务的大学士明亮与兵部尚书普恭、戴联奎等人的紧急上奏：内阁按例安排人员开始前往各部领取行印，笔帖式到兵部领印时，发现印箱中的所有印匣都在，唯独行印印匣不见了。兵部发动部门内的所有人翻找，不久后库丁康泳宁在一房间角落的旧案堆上发现了空的印匣，行印却不翼而飞。就此确认——兵部的行印不见了。

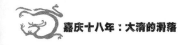

嘉庆览奏后不免有点迷糊。

兵部行印不见了？

再三翻看之后，嘉庆确认了这个奇葩信息。

自己没有看错，兵部的行印真的不见了。

要知道，这可是朝廷的兵部，大清武装力量的核心所在，不是什么九品芝麻官的县衙。在戒备森严的兵部衙门里，行印居然不见了？而且连具体什么时候丢的都不知道！

此时已六十岁的嘉庆皇帝气得两眼发黑，这可不是闹着玩的，万一哪个狂人拿着大印出去调兵造反，自己这皇位还能不能坐稳，他根本不敢想。深吸一口气后，嘉庆赶紧下旨：尔等这帮废物，还愣着干吗，赶紧去找啊！

旨意中，嘉庆命令留京的庄亲王绵课带头，吏部尚书英和、内阁大学士曹振镛等人会同刑部所有堂官，立刻锁拿兵部的书役、库管等人，一旦查出丢失行印的时间端倪，立即查办当时当班的满汉司员，全部革职羁押，严加审讯，然后迅速具奏回来。

安排完办案人员，还得处理相关人员。兵部的行印丢了，兵部的堂官自然要担责任。嘉庆一口气处理了兵部六位堂官，几乎把兵部高层给一锅端了。其中，分管督导兵部的内阁大学士明亮，念其八十五岁高龄且只是挂名，撤职降五级；兵部尚书戴联奎，摘去顶戴，降级调离；左侍郎常福，摘去顶戴，降级调离；右侍郎常英，摘去顶戴，降级调离；右侍郎曹师曾，摘去顶戴，降级调离；兵部尚书松筠，予以申斥。

下完旨意后，嘉庆也没心情再走了，刚好离明十三陵不远，便去了明成祖朱棣、明宣宗朱瞻基、明孝宗朱祐樘三位明代比较有作为的皇帝陵前奠酒，散散心。平复了一下心情后，嘉庆传旨，给大清贴贴金，自我安慰一下：我朝德胜天地，优待胜国。连前明的帝陵都保护修缮得十分规整，真是万古未有的仁厚之朝。以后我的子孙也要常来祭酒，以体现我大清恩礼前朝的仁德。

东打听，西审问

绵课等人接到嘉庆的旨意后，也吓了一大跳。大清兵部的行印居然凭空消失了，这也真是千古奇闻。绵课作为亲王，当仁不让地成为"兵部行印失窃案专案组"的负责人。专案组经过一番讨论，决定从最后一次归还印鉴时当班的主事何炳彝、笔帖式庆禄着手，先提审这两人。

兵部大印这种东西，是放在专门的印盒里的。每次取出和归还，按规定都要检查一下。尤其是归还时，必须检查无误才能入库。而最后一次检查的就是何炳彝、庆禄二人。面对专案组的审问，何炳彝、庆禄二人指天发誓说，上次行印归还时，我们是亲自开箱检查过的，检查无误，才敢入库存放。

何炳彝说："当时庆禄拿出大印，用手指弹试，大印铮铮有声，我还跟他开玩笑说，大印又不是石头做的，弹它干吗！"

庆禄连连点头说："没错没错，如果入库时印匣中没有大印，我愿意用脑袋抵上！"

二人说得活灵活现，把主审官听得一愣一愣的。既然这样，那就是有个神偷悄无声息地潜入了兵部，不着痕迹地开了兵部衙门的各级门锁，偷了行印，然后消失得无影无踪，连个脚印都没留下。

据嘉庆年间的北京地图来看，兵部衙门位于已经拆除了的大清门走廊东侧，几个衙门挨在一起。兵部的西边是宗人府，东边是銮驾库，南边是工部，北边就是紫禁城。这种地方，也就是盗帅楚留香这

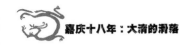

个级别的牛人才能神不知鬼不觉地溜进去盗走大印。但是何炳彝、庆禄二人赌咒发誓说，入库时确实是完好无损的。那就奇怪了，难道大清朝还真有楚香帅这等人才？

不管怎么说，既然大印入库时是完好的，那就只能是入库后有人潜入库房盗窃。于是，专案组将库房和衙门内大小兵役及各级官员数十人全部缉拿，挨个讯问。其中，兵部的老书吏鲍干由于是行政事务的头头，又是诸多事务的经手人，所以被当作了重点突破对象。鲍干被专案组审问了许久，依旧坚称自己的一切工作是严格按照程序来的，没有任何疏漏。这不废话吗，谁会承认自己的工作有疏漏呢？反正毫无证据，鬼知道大印什么时候凭空飞了，把自己摘干净才是正事儿。

专案组审讯了一大圈，把嫌疑人锁定在找到空盒的库丁康泳宁身上——这哥们真该好好研究研究"花剌子模信使问题"，跟吉伦这种老油条学学。康泳宁比窦娥还冤，自己找到了空盒子，反而成了最大的嫌疑人。最终，专案组决定给康泳宁上大刑。刑讯逼供从来都是冤案的催化剂，但是丢大印的案子不是刑讯逼供就能问出来的。他就算熬刑不过，屈打成招，总得找到大印才行。康泳宁本来就是冤枉的，就算把他打死，也问不出大印的下落。这可难办了！不过康泳宁恍惚间供出，有一对何氏父子可能想陷害他。

不管怎么说，这也是个突破口，说不定是何氏父子为了陷害康泳宁，把大印给偷走藏起来了。何氏父子是在衙门之间跑腿的杂役，多年前曾经和康泳宁争夺库丁的编制未果，因此记恨在心。按说这事儿应该难以上升到盗窃兵部行印来陷害对方的地步，更何况区区跑腿杂役，哪有本事从戒备森严的兵部偷走大印。但是专案组的侦破工作毫无进展，任何微小的希望都不敢放过，当即就把何氏父子押过来拷问。但何氏父子在严刑拷问之下，也只供出一些鸡毛蒜皮的琐事，与本案毫无关系，案件审理又陷入了僵局。

无奈之下，专案组发出告示，让大家踊跃举报，任何细小的异常都不要放过。告示发出后不久，还真接到了一个令人哭笑不得的举报：经常出入库房的差役任安太被人举报和民妇孙氏有奸情，此人平时花钱挺大方，跟他做差役的收入十分不匹配，莫不是偷了官印变卖得来的银子？

专案组赶紧将任安太和孙氏二人拿过来，接着自然是一番严刑拷打。这二人连连喊冤，虽然承认有奸情，但是绝不敢偷兵部大印。至于任安太的消费水平与收入不匹配，经常出入库房的，谁还不顺手牵羊，捞点东西？兵部还算好的，户部银库那边的库丁，常年坚持锻炼"菊花"的容纳能力，每次进库房，都能塞到"菊花"里几锭银子带出来。别小看"菊花"里的这点银子，日积月累下来，也不是一笔小钱。从乾隆时期开始，大清国库真正有多少现银就是一笔糊涂账。后来有个管理银库的库丁张诚保在偷库银时被抓，警醒了一向扣扣索索的道光皇帝，这才命人彻查户部银库，结果发现理论上该有一千二百一十八万两的银库，实际只有二百九十三万两。也就是说，有九百多万两白银凭空不见了，据说其中绝大部分是被库丁塞进"菊花"里顺走的。当然了，这笔钱库丁自己也不敢全吞了，还要上下打点一番，剩下的才能进入自己的腰包。相比之下，任安太在兵部顺的那点儿东西，真是小巫见大巫，根本上不了台面。

庄亲王绵课通过察言观色，觉得这二人见识极低，偷个情、顺个小物件还行，偷兵部大印这种事儿，是断然没有胆量干出来的。从这二人身上也挖不到线索，案情再度陷入僵局。

思虑再三，专案组决定返回原点，继续审问书吏鲍干。此人作

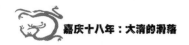
为兵部的老油条，必然隐瞒了不少事情。一番逼问之下，鲍干又供出一件奇事。兵部有位前任书办，叫周恩绥，多次拜托自己加盖大印，伪造一份公文，替一个官员改小年龄，但是自己坚持原则，始终不同意。之后在今年二月，另一位书办许尧奎设局诈赌，害自己输掉了五十两银子，许尧奎以折抵一半为条件，再次让自己把周恩绥这事儿给办了，但自己始终未同意。也就是说，很有可能是周恩绥、许尧奎二人见鲍干坚持原则，干脆自己把大印偷走，拿去盖章了。

这貌似是一条靠谱的线索，专案组赶紧把相关人员缉拿讯问。鲍干的供述其实透露了不少信息。要改小年龄的那个人叫郭定元，是江西绿营军的一个小军官。当年清政府提拔军官，也是看年龄的。您老要是年龄太大，精力跟不上，难以上阵杀敌，那就对不住了，还是回家颐养天年吧。这位郭大人年龄偏大，眼看升迁无望，不升一级的话，捞钱的机会固然少很多，退休金也会低一档。于是郭定元心一横，委托当地一个叫沈文元的书吏修改了自己档案上的年龄。当年虽然没有大数据技术，但还是有原始档案的。修改后的公文到两江总督衙门时，被两江总督衙门的人识破。衙门官员要调取兵部的原始档案核对，这下把郭定元急得直跳脚。改年龄这事儿可大可小，万一被有心人扣上个"欺君"的大帽子，那可是吃不了兜着走。于是，郭定元赶紧托关系找到周恩绥，周恩绥满口打包票说，这事儿容易。兵部老书吏鲍干平时接触大印最多，找鲍干用大印伪造一份档案，把原始档案给抽换掉就行了。

于是周恩绥找到鲍干，想让他行个方便，被鲍干一口回绝。周恩绥眼看这事儿办不成，郭定元的酬谢就拿不到了，郁闷之下，找老朋友许尧奎商量。许尧奎说："你傻啊，直接找他办事不成，那就让他先欠咱们个人情再说。"

当时大清各级衙门聚赌已经蔚然成风，尤其是兵部的官署，上班时是大清兵部衙门，下班后就是大清兵部赌坊，官方认证，童叟无欺。许尧奎决定由赌入手，老赌棍们爹娘老婆都可以不要，赌债是万万不能拖的，不然下次谁还让你下场参赌呢？许尧奎是个老手，通过各种手段，赢了鲍干五十两银子。别小看这五十两银子，清代书吏正经的年收入也就六两左右。鲍干一下子输进去八年多的收入，算是豪赌了。即便如此，鲍干也没松口，倒不是鲍干多坚持原则，而是他心里另外有鬼。再说了，那可是兵部，大清武装力量的核心，今天你能偷大印做个假档案，谁知道明天你会不会偷大印调兵谋反呢？风险与收益不成正比，所以鲍干死活不答应。

专案组根据线索，将郭定元、许尧奎、周恩绶等相关人员全部缉拿拷问。不料这几人连连喊冤，兵部是何等地方，自己这几头烂蒜，哪有本事溜进去盗取大印。再说，修改档案需要的是堂印，丢了的是行印，这不是一回事呀！绵课问来问去，从他们身上也问不出什么有价值的东西，只好交给刑部另案处理了。

名侦探嘉庆再次登场

此时，距离东窗事发已经过去一个月了，嘉庆早已回宫。眼看整整一个月，案情毫无进展，皇帝也急眼了。四月初九这天，嘉庆下令，革绵课和刑部里其他几位专案组人员半年的俸禄，继续严查。随后，嘉庆交代绵课、英和、曹振镛，自初十日开始，必须每天去刑部过问案件，早去晚归，不得懈怠。就这么到了四月十七这日，案件审理依旧毫无进展。

心理压力山大的绵课实在坚持不下去了，上书皇帝说自己无能，望万岁另派他人主理此案。嘉庆接到绵课的上书，心里隐忍着怒火，

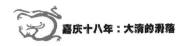

反复看了前面的奏报，忽然想到另一个可能，于是当即下谕旨提点这些笨蛋：

> 本年三月初七日兵部查知行印被窃，初八日在汤山具奏实属奇事，必应立时严讯，当即降旨交绵课等会同刑部堂官审讯。乃绵课等因循怠玩，疲懒成性，迟至数日，始将兵部吏役传齐到案。此数日内该部司员以及吏役人等，业经串就供词，众口如一，而承审堂官又不及时认真推鞫，即如鲍干，于初七日取行印时乍知遗失，并无张慌情状，却能以车驾司行印搪抵，并将同进库之任安太指为纪三。此等情节于到案时应究出，何以延至月余始讯出此供？况既得此供，仍不加紧严讯，转称鲍干身体虚弱，未便刑求，借词展缓。本日绵课等奏请议处，冀图另派他人审案，脱然事外。此等伎俩岂能逃朕洞鉴乎？绵课、英和、和宁、韩野俱着先拔去花翎。曹振镛、和宁、韩封俱降为二品顶带，侍郎王鼎、海龄降为三品顶带，所有派审司员等，俱着摘去顶带。命绵课等三人每日赴刑部衙门，会同堂官司员，对各犯证昼夜熬讯。自降旨之日起，绵课等及刑部堂官，俱不准来园奏事。五月初五日以前，绵课、英和、和宁等所管其他一切事务暂另委员代管。

这段话的大意是：事发当时就应该立刻严加讯问。当时朕就让绵课和刑部多名堂官一起负责审讯。但是绵课等人因循怠玩，疲懒成性，过了好几日才把兵部的相关吏役传齐到案。这几天时间，足以让这些人串通好供词，而审问的堂官又不认真推理。比如鲍干此人，初七他取行印时，称自己刚刚知道行印遗失，但他并没有表现得特别惊慌失措，随手就用车架司的行印来搪抵。而且将当天同进库房的任安太指为纪三（与鲍干同进库房的不是纪三这个人，而是任安太这个人），这事十分可疑，当天就该深入调查，何至于拖一个多月。既然得到了这个重要线索，还不抓紧时间严刑讯问，反而说鲍干身体虚弱，不方便上刑。绵课还想撂挑子，想让朕另派他人来审案，好把自己摘干净，这点小伎俩岂能瞒得过朕？办案的绵课、英和、和宁、韩對等人先摘去花翎，曹振镛、和宁、韩對降为二品顶戴，侍郎王鼎、海龄降为三品顶戴。所有派审的官员，全部摘去顶带。命绵课等三人去刑部衙门会同堂审官员，对可疑人员日夜熬讯，问不出结果不算完。

从皇帝处告退的绵课，擦擦冷汗，开始爆发自己的洪荒之力，誓要找回兵部行印，连兵部周边的民房都翻了个底朝天，稍有关联的人都拿来审问，但是仍然一无所获，反倒是查出不少奇葩之事。兵部赌坊自不必说，那已是兵部的招牌。兵部当月的司员，夜间并不留在兵部值夜班。就算偶尔安排一两个人在衙门里过夜，人家也是一早就回家了。那万一半夜有紧急军情需用印怎么办呢？这也好办，本来应该由值班人员拿着的钥匙和堂印，白天就由该班的书吏莫即戈掌管，夜班就由当月值夜班的书吏收存，要作弊实在是太容易了。又查出兵部库房后墙上有个新填回去的门形——兵部库房的后墙居然随便开了个门，也真是奇事。后来查出是之前的吏役黄勇兴在去年九月十一娶儿媳妇时，为了撑门面，擅自凿了个门，让娶亲的花轿穿兵部官署而过。这个直通库房的门就一直留着，直到今年三月初七"兵部大印失窃案"案发时才给堵上。而黄勇兴在四月初一时病死了——死得也真巧。

这一系列奇闻异事上奏给皇帝后，嘉庆顿感五内俱焚、七窍生烟，当即下旨：就这两件事，足见兵部衙门废弛到了什么地步了！从去年九月初三到今年三月初七这段时间内，兵部当月司员，该收管钥匙而没收管的、懈怠疲玩的，一律永不升职！嘉庆还顺便把前兵部尚书松筠，以及才上任半年的兵部尚书和世泰全部革职下放。

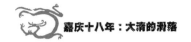

私下里，嘉庆对绵课说："朕已经给你指了路，你别再像没头苍蝇一样乱撞了。问题的核心还在那个书吏鲍干身上，鲍干在间接关联上和审查期间的态度上都有问题。"

瞧瞧，名侦探嘉庆再次登场。

真相大白，悬而未破

绵课接到指示后，把案件的突破重点再次放在了鲍干身上。经过日夜熬讯，在反复审问之下，鲍干的供述出现许多前言不搭后语之处。在巨大的心理压力之下，鲍干终于吐出了实情。其实行印早在去年八月二十八日秋围之时，在巴克什营（今河北省承德市滦平县巴克什营镇）就丢了。至于丢在哪里，那就真的只有天知道了。

时间拨回到去年的八月二十八日深夜，当时负责看管行印的差役他尔图想出去耍一耍，就将行印拜托给另一位书吏俞辉庭照看（估计是担心自己赌得兴起，把大印给押上）。俞辉庭在帐中把印包挂于支柱上，不知不觉间沉沉地睡了过去。等他醒来时，发现印包不翼而飞了，吓出了一身冷汗。情急之下，他想起还有一备用的印匣。经过多次的秤重估算，俞辉庭发现一千五百文钱放在备用印匣里重量最接近。于是，他不声不响地在备用印匣里放入一千五百文钱并锁上，企图瞒天过海。他尔图回来后，俞辉庭将印匣还给了他尔图。他尔图玩了一夜，正迷糊呢，也没打开检查，就这么稀里糊涂地收下了。

虽然过了眼前这一关，但俞辉庭心中始终忐忑不安，毕竟回京后印匣要归还入库，相关负责人要开箱检查无误才能交割。这一开销，不就露馅了吗！俞辉庭思来想去，觉得自己一个人搞不定这事儿，决定拉更多人入伙。经过筛选，俞辉庭找上了老书吏鲍干。此人在兵部当差多年，已经混成了老油条。在衙门里有一定的影响力。经过俞辉庭一番花言巧语，以及五十两银子的酬谢，鲍干决定接下此事。

此时，大清官场中的官员个个因循怠玩，即使是各政务的负责人，对自己衙门内部的业务也是相当生疏，交割入库这种小事基本上无人过问，而且衙门之间常有调动，主官上任后两眼一抹黑，只能先依赖部门中的老人执掌业务。时间长了，那些品级低但经验丰富的书吏群体就成了衙门里的实际掌权者。鲍干深知负责收印的官员懒惰，再加上自己从旁随便三两句话干扰一下，就能达到让库房不开箱查验便入库的目的。而秋围结束后，行印就没有用处了，起码半年不会再打开，这事儿就算糊弄过去了。回京后，当月在兵部仓库当值的就是何炳彝、庆禄二人。在鲍干的糊弄下，两人接过印匣，看也没看就入了库。但隔年皇帝进谒或者秋狝，迟早要再次启用，于是数月后，何炳彝、庆禄二人伙同卫兵管帼林潜入库房，制造了行印被盗失窃的假象。就这样，此次嘉庆进谒东陵，最终触发了此案。

虽然事件的来龙去脉得以真相大白，但嘉庆的内心毫无欣慰可言。一方面，大清中枢衙门已经糜烂至此，实在令人触目惊心；另一方面，那个丢了的行印到底是谁偷的、目的是什么、最终下落均已无法查明，所以此案仍是悬而未破的。

强压着心头的怒火，嘉庆于四月二十六日下发谕旨，给出处理意见：

行印遗失，三月初八日兵部于汤山具奏，其时朕即以行印专为随营携带铃用而设，必系上年秋围于途中进失或被盗窃当即传旨将上年随围之兵部书役莫即戈他库尔什等押解回京，交留京五大臣会刑部审讯。绵课时查讯月余，总称行印确于上年九月初三日验明贮库，其遗失系在入库以后。因而忽指为偷窃舞弊，忽指为藏匿陷害，疑窦百

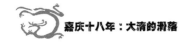
端，供词日变，愈远愈幻，舍正文而旁求，实可谓多才多艺，迄未究出实情。经朕严旨绵课等及派审司员分别降革顶带，伤令昼夜推鞠，始讯明行印确于上年八月二十八日在巴克什营地方遗失。看印之捷报处书吏于失印后，用备加封顶充，并贿嘱兵部堂书鲍干含混接收。当月之司官并未开匣验视入库，后鲍干复装点在库被窃情形以图抵卸。众供吻合，历历如绘。

这段话的大意是：行印遗失这事儿，是三月初八兵部在汤山报过来的。当时朕就觉得，行印是为了随军携带方便而设的，肯定是去年秋围途中遗失或者被盗的，所以传旨将去年随军秋围的兵部书役莫即戈、他库尔什等人押解回京，交给留京的五大臣与刑部一同审讯。结果绵课查了一个多月，一直声称行印在去年九月初三查明贮库，是在入库之后丢失的，搞得一会儿查偷窃舞弊，一会儿说有人藏匿陷害，弄得疑云重重，供词一天一变，离真相越来越远。舍正文而旁求，真是多才多艺，只可惜一直查不出实情。经过朕的严旨催促以及给办案人员降级摘顶，饬令尔等夜以继日地审讯，最终才查明行印确实是于去年八月二十八日在巴克什营地方丢失的。看印的书吏在丢印后，用备用匣偷梁换柱，并贿赂兵部书吏鲍干含混接收。当月的司官没有开盒检查就随便入库，后来鲍干又制造假现场糊弄。查到最后，这帮人的口供才对上，案件的经过如同绘画般展现出来，案情这才水落石出。

随后，嘉庆给出最终判决：兵部司员何炳彝、庆禄二人一开始就说假口供，谎称入库时检查无误，导致审案偏移了方向，拖延了太多时间，着将二人革职流放，何炳彝发配吉林，庆禄发配乌鲁木齐。庆禄当时不是说愿意用脑袋抵押吗，事到如今，还有何言可说？先戴枷号一个月，给他提提神（这要搁乾隆，估计真就砍了庆禄的脑袋，可见嘉庆并不残暴嗜杀，"仁宗"的庙号并非名不副实）！捷报处郎中王福喜、送印的笔贴式全部革职。前兵部尚书松筠前几天已经被革职发配山海关做副都统了，现在把副都统之职也革去，下派到该旗当个佐领。裕恩革去侍郎、前锋营都统之职。去年看印的书吏俞辉庭因贪睡导致大印被窃，后来又蒙混掩盖，也枷号一个月，然后发配伊利为奴。鲍干这厮最可恶，满嘴谎话，枷号两个月，发配黑龙江为奴。审出实情的绵课、英和等人，功过相抵，恢复原职。

处理完一干人犯，嘉庆仍气结于心，在翌日，也就是四月二十七日，再次痛责前兵部尚书松筠：行印在巴克什营遗失，松筠要负主要责任。当时松筠管带行在兵部印钥，行印本来应该收在松筠的帐房里，用印的时候再令司员去帐房请印。而松筠随意地将行印交给司员，司员又随意地将行印交给书吏，最终导致行印遗失。这事儿都过去半年了，松筠居然毫无察觉，昏聩至此，还是因循怠玩的习气导致的。因此，松筠的责任最大，被处罚得最重也是活该。

欺上瞒下的惯性

虽然事已查明，但那丢了的大印是死活找不回来了。究竟是谁偷的、为何而偷，已成千古之谜。嘉庆无奈，只好下令之前的行印作废，再铸一个行印使用。新印和旧印略有区别，以免混淆。"兵部行印失窃案"过去没多久，嘉庆就驾崩了，也不知是不是被这事儿气死的。

后来嘉庆抒怀愤懑时说到：在朕眼皮子底下就有这么多舞弊的幺蛾子。地方官之间，回护规避，肯定是早就成了习惯，牢不可破。遇到盗案就隐匿不报，遇到邪教案就巧为消弭。他们的层层隐瞒，原意是为了避重就轻，结果导致避轻就重，将小事发酵成巨案，降职查办

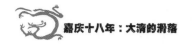

真是便宜这帮孙子了！各级官员把自己的功名看得太重，以至于延误朝政，良心何在啊？！

这一年，嘉庆已是六十岁高龄了，还在幻想官员们能良心发现、勤勉政务，真不知该说他是天真还是糊涂。要做官，首先要丢掉的就是良心。在大清，几乎没有真正的官员，只有皇帝的奴才（满族官僚），以及欲做奴才而不得的奴才（汉族官僚）。做官的目的只有一个，那就是升官发财、荫及子孙。"修身、齐家、治国、平天下"只是一个传说，你算老几啊，也敢治国平天下？！皇上的天下，是你能治的？！

从官吏的角度来说，发现官印丢了，无非两个选择：要么如实上报，要么瞒天过海。在大清官场，有没有可能如实上报呢？还真没有！正如前面说的"花刺子模信使问题"，带来坏消息是要被喂老虎的。欺上瞒下，是大清官场的一贯准则。而皇帝本人，也未必爱听真话，前面的洪亮吉就是最好的例子。

上行下效，兵部书吏俞辉庭丢了行印，如果据实上报，会有什么结果呢？肯定不会像华盛顿砍樱桃树那样，因为你说实话就给你奖励，更何况华盛顿砍樱桃树这事儿本来也是编造的。在大清官场的逻辑中，出了事，就要有人背锅。而兵部的内部管理混乱成这样，就算俞辉庭如实上报，他的上级也会选择压下来。就好像《鹿鼎记》中胖头陀把韦小宝的胡说八道当了真，真以为韦小宝能解读石碑上的蝌蚪文，一帮人连坑带骗地把韦小宝带到了神龙岛，结果发现韦小宝非但不认识蝌蚪文，而且是个连自己名字都不会写的纯文盲。怎么办？如实上报吗？那之前办事不力不就瞒不住了？这个责任谁来担呢？谁都不想担！于是陆高轩干脆自己编了个假碑文，逼韦小宝背熟了去骗洪教主。而洪教主对陆高轩、韦小宝编瞎话一事也是心知肚明，但是这

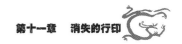

东西正中他的下怀，可以用来忽悠下面的教众，所以也就听之任之。

同样的道理，行印丢了，如实上报的话，肯定要彻查，那么兵部平时那些蝇营狗苟就瞒不住了。丢印的虽然是俞辉庭一个人，但要查办起来，可就不是他一个人的事了，后来嘉庆不就把兵部上到尚书、下到差役给一锅端了。所以出了事，部门内部的第一共识就是先瞒下来。官场之中，有道是"瞒上不瞒下"，天大的事情，只消遮掩得过去，那就不叫事儿！吴三桂与韦小宝交流做官心得时就说："韦兄弟，咱们做官的要诀，是报喜不报忧。"

正是多年积累下来的这种惯性，导致兵部行印丢失大半年才被发现。幸亏那段时间天下承平，倘若忽然起了战事，朝廷要调兵遣将，打开印匣才发现大印居然凭空消失了，岂不耽误大事？只不过对于各级官吏来说，反正吃哑巴亏的是爱新觉罗家，只要不耽误自己捞钱，管他的！风头过去，万事照旧。

第十二章

反腐的悖论

朝廷其实就像一个大公司，账面上有多少钱、每年能收入多少钱，是两项很重要的指标。公司账面的现金流是公司抵抗金融危机的最大底气，国库里的存银也是朝廷应对各种天灾人祸的最大保障。因此历朝历代，哪怕皇帝是傻子，也会对国库的岁入十分看重。皇帝不差饿兵，这是一个基本常识。像镇压白莲教、各地修河堤海塘、赈灾什么的，国库里要是没银子，朝廷就得破产。明朝崇祯年间，水旱灾害频发，财政收入锐减；内有农民军起义，外有后金连年进犯，各种天灾人祸一起上，崇祯又拿不出钱，最后只能上吊。清末因为被迫打开了国门，加上英国人赫德管理海关，激发了关税的潜力，才让大清在内有太平天国、外有割地赔款的困境中撑到了1911年。

在鸦片战争之前，除了杂税奇多的宋朝，历朝历代的朝廷岁入绝大部分是农业税撑起来的。虽然农业经济发展缓慢，生产力低下，实际收不了多少钱，但架不住中国国土广袤、人口众多，全国的农业税加起来，也是一个很可观的数字。

层层压榨重于山

前面说过，清代官员的俸禄很低，一品大员的年俸才一百八十两银子；所谓的七品芝麻官，年俸才四十五两银子。请注意，这是年收入，而且衙役、牢头、账房、师爷等人员的费用朝廷是不管的，得官员自己承担。按照这个收入水平，官员们一家老小都要喝西北风，不贪污，是活不下去的。后来雍正皇帝注意到了这个现象，推广"火耗归公"（火耗是地方官征收钱税时以耗损为由多征收的钱银。雍正二年七月推广全国，将明朝以来的"耗羡"附加税改为法定正税，意在打击地方官吏的随意摊派行为），并按品级给官员们加了一笔养廉银。雍正这样做，潜台词是：你拿了朝廷的钱，就要保持廉洁，别收黑钱了。总督级别的一品大员养廉银有一万六千两银子，远远高于正常的俸禄。在雍正的治理下，大清官场还是难得地清廉了一阵子。

然而人的欲望是无休止的，一开始官员们还看得上养廉银，后来排场大了，就这点儿银子，根本入不了官老爷们的眼。灰色收入的标准越来越高，一层一层地压到了地方。地方官怎么办呢？这钱他肯定不会自己出，无非是向下搜刮民脂民膏。于是各地冒出了花样繁多的苛捐杂税，而且收税时还要百般刁难，不把人的骨髓榨出油来不罢休。

四川眉山县志就记载了这样一则小故事。眉山县户房每次收税，都公开地在砝码外另加一个小铜块，叫作"戥头"。也就是说，理论上你该交一百斤皇粮，但在户房的秤上面，你起码要拿出一百二十斤粮食。在缴纳皇粮正税之外，每户还要出一钱八分。当地的官员和胥吏将多出来的钱粮据为己有，上下串通二十余年而不改。别小看这点儿钱，清代中产之家，尚且"旬月不观一金"。在偏远的四川眉山，这些钱抵得上一家人好几天的生活费。无奈人家是官，现管着当地人，裤腰带把腰勒断了也得交。当地百姓苦不堪言，却毫无办法。当地有位名叫李燧的读书人，对此深恶痛绝，一气之下变卖家产，决定到京城告状。那时交通不便，进京的路费他即使卖光家产也不够，当地一些百姓支持他告状，凑了一些路费给他。谁料更高一级的官员诬陷李燧敛财，革去了他生员的资格，并将其投入监狱。直到十二年

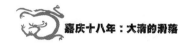

后，省里有新官上任，听说了李燧的事，很同情他，才下令将他释放回家。至于眉山县收税时的那些伎俩，自然是一点儿也没变。

下面衙役收税时搞得这些手段，巡抚总督当真不知道吗？怎么可能！巡抚总督自己收下属多少"孝敬"，心里能没数吗？！下属给自己的"孝敬"从哪儿来的？还不是从百姓身上盘剥来的！李燧要告状，等于断了从上到下一串官员的财路，不收拾你收拾谁？这还只是地方官吏众多敛财手段里最不起眼的一项。压在清代百姓身上的重重大山有多重，可想而知。

国贫民弱官富贵

既然百姓被重重大山压得喘不过气来，那么国库应该极为充裕了吧？没这回事！鸦片战争之前，清政府年财政收入最高也就是白银四千八百五十八万两，国库存银最顶峰是乾隆四十二年的白银八千一百八十二万两。在传统农业社会，这算是不错的，但是传统农业社会抗风险能力极低，嘉庆年间一场白莲教起义，就把国库几近掏空。

再者，年财政收入近四千九百万两银子，可不代表百姓总共只交了近四千九百万两银子。比如清代的漕粮，除了正米，还要加征各种漕项，什么随正耗米、运军行月钱粮、水脚银、轻赍银等，名目繁多，数不胜数。在正附税额之外，还有各种税外费，州县长官会擅自提高附加税的税率，或者加派各种名目的规费。如果折色征收，每石米的税额竟要征银四五两，而按当年的粮价，一石米大约值二两银子。也就是说，粮户交三石米的钱，只够纳完一石米的漕额。在这样的横征暴敛下，每办一漕，州县官能暴敛数十万两白银。所以说，当官比当土匪爽多了。千里做官只为财，绝非虚言。

此外，负责催粮、收粮的胥吏差役也会巧立名目，索取规费，耍尽手段克扣钱粮。敛财名目有加米色钱、免筛钱、开廒钱、倒箩钱、加箩钱等，敛粮手段则有踢斛、淋尖、验样米、私置大升大斗等。粮户稍有不从，即当按抗粮处置，抓入大牢，甚至其亲属、邻居都会被当成人质关起来，不交钱就不放人。这还只是收钱的胥吏，要是有做其他事的胥吏，那就更狠了。嘉庆四年八月底，蓟州一带闹蝗灾，直隶总督胡季堂派官员去遵化南营村捕捉。有个叫张章氏的村妇跪地阻拦："求你们别来抓蝗虫了，托皇上的福，蝗虫不吃庄稼！"张章氏是一个地地道道的农妇，蝗虫吃不吃庄稼，她能不知道吗？只是来捉蝗虫的胥吏一旦进了村，各种费用就摊派下来了，比蝗虫狠得多。所以宁可让蝗虫吃了庄稼，也不能让捉蝗虫的人进村。嘉庆帝对此也颇有感触，评价道："蝗蝻仅食禾稼，胥役累及身家矣。"可见下面都是些什么货色，皇帝也是心知肚明的，因此每每遇到灾害，下发的赈灾旨意中经常会加一句"严禁胥吏借机滋扰百姓"。有没有起作用，不得而知。按常理分析，要是有用的话，嘉庆也不用反复强调这一句了。

累计算下来，各种乱收费是正税的三四倍。这些不在账上的苛捐杂税，并没有缴入朝廷的国库里，而是被官员们层层瓜分了——在官员眼中，这是正当收入。就这样，百姓不堪重负，而朝廷也没增加财政收入，国贫民弱官富贵。

大清账本式玄幻

收到国库里的银钱粮米，也未必就万无一失了。地方因补亏空而盗卖官仓的事时有发生。清初著名的"哭庙案"，就与盗卖官粮脱不了关系。当时吴县县令任维初刚一到任，一面以严刑催交赋税，还打死了一人；一面大肆盗卖官米，中饱私囊。吴中百姓民不聊生，著名文

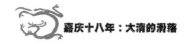
人金圣叹按照明朝旧习，组织乡里的读书人写了"揭帖"，到文庙控告县官，《哭庙文》写道：

> 顺治十八年二月初四，江南生员为吴充任维初，胆大包天，欺世灭祖，公然破千百年来之规矩，置圣朝仁政于不顾，潜赴常平之，伙同部曹吴之行，鼠窝狗盗，偷卖公粮。罪行发指，民情沸腾。读书之人，食国家之廪气，当以四维八德为仪范。不料竟出衣冠禽兽，如任维初之辈，生员愧色，宗师无光，遂往文庙以哭之。

原本只是个地方官盗卖官粮的贪污案，读书人也只是"抗粮哭庙"，结果被任维初的上级，也就是江苏巡抚朱国治扣上一个"聚众闹事及惊扰刚驾崩的顺治帝灵位"的罪名，前去哭庙的文人全部被斩首，无一人幸免。

迫于舆论压力，朝廷下令抓了任维初，但没几天就放了。朱国治不知道任维初盗卖官粮吗？扯淡！任维初孤身上任，不卖官粮，哪儿来的"孝敬"？任维初被抓之时，就供认说："本官粜米与书办无涉，但所经手者止四百石，得银三百二十两，与本官是实。"审问官问："为何私自转卖粮食？"任维初说："犯官到任，止二月，抚台索馈甚急，故不得已而为之耳。"也就是说，朱国治前脚才收了任维初的"孝敬"，后脚就有人来告发任维初盗卖官粮一事，这不就等于把朱国治一起拉下水吗？刚好朝廷严禁民间结社，朱国治借此机会，扣了个大罪名，把这帮文人统统砍了，官位才稳当。

"哭庙案"发生于顺治年间，此时大清刚下江南。也就是说，从大清立国之初，官库亏空就是一件常事。此后历经康雍乾三朝，从账面上来看，大清进入了康乾盛世，但实际上，中央国库和地方官库到底有多少钱粮，那是千古之谜。康熙末期，国库亏空已经到了惊人的地步。虽然雍正即位后，大刀阔斧地进行改革，通过清理国库亏空、火耗归公、摊丁入亩等举措，给国库回了不少血，但在他那好大喜功、爱摆场面的宝贝儿子乾隆的挥霍下，国库的账目再度变得玄幻起来。到嘉庆接手时，天下已是千疮百孔，只不过体量大，一时半会倒不了而已。

领导的刻意安排

国库亏空这事儿，皇帝未必真不知道。但是各方面都在夸赞"我大清正值旷古未有之盛世"，谁敢捅破这层窗户纸呢？

乾隆五十五年（1790年），内阁大学士兼礼部侍郎尹壮图丁忧归来，一路上见闻各地贪污遍地，国库亏空，民不聊生。国事凋零不堪，实在令人痛心。出于忧国忧民之心，尹壮图壮着胆子上书乾隆皇帝："各督抚声名狼藉，吏治废弛。臣经过地方，体察官吏贤否，商民半皆蹙额兴叹。各省风气，大抵皆然。请旨简派满洲大臣同臣往各省密查亏空。"乾隆志得意满了半辈子，平时收到的消息都是"形势一片大好，康乾盛世举世无双"，忽然冒出个尹壮图给大清盛世抹黑，是可忍孰不可忍啊！乾隆十分生气地朱批道："壮图覆奏，并未指实。至称经过诸省商民蹙额兴叹，竟似居今之世，民不堪命。此闻自何人，见於何处，仍令指实覆奏。"

乾隆的小心眼是出了名的，这不悦的语气吓得尹壮图赶紧上书说自己措辞无状，请皇上治罪。乾隆没搭理他，命户部侍郎庆成和尹壮图一起去山西视察。乾隆还做了详细安排：侍郎成庆，途中依品享受驿站供应并支给官俸；而尹壮图，一切费用自理。乾隆对此特别说明，此系尹壮图自请盘查，以私人身份出行，当然不得享受官府供给。至于他所骑的马，为防止拖延行程，可由官府调拨——看朕多么宽宏大量！

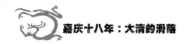

庆成和尹壮图二人先去了大同府仓库，又去了山西布政使仓库，结果山西各地仓库都充盈得很，毫无亏空之迹象。尹壮图无法，只好上书说自己错了，自请回京治罪。没想到乾隆还不同意，让庆成带着尹壮图再去直隶、山东、江南等地，依旧是府库充盈之象。最后，乾隆才传旨问尹壮图，百姓过得怎样啊？这次尹壮图学乖了，说所到之处，百姓安居乐业，一片祥和，绝无"商民蹙额兴叹"这种情况存在。乾隆再度传旨问尹壮图，你说各督抚声名狼藉，吏治废弛，别空说，指两三个人出来——这等于将尹壮图立为各级官员的公敌，放在火上活生生烤了。尹壮图哪里还敢说什么，只好连连认罪，请皇帝治罪。

为什么尹壮图前后见到两种截然不同的情况呢？原因很简单，尹壮图原话说的是"密查"，然而乾隆不允许庆成和尹壮图去暗访，而是令二人每到一处之前，事先通知各地的地方官。大清官员别的本事没有，自导自演的功力那是炉火纯青的，呈现给你的画面自然是百业兴盛、万民安乐、鲜花着锦、烈火烹油，那是道不尽的盛世气象，赞不完的歌舞升平。

在皇帝看来，地方亏空也好，官员贪污也好，百姓死活也好，是真是假都不重要，重要的是自己这"乾隆盛世"的外壳绝不能被打破。如果下面真的如尹壮图所说，吏治腐败、民不聊生，那他乾隆作为皇帝，就是第一责任人。龙椅上坐了几十年，把天下搞成这样，自己这张老脸往哪儿搁呢？因此，无论尹壮图描述的情况是真是假，都必须是假的。既然解决不了问题，那就解决提出问题的人。只有让尹壮图承认自己在胡扯，才能维护皇帝的脸面。所以乾隆让二人提前通知地方官，而地方官个个都是人精，表面功夫做到家，就等于维护了领导的脸面。整个大清从上到下都在演戏，尹壮图要做揭露皇帝新装的勇士，这脑袋绝对是保不住的，而且死得毫无价值，因为他这颗脑袋换不来统治者的清醒与官僚们的勤勉。无奈，尹壮图只得认怂，承认自己是胡言乱语，为"花剌子模信使问题"再添一例证。

庆成和尹壮图回京后，乾隆当即将尹壮图交付刑部治罪。刑部揣摩上意，这货抨击圣朝、妄议朝纲，你不死谁死？！于是刑部按"比挟诈欺公、妄生异议律"治罪，"坐斩决"。乾隆见敲打的目的已经达到，为了体现自己的仁德宽厚，传旨道："壮图逞臆妄言，亦不妨以谤为规，不必遽加重罪，命左授内阁侍读。"意思是，尹壮图妄议朝政虽然不对，也不妨有则改之、无则加勉，不必受此重罪，降级留用即可。

经过这一番打击，没多久尹壮图就以回家侍奉老母为由乞归。好容易熬到乾隆驾崩了，嘉庆亲政。新皇帝对尹壮图的印象还不错，决定起复他进京，尹壮图依旧以母亲年龄大为由拒绝。嘉庆为了表示诚意，任命尹壮图为给事中，另行赐其母绸缎两段。尹壮图以为遇到了明君，感动之余再度给嘉庆上书，请求清理各地的陋规，明定条例。嘉庆刚亲政，有心无力，就没回应。

不久后，尹壮图又上书建议：满洲官员文化水平太低，一句流畅的文字都写不出，不如让满洲子弟先学好文化课，通过乡试，补缺时优先从通过乡试的人中挑选。这等于跟整个旗人群体作对了，嘉庆作为旗人的老大，自然没应允。再后来，尹壮图的种种谏言，嘉庆皆未采纳。这位两朝老臣有心报国，却无力对抗现实，始终没能在朝政上有所作为，最后在嘉庆十三年（1808年）郁郁而终。

尹壮图的例子再次证明：在大清官场，说实话是难有好结局的。既然奸臣与庸臣尸位素餐、贪腐无度，忠臣难有用武之地，那么朝廷国库与地方官库的亏空也就只能听之任之了。大清帝国到底有多少家底，那真是千古之谜。

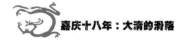

隐隐的亡国之相

嘉庆接手的国库，本就空虚至极，再加上白莲教作乱，搞得嘉庆焦头烂额。好在老爹留下了和珅这个大礼包，让他勉强撑了下去。但是和珅的钱很快就用光了，那么一大笔钱，为何这么快就没了呢？还是因为贪腐。

白莲教事发后，清廷派兵对湖北的白莲教进行剿杀，军需钱粮悉数由湖北省安襄郧荆道道员胡齐仑负责管理。管钱粮历来是个大肥差，胡齐仑自然不会浪费这大好机会。户部拨款有个"短平银"，每一百两扣四两，实际拨出来是九十六两。胡齐仑在发放湖北襄阳军队的军饷时，除了扣除四两"短平银"外，又报请当时的湖广总督毕沅批准再扣除四两，以备支付按规定不准报销的款项，到这里就剩九十二两了。然后，胡齐仑利用职权，私自加扣二两，如此层层扒皮，朝廷每发一百两军饷，官兵们实得仅九十两。从这个克扣比例来看，胡齐仑还算相对清廉。前后经胡齐仑之手发放的襄阳军队的军饷共计一百四十余万两，他私自扣留了二万九千两。这笔钱他还要拿出很大一部分来打点各营将军、督抚们，其中仅送给一名叫永保的领兵大员就达六千两。各级官员人情往来已是成例，你要想在官场混，就得送礼。谁送礼了，上级官员或许记不住，谁没送礼，那绝对记得真真的。

"胡齐仑克扣军饷案"东窗事发后，刚亲政的嘉庆气急败坏地下旨痛责：

即如毕沅馈送永保银二千两，胡齐仑馈送永保银六千两一节，伊等即因永保在京监禁，欲行资助，亦当各出己资。何得用国帑为朋情耶。试思此项银两，皆兵丁等衣粮屝屦之资，今忽短饷八千，则从征之士因兹而罹冻馁之患者，不知其几千人矣。而欲令其踊跃戎行，克敌致果，其可得乎？从征之士不能饱暖，焉能破贼？以致贼害良民，不可屈指，其罪皆由于此等劣员所积也。

后来刑部拟胡齐仑之罪，只够一个斩监候。嘉庆恨恨地说，这老小子已经监禁一年多了，还动过大刑，如果病死狱中，就太便宜他了，还是"即行处以绞刑"才解恨。完了，嘉庆还不解气，连已死的毕沅也骂上了：

迄今匪徒蔓延，皆由毕沅于教匪起事之初，办理不善，其罪甚重。昨又据倭什布查奏胡齐仑经手动用军需底帐，毕沅提用银两及馈送领兵各大员银数最多。毕沅既经贻误地方，复将军需帮项任意滥支，结交馈送，执法营私，莫此为甚。倘毕沅尚在，必当重治其罪。今虽已身故，岂可复令其子孙仍在官职？

这段话的大意是：毕沅作为胡齐仑的上司，罪责更重，如果他还活着，我肯定好好收拾他。虽然毕沅死得早，但他的子孙岂可在朝为官？！嘉庆当即下令，将毕沅的儿子革职，家产充公，这件事才告一段落。

纵观朝廷上下、中央与地方，大清朝上至京城大员，中至各省督抚，下至差役胥吏，从军队到地方，无官不腐，无吏不贪。国库空虚，民生维艰，只有各级贪官赚了个盆满钵满。泱泱大清帝国，已经被蛀成一个空架子，嘉庆朝便隐隐有亡国之相。

治标不治本

要想维持大清的统治，反腐是重中之重且势在必行。当年正是雍

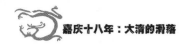

正帝的雷霆铁腕，才将大清从悬崖边上拉了回来。反腐反贪，嘉庆原本也一直在做，在军队和地方上都有大力肃贪之举，但始终收效甚微。

问题出在哪儿呢？

说起反腐，就不得不提两个人。一个是明太祖朱元璋，一个是清世宗胤禛（雍正帝）。论反腐的铁腕手段，这二位在中国历史上无人可出其右。

朱元璋出身贫寒，当年正是因为贪官污吏侵吞了赈灾钱粮，才导致朱元璋的家人活活饿死，因此朱元璋对贪官污吏恨入骨髓。朱元璋惩治贪官的刑法之严、规模之大，在历史上也是空前的。朱元璋规定，地方官贪污钱财六十两即斩首示众，并剥皮实草。他还在府州县卫衙门的左面特别建立一座"皮场庙"，作为贪官人皮的展览场所。新任官员上班打卡，就会想到上一任官员的"稻草人手办"在自己隔壁做展览。据说洪武一朝，朱元璋前后斩杀了十五万名贪官。应该说，酷刑对贪官污吏有一定的震慑作用。《明史·循吏传》记载，明朝二百七十多位循吏（守法循理的官吏），洪武一朝就占了三分之二。从时间上看，洪武朝不过三十二年，只占明朝国祚的九分之一，清官数却占了三分之二，这证明了朱元璋的反腐起码在当时还是有一定效果的。即使如此，还是挡不住大明官员的"前腐后继"。明朝的灭亡，有诸多内因外因，腐败是其中一个极重要的内因。

同样以铁腕反腐著称于史的雍正帝，比朱元璋也不遑多让。凡是贪污之人，雍正的做法是一律革职抄家，亏空部分，就从抄所得中填补。即便是畏罪自杀的贪官，雍正也要把他家抄个干干净净，让其子孙世世代代做个穷鬼，因此还得了个"抄家皇帝"的绰号。此外，雍正帝在朱元璋铁腕大棒的基础上，又开创了"养廉银"这一胡萝卜，双管齐下，誓要肃清贪腐这一官场恶习。史官说"雍正朝无官不清"，虽然有夸张的成分，但也印证了雍正皇帝的反腐在当时颇有成效。然而后来的事大家都知道，大清朝也逃不过"前腐后继"的魔咒，仅乾隆一朝就查办了"甘肃冒赈案""两淮盐引案""山东银库亏空案"等十几起封疆大吏的贪腐巨案。单是"甘肃冒赈案"就砍了五十六个脑袋，从总督到地方官处理了一百多人，把整个甘肃官场给一锅端了。仅从数字上看，乾隆收拾的贪官比雍正还要多。

这就可以看出，残暴如朱元璋、雍正，依旧无法将贪腐这一现象从官场禁绝。或许严刑峻法在当时可以起到些许震慑作用，然而贪腐就如跗骨之蛆，已经深入骨髓，治得了标，治不了本。嘉庆从乾隆手里接过来的，是一个"外面的架子虽未甚倒，内囊却也尽上来了"的江山，以及一个上下散发着腐臭气息的官僚系统。嘉庆亲政之初，就以雷霆之势收拾了和珅这个超级贪官，然而朝政并没有如他所希望的那样清正廉明、蒸蒸日上起来，反而愈发消极腐化。

朱元璋的抠门与大方

我们不禁再次发问，问题出在哪儿呢？

清承明制，问题的根源，还是要从朱元璋设计的政府机构上寻找答案。贪官污吏，历朝历代皆有，然而明朝的贪官却呈几何倍数地增长，这里面肯定有更深层次的原因。朱元璋设计的"洪武型政府结构"，无论是在行政效率上，还是在财政上，都存在巨大漏洞，我们这里只说与贪腐相关的部分。

应该说，朱元璋设计的"洪武型政府结构"在王朝草创之初，也有一定的积极作用，然而时移事易，随着时代的发展，这一结构的副作用就不可避免地暴露出来。

朱元璋出身贫寒，儿时的经历过于刻骨铭心，所以他一方面对

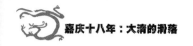

穷苦百姓确实有着发自内心的同情，一方面对各级官吏在潜意识里怀有质疑与警惕，甚至是憎恨。因此，在朱元璋的治下，官吏的薪俸远低于之前的那些王朝。明之前的元朝属于放牧式的粗放管理，不做对比。再往前的宋朝是出了名的富庶朝代，宋代官员的薪俸，主要由正俸（基本工资）、加俸（绩效工资）、职田（补贴）组成，还有一些公使钱（数倍于年薪）、给券等补贴，为历代官员收入之冠。

为了便于读者阅读与对比，接下来涉及的数字，我们还是采用阿拉伯数字表述法。据《宋史·职官志》记载，著名的包青天包拯在开封府任职时，其正当收入为每月粮食30石，米和麦子各一半；柴禾20捆，干草40捆，冬天时还发木炭15秤；公使钱每月1500贯，添支钱每月100贯。除此之外，还拥有2000亩职田，收取的租子不需要缴税，按每亩收一石计算，一年就可收2000石——包大人家是真有余粮啊！顺便说一下，包拯的职位并非开封府尹，而是"权知开封府事"。正式的开封府尹在五代时为储君专属，非储君不能担任。比如宋太宗赵光义就被哥哥宋太祖赵匡胤任命为开封府尹，赵光义登基后，又任命赵光美为开封府尹，意思是：我遵照哥哥的遗诏，将来也会将皇位传给弟弟。

前前后后算来，包拯一年的收入主要包括：20856贯铜钱；2180石大米，180石小麦；10匹绫，34匹绫，2匹罗，100两绵；15秤木炭，240捆柴禾，480捆干草。当时的物价，大米每石约400文，麦子每石约300文；绫每匹约1600文，绢每匹约1200文，罗每匹约4000文，绵每两约40文；木炭每秤约100文，柴禾每捆约50文，干草每捆约19文。

这些实物兑换成货币，值多少钱呢？约为21878贯。贯是宋朝的币种单位，北宋初期，1两白银可兑换1贯铜钱；到宋徽宗时，1两白银可兑换2贯铜钱；南宋中期则是1两白银兑换3贯铜钱。包拯生活的时期，10贯钱约可兑换1两黄金。那时的1两黄金约为今天的40克。按340元人民币的金价来计算，包拯的年薪合2800多万元人民币。

包拯是权知开封府事，相当于今天的北京市市长，地位特殊，自然收入高。对比同等级的明代应天府府尹和顺天府府尹，就可以看出差距了。洪武二十五年（1392年），朱元璋给各级官僚制定了工资标准，并且规定以此"永为定制"。应天府府尹和顺天府府尹是正三品的官，品级已经相当高了，俸禄是多少呢？正三品大员在朱元璋眼里，每月只值35石禄米，还不够包拯塞牙缝的。至于补贴，得了吧，老朱肯给你发工资就不错了，还想要补贴？

就这35石的禄米，也不是全发实物，还要米、钞分支。也就是说，一部分发禄米，一部分发大明宝钞。永乐时期全面推行米折钞制度，规定"一二品四分支米，六分支钞；三四品米钞各半；五六品米六钞四；七八品米八钞二"。但是朱元璋搞的钞票是没有准备金的，面额印成多少，全凭老朱心情，并不能随时随地折换成等值的财物。说白了，跟废纸差不多，擦屁股都嫌硬。

就这点禄米，后来也无法全额支付，还要进行"折色"，即米折物，主要是折成胡椒、苏木、绢布、棉布等。也是在永乐时期，朱棣为了营建北京城，规定京官的俸禄三成给米，七成则"春夏折钞，秋冬则苏木、胡椒"。胡椒、苏木作为重要的调味料、药材和染色物料，不能说没有价值，但是官方规定的折色价值远低于市场实际价值，进一步剥削了官员们的工资。

因此在大明朝做清官，就等于选择喝西北风。著名清官海瑞，家里穷得叮当响。有一次老母亲过寿，海瑞咬咬牙，买了两斤肉给母亲打打牙祭，居然成为新闻，在朝野传颂一时，可见海瑞清贫到了何种

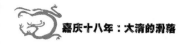
地步。

朝廷对官员尚且如此耍流氓，上梁不正下梁歪，要求官员们廉洁奉公，无异于天方夜谭。

朱元璋对官员抠门，对自家子孙却大方得要命。一开始，朱元璋规定：亲王禄米为50000石，郡王禄米为6000石；郡王子15岁时，得60亩永业田；公主、亲王女各有禄米。没多久，朱元璋就发现，照这个标准发放皇亲国戚的禄米，财政吃不消，于洪武二十八年（1395年）作出了调整，改为亲王10000石、郡王2000石。要知道，明代正一品大员的年俸才1044石。

供养朱家宗室，大明的黎民承受了不能承受之重负。万历初年，张居正对宗室成员做过一次统计，全国的宗室数量竟达三万余人。而据《明代万历会计录整理与研究》一书推测，万历初年，全国财政支出为18544545.37两，其中宗藩俸禄5519157.11两，占全国财政支出的29.76%。这钱若是用于赈灾，哪里还有农民起义呢？朱家的这些龙子龙孙既不能从政，也不能从事士农工商等传统行业，有一个人头就能领一份供养，只能拼命生孩子——人家这才叫"鼓励生育政策"呢！到明末，宗室人数有多少，已经不可考了，一说有十几万，一说有百万之巨。无论是多少，对国家财政来说，都是一个极为沉重的负担。万历年间山西、河南两省的税收，甚至连宗室禄米的一半都达不到。

两下一对比，你若是大明朝的官，心里会不会吐槽呢？我十年寒窗苦读，熬一辈子熬上正一品，也才挣1044石的禄米，你朱家的宗室成员哪怕是个弱智，每年都能挣来我几辈子都挣不来的收入，那我凭什么廉洁奉公，供养你们一家猪呢？归根结底，这大明天下是你朱家的，不是我的。

秦汉唐宋时期，皇家虽然也是寄生虫，可还没有朱元璋家这么无底线。而从朱元璋开始，江山社稷彻底成了一家之私产。就这样，大明朝的官员迅速腐化，从上到下，贪腐成风。

大清的"铁杆庄稼"

明清革鼎之后，清朝吸收了明朝的官制，也吸取了一部分有关宗室的教训。整个清朝才封了12个铁帽子王，其余宗室都是逐代降级的，被封爵的宗室成员年俸平均数为3600两，没有被封爵的宗室成员只有36两。宗室成员中的91%，每个月只有3两的国家补助。正是因为这个原因，到了乾隆时期，宗室中有大量人穷困潦倒，为了保持所谓的皇家颜面，乾隆开始接济宗室成员。到了嘉庆时期，一些下层宗室人员游走于街头，当起了流氓混混，官府又不敢管，惹得民怨沸腾。嘉庆为此十分生气，也实在不想养那么多人，干脆赶了一大批宗室人员回东北垦荒。

清代貌似将宗室问题解决得挺好，但爱新觉罗家承袭了朱家极为刻薄的官俸体制，各级官员靠正常俸禄过日子的话，一样得喝西北风。此外，虽然清代王公贵族数量明显减少，却又出现了新的特权群体——旗人。入关之后，清廷对八旗子弟给予了一系列优待政策，旗人地位高于汉人，科举考试也比汉人简单得多，而且八旗子弟只能在皇家当差，做一些戍守宫城的清闲工作，不允许从事"低贱职业"。进宫当差的旗人，能时不时地得到一些赏赐；没有当差的旗人，也能无偿享受朝廷发放的月钱。各种优质资源被八旗子弟占有并固化，社会几乎没有上下流动的空间。在清代，这叫"铁杆庄稼"。八旗军从所向披靡堕落到只会提笼架鸟，也就用了一代人的时间。

说了这么多，总结起来就一句话：明代也好，清代也好，从一开始，就是一个特权阶层向下压迫的体制。官员虽然是体制内的人，等

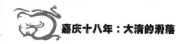

级比百姓高，但在体制内，依旧是被压榨的层级，官僚毫无廉洁奉公的动力。我省下的钱，还不是被皇帝给了宗室或八旗子弟这帮蛀虫！凭啥你们就能正大光明地当蛀虫，我就不能捞点儿钱呢？！

临时工们的灰色收入

官员们心态失衡，胥吏们则更加坦诚——我们连工资都没有，不捞钱，等着饿死吗？

在古代，官和吏（隶）是两个截然不同的群体，类似于体制内的人员和体制外的临时工。吏作为体制外的临时工，朝廷是不负责这部分人的工资的，吏的薪水只能地方自筹，这就留下了巨大的灰色空间。县太爷的灰色收入不少，会给吏开一些基本工资。一个县衙里一般分设快、皂、壮"三班"和吏、户、礼、兵、刑、工等部门，加上巡检司、典史署、教谕署和训导署"四大班子"，共有衙役77名。除8名"民壮"（重体力劳动者）和6名弓兵（技术兵）每人年薪8两外，其余63名占衙（役总数82%）每人每年仅有6两银子，这些人包括门子（门卫）、皂隶（警务人员）、马快（特警）、仵作（法医）、轿伞肩夫（服务人员）、禁卒（狱警）、铺役（邮差）、仓夫（粮食保管）和膳夫（炊事员）等9个工种。这群人没有"涨工资"一说，干到死也就这么多。

衙役们也是分为两个等级的——良民和贱民。其中，民壮、库丁、斗级、铺兵属于良民，皂隶、马快、捕快、仵作、禁卒、门子属于贱民。古代社会将"娼、优、卒、隶"视为"贱行"。明清规定，凡是"娼、优、卒、隶"的子弟，都没有参考科举考试的资格。在清代府、州、县衙署中，皂隶也分两种，凡戴红帽者为皂，戴黑帽者为隶，皂的地位高于隶，皂的后代可以参加科考，隶的后代须退免三代方能报考。

官与吏之间，就如同隔着一堵看不见的"叹息之墙"，究其一生都无法逾越。宋江宋押司，就是一个书写文书的小吏，类似于县长的秘书。宋江作为一个小吏，居然能结交各路好汉，仗义疏财，挥金如土，可见平时没少捞钱。然而作为吏，宋江空有江湖上的名声，在仕途上无法再进一步，心中苦闷难言，酒后抒发了一下心中感慨，最终被人告发上了梁山。

吏的下面，还有班头衙役，这帮人的收入更是全靠自己想办法。理论上，县太爷也给胥吏开些许工资，但过于微薄，根本不够养家糊口的。而吏作为官员与百姓之间的纽带，又是一个不可或缺的群体，不然你让县太爷自己下去收皇粮吗？

现在如果某个公司招聘，说不给工资，那是要被人骂死的。但是县衙里招聘胥吏，虽然没工资，依旧有许多人抢着干。不给工资还抢着干，用爱发电吗？

当然不是。吏虽然没有工资，但有一项比工资更好用的东西——权。办案也好，收皇粮也好，只要有对接百姓的活儿，这里面就有海量油水可捞，这被称为"规费"。用现在的话来讲，叫作"权力变现"。

清代川北地区潼川知府做过一次实地调查，发现凡是"差役持票下乡，往往择肥而噬，不论案情之重轻，先讲差规之多寡，千方恐吓，万计刁难，必随其欲而后已。迨至押带人证进城投到，又有房书开单等项使费，种种弊端，悉难枚举"。面对种种陋规，知府也无能为力。皇帝尚且不差饿兵，你若把这些灰色收入断了，胥吏们吃不上饭，谁还给你干活呢？最后，知府想了个折中的办法，就是将这笔灰色收入公开化、透明化。他制定出一部《三台县书差规费条规十八

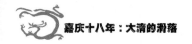

则》，并刻在石碑上公示于大堂前。"规费条规"规定："寻常词讼一案，差役传唤，无论原、被告人数多寡，原告支给差头饭食辛力钱二千文（二两），被告支给差头饭食辛力钱三千文"，"刑房送案开单，每案原告共给纸笔辛力钱八百文，被告共给钱一千文"，"寻常案件，刑仵下乡勘验，五十里以内者，原、被告各给夫马钱四百文，各给饭食钱二百文；五十里以外者，照里数加增，最远者以三千文为止"，"吏、户、兵、工、盐、仓、礼各房下乡勘查，原、被告给夫马饭食钱，均如刑房之数"。

这么一来，仅民事案件、刑事案件的各个环节就至少能收17两银子。再加上契税、公证、下乡检查等其他事项，一年怎么也能收个五六千两银子。这笔钱衙门作为小金库截留了下来，一部分给衙役们发工资，一部分作为日常办公经费。规定一出，百姓们无不感恩戴德，因为收费公开透明，可以避免胥吏们肆无忌惮地勒索。

这是遇到了比较上道的官，大部分官僚熟读四书五经，满口满脑都是天上的大道理，接手实际工作后，对如何办事一窍不通，被下面的胥吏忽悠得团团转。再说了，县太爷自己平时也得人情往来，"三节两寿""瓜敬炭敬"等各种陈规陋矩都少不了用钱，这钱也得靠下面的人去弄。能压榨出多少，全看胥吏的本事。前面说的眉山县收皇粮时在砝码旁另加一个戥头，就是官吏们众多捞钱手段中最不起眼的一项。

地方的胥吏只能压榨百姓，京师六部的胥吏可就厉害多了，对来办事的地方官"吃、拿、卡、要"都是小意思。甭管您官大官小、远近亲疏，一律拿钱办事。乾隆五十七年（1792年），被乾隆皇帝宠得跟亲儿子一样的福康安（他可是乾隆的"白月光"孝贤纯皇后富察氏之侄）平息了西藏的叛乱，又击败了廓尔喀，威风凛凛地凯旋。此役作为乾隆"十全武功"的收官之作，被乾隆格外嘉奖。怎料在户部报销军费时，这个皇帝眼前的大红人却被户部的书吏给摆了一道：报销军费可以，先给点"人事费"，据说是一万两银子。福康安大怒，你一个小小书吏，敢找我这个皇亲国戚加功臣要钱？书吏却不以为然地说："您这事儿太复杂，我这里人手不够，要是不给点钱增加人手，三五年也未必能办完。再说，您这事儿可得抓紧办，眼下您刚得胜归来，皇上高兴，您要什么给什么。要是时间长了，可就未必了。"一番话说得福康安也没了脾气，只得乖乖送上一笔"人事费"，这才拿到报销款。

后来的中兴名臣曾国藩、李鸿章，灭了太平天国，那么大的功劳，回去愣是被书吏索要一厘三的回扣，不给就别想要军费。湘军、淮军的军费要3000万两银子，光回扣就得给书吏40万两银子。曾国藩明文规定，杀死一名太平军人，赏银10两；活捉一名太平军人，赏银20两；自家士兵受伤了，最多给30两养伤银，战死的抚恤金也不过60两。也就是说，书吏动动嘴，大约6667人的阵亡抚恤金就到他手里了。经过一番讨价还价，书吏们最终将回扣降到8万两银子。就这8万两银子，曾国藩也不想出，他是最恨官场上这些潜规则的。但是胥吏更牛，反正就给你拖着，就是不给钱。最后曾国藩上书，请求特赦湘军的军费免于审计，绕过书吏这个"扒皮匠"。慈禧太后看在曾国藩灭了太平天国的分上，就点头同意了。

即使是曾国藩这种中兴重臣，也只求绕过书吏，而不敢提及半分内幕。你想啊，一个小小的书吏，哪敢为难曾国藩？只是这部费（清朝时官员向吏部人员行的贿赂）里水太深，利益关系错综复杂，书吏只是伸头的，这40万两银子的回扣，真正能留给书吏的，其实也没几个钱。

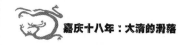

奇事频出

有背景的胥吏这么牛还说得过去，没背景的胥吏就不敢了吧？其实不然。还真有更神奇的牛人，直接把手伸进了国库。这几名胥吏，真的就只是普通的胥吏，毫无后台背景，却能从国库里冒领出69000余两库银。大清朝贪腐案件虽多，以此案最离奇。

这几个胥吏中的主犯名叫蔡永受，是工部的一个铺户。嘉庆十一年（1806年），在工部负责文书工作的宋允吉，工部铺户张清泰、商曾琪几人来蔡永受家闲聊，其间各自吐槽自家日子清苦，一年到头也挣不下几个钱。蔡永受突发奇想：既然大家都穷，没钱花，干脆去国库里寻摸点儿银子怎样？

一般人这么说，那是脑子抽风。不过在大清朝，这种事还真未必就是抽风。前面说过，户部的库丁坚持不懈地锻炼"菊花"的容纳能力，每天下班都能塞入"菊花"里顺走几锭银子。蔡永受这几人久在工部当差，对此事早有耳闻。这种公开的秘密，也就皇帝本人还被蒙在鼓里。

要从国库里领用物品，其实很简单。比如某个衙门需要东西，就让贴写（写字员）写个文书，然后盖上印章，就可以领取了。此时工部贴写正是宋允吉，其余几人都是工部的铺户，对操作流程那是门儿清。只要以工部的名义发给工部下属的虞衡司，然后勾结虞衡司的官员，伪造工部大印盖上章，就可以由蔡永受堂而皇之地领取物品了。

朝廷大大小小的官员都在混日子，下面人递单子上去，官员们往往看也不看，随手就签了字，有的甚至连签字都懒得签，一股脑地扔给贴写。负责盖章的人，也从来不看单子上的内容——他也没法看，所有的单子都有猫腻，要一个个地细究，这活儿就没法干了。而库房负责出库的人，也懒得核对印章的真假，反正都是朝廷的东西，又不是我自己家的。就这样，蔡永受这帮人轻而易举地制作了一堆半真半假的文书，大摇大摆地从库房里领了颜料、缎匹等物品，拉到市场上变卖成银子瓜分。冒领几次物品后，这哥几个觉得变卖银子太麻烦，干脆直接去户部冒领银子，也是一领一个准。

就这样，几个毫无背景却胆大包天的书吏，从嘉庆十一年开始到嘉庆十四年（1809年）的四年间，从库房先后冒领了14次，累计捞了约69000两银子。别的不说，起码在雍正朝，这些书吏绝不可能钻这样的空子。而到了嘉庆朝，朝廷上下尸位素餐到了这个地步。他们能捞钱成功，并不是因为手段有多高明，而是因为大家都在捞钱，这几个人只是一堆捞钱的人中几个不起眼的小鱼小虾，这几人被抓，也只是因为真的没背景，倒霉而已。前面提到的"蟑螂定律"同样适用于此事：当你在厨房发现一只蟑螂时，厨房里起码有一窝蟑螂了。

国库乃国之根本，居然发生这样的奇事，气得嘉庆将户部、工部各级堂官全降了级；经手的几个胥吏有的发配黑龙江，有的发配乌鲁木齐。蔡永受等几个主犯那更不必说了——斩立决。嘉庆还特意下旨，命六部和内务府的所有书吏前去菜市口现场观看，好杀鸡儆猴。然而蔡永受此案虽了结了，国库里的蛀虫们却一如既往，直到嘉庆皇帝的儿子——抠门的道光皇帝时才初步核查出900多万两银子的亏空。国库到底亏空了多少，鬼才晓得！

贪腐带来的后果就是如此。整个行政机构腐烂僵化，各种奇葩事层出不穷。大清朝这个百足之虫，此时已是"又死又僵"了。

症结所在

朱元璋薄俸养官，本意是节约人力成本开支。但是官僚胥吏们

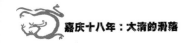

靠着手中的权力作威作福，百姓们反而要加倍支出供养官僚体系的成本，这就是古代社会官场反腐的最大悖论。看似朝廷只花了很少的钱就供养了一大堆官吏，实际上整个国家要为此支付正常赋税之外三至四倍的成本。这个成本全部转嫁到百姓和国库身上，致使民力处于枯竭的边缘，稍有天灾人祸，就酿成巨灾。

官吏们对百姓竭泽而渔，本质上并不符合皇帝本人的利益。哪个皇帝都希望自家江山万万年，割百姓的韭菜也得一茬一茬地割，哪能连根拔了？所以历朝历代的皇帝，只要心智正常的，都会对官僚进行敲打——适可而止，切勿杀鸡取卵、焚林竭泽。

然而皇帝面对官员，就像官员面对胥吏一样，完全不让对方贪，是不可能的。自己给官员们开了多少工资，皇帝心里有数。按这个工资水平，下面人都得饿死，谁还给皇帝办事呢？除了朱元璋那样的理想主义者，哪个皇帝也不会真的往死里收拾贪官。哪怕雍正，也知道给官员发一笔养廉银。在皇帝眼里，你可以贪，只是别贪得太过分，毕竟这天下是皇帝的，你作为职业经理人，搞点灰色收入可以，可要是把公司搞垮了，那就别怪董事长不客气了。

在压榨百姓这方面，皇帝和官僚的利益是一致的，只是所有权不同，心态就不同。皇帝是董事长，希望可持续发展，世世代代都有韭菜可以割；官员只是职业经理人，权力不用，过期作废，能多割一点是一点。皇帝既要反腐，又不能彻底反腐，症结就在这儿了。

既然如此，那能不能提高官员的工资水平，然后严厉反腐呢？也就是高薪养廉。理论上可以，但是仅凭高薪，并不能养廉。因为欲壑难填，哪怕像包拯那样年入近三千万元人民币的，也会忍不住去思索怎么拿六千万元人民币。宋代官僚薪资水平很高，贪官污吏也不少见。那么在高薪的基础上，配备一个类似廉政公署这样的独立机构进行监督和惩处，有可能杜绝贪腐吗？那也未必！

明代锦衣卫连官员每天晚上吃什么都知道得一清二楚，想抓谁还不是一句话的事儿。但是抓完之后怎么办？一茬贪官下去了，上来一茬新的继续贪。贪腐的根源是权力，如何把权力关进笼子里，才是问题的核心。确切来说，权力并不是解决问题的办法，无监督、无制约的权力就是问题本身。只有对整个权力体系进行监督和制约，使之完全处于阳光下，才有可能遏制腐败。

更何况要给官僚们发高工资，会是一笔巨额支出，社会要有相应的生产力才行。要想解放生产力，首先要解放生产关系，简单地说就是要打破既有的特权阶级，使大家处于一个公平竞争的平台上。英国也是先有了《大宪章》，之后才有了工业革命。如果各项优惠政策、优质资源都倾斜于宗室高官或八旗子弟这样的特权阶层，普通民众的上升通道被堵死，那么社会将完全失去活力与流动性，成为一潭死水。正如阿美士德访清时看到的那样，整个社会死气沉沉、毫无生机，生产力自然也就处于一个极低的水平上。

然而，改变生产关系是不符合皇帝及权贵阶层的利益的。皇帝富有四海，而权贵阶级靠着侵占资源和榨取民脂民膏，过着富贵优游的生活，怎会为了天下人的福祉而牺牲自己的利益呢？商鞅、王安石、张居正这些改革家之所以会遭遇巨大阻力，原因就在于此。

因此历朝历代，皇帝鲜有跟贪腐死磕的，大多数情况下，是维持在一个微妙的平衡上。你贪一点可以，但两条红线别碰：一是别贪皇帝本人的钱，二是别贪太多引起民变。就这两条底线，一般的贪官也很难把持得住，毕竟人的欲望是难以把控的。

贪腐一旦成风，清廉就成了原罪，所以才会有李毓昌这种被贪官贪吏联手做掉的清官。贪官们形成一个强大的利益集团，官官相护，

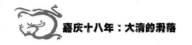

谁动了他们的利益，他们就跟谁死磕到底。

大清腐败是无解的

那么大清朝有没有廉洁的衙门呢？还真有——后来的大清海关。只不过尴尬的是，这个衙门的主管是英国人赫德。

清代海关理论上的关税很低，具体可参见本书第161页。但是大清海关巧立名目，私设的杂费多达70项，各国商人入关后交的钱远远高于理论关税。一根筋的洋人对大清海关到底收多少税始终弄不明白，阿美士德访华时的一个重要使命，就是搞清楚清帝国海关税额到底是多少，好照章纳税。而大清衙门是不可能告诉你要交多少税的，都明码标价了，官员们还怎么捞钱？因此洋人交的钱并不少，但是国家也没收到多少税。鸦片战争之前，清海关关税只约占全国总税收的1/10。海关进出口多少货物、该收多少税、实际收了多少税、被私吞了多少，始终是一笔烂账，谁都查不清楚。

吃了不少暗亏的洋人在第二次鸦片战争后，在中英《天津条约》第二十六款中明确提出：

> 前在江宁立约第十条内定进、出口各货税，彼时欲综算税饷多寡，均以价值为率，每价百两，征税五两，大概核计，以为公当，旋因条内载列各货种式，多有价值渐减，而税饷定额不改，以致原定公平税则，今已较重，拟将旧则重修，允定此次立约加用印信之后，奏明钦派户部大员，即日前赴上海，会同英员，迅速商夺，俾俟本约奉到朱批，即可按照新章迅行措办。

丧权辱国的《天津条约》签订后，大清不得不建立起一个新的海关部门，因为条约中规定，清政府办海关，必须"邀请外国人帮办"。而清政府的四大海关早已是千疮百孔、腐烂透顶。当时中外的共识是，要让大清海关高效地运转起来，提供源源不断的税金，给处于内忧外患中的晚清续命，那就只能聘请洋人了，因为任何一个大清官员，都能将新生的大清海关搞得和传统衙门一样腐败不堪。具体执行此事的总理衙门大臣文祥，曾对英国代表威妥玛（Thomas Francis Wade）这样说道："（海关交给）中国人不行，因为显然他们都不按照实征数目呈报。"随后，文祥拿上海道台薛焕举例，此人"近三年来根本没有报过一篇（上海海关的）账"。从这个意义上讲，《天津条约》这个不平等条约对大清来说，反倒是歪打正着了。

经过一番波折，英国人赫德成为大清海关的最高长官。赫德入主海关后，降低了税率，砍掉了大量不合理税目，关税收入却跃居大清财政收入的第二位。1910年，大清海关年银税总额高达3450余万两，而在1861年，这个数字只是区区500万两。财政收入的激增，与政府机构的廉洁有着极大关系。

凭良心说，洋人的职业道德是令人敬佩的。赫德虽是英国人，但在担任大清海关最高长官期间，能处处以海关本职工作为重，并未给英国开任何绿灯，一切按规章制度办事。赫德在广州有位牧师朋友，他希望赫德能够为其儿子乔治·偉士安排一个职位。赫德虽然碍于朋友面子不好推辞，但他要求乔治·偉士到伦敦的办事处报名参加考试。赫德也的确把乔治·偉士的名字列在推荐报考名单之中，但他同时附上了自己的态度："不符合我们条件的人，不得录用。"结果，这位伦敦大学的毕业生因条件不符而被淘汰。

赫德接手海关后，建立了一整套科学、严密、高效的管理制度，让海关成为贪腐盛行的清政府中唯一清廉的部门。赫德首先确立了"垂直领导"的原则，原来各自为政、隶属关系混乱的海关全部由总

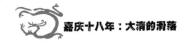

税务司领导，各级地方政府不得插手海关事务（这一点很重要）；接着，赫德引入了"服务"和"公仆"的理念，要求各口税务司简化海关办事程序，顺畅海关和商人的交流，海关由管理部门转变为服务部门。上述举措，放在今天也不过时。

好的制度，需要人来执行和监督，不能让人饿着肚子给你干活。因此，赫德给海关高级职员开出的薪酬非常优厚，最高能拿到9000两白银的年薪，是其他国家同等职位的两倍。职员干满一定年限后，还有一笔数额等同年薪的酬劳金。此外，退休金、回籍旅费、带薪年假一应俱全，甚至还有未婚人员抚恤金、因功致残抚恤金、丧葬费、医药费、来华探亲家属旅费。给了你这么高的待遇，那你就要保持绝对的清廉，高薪与高尚的职业操守是直接挂钩的。若被发现有渎职、贪污等行为，立即开除，养老金一分也拿不到。海关职员为了保住这份好工作，伸手之前会权衡一下利弊。此外，赫德制定了一系列严格的监督制度，引入了英国当时的新式记账法，徇私舞弊的行为很难被隐瞒过去。

就这样，在赫德的带领下，大清海关首次实现了按章征税、按律执法。大清海关也成为清政府唯一清廉的部门。

赫德的一系列举措，说白了就是变"人治"为"法制"，佐以独立的监督机制和人性化的薪酬福利体系。可见，只要有良好的制度和管理，再腐败的土壤也能开出美丽的花。新加坡国父李光耀曾说过，新加坡成功的关键是英国人留下的法制制度，而不是什么儒家文化。他还补充道："新加坡人大多是福建人和广东人的后裔，祖先都不识字，很贫穷，而达官显宦、文人学士则全部留守中原，因此没什么事是新加坡人做得到而中国人做不到的，或没法做得更好的。"

那么，将海关的经验推广到整个大清，岂不是更好吗？恭亲王奕訴对此的回答耐人寻味："如果我们有一百个赫德，我们就采纳。"言下之意，大清是不可能有一百个赫德的，可能连一个都没有，所以搞不了，大清的腐败是无解的。

赫德是洋人，自身廉洁奉公的同时，可以不顾中国官场的人情往来，斩断所有伸向海关的手。而大清官员一则达不到赫德这样的清廉，二则不可能不顾官场的迎来送往。海关部门虽然可以在洋人的管理下保持清廉与高效，但是大清这棵大树已经从根上腐烂了，嫁接的树枝终究救不了整个树干。

更深层的原因是，大清的特权阶级已经腐朽入骨（恭亲王自己就是特权阶级的一份子），要推动法制，就要限制皇权，打破特权阶级的权力垄断，别说恭亲王本身不可能背叛他的阶级，就算恭亲王觉悟甚高，不顾一切地推动改革，既得利益集团也会合力将他搞下去，再推一个利益代言人出来。

因此，中国传统社会中最大的悖论就形成了：要反腐，就要在建立监督机制的同时，给各级官员一个较为理想的收入；国家要负担如此高的财政成本，就要提高生产力；要提高生产力，就要改革生产关系；要改革生产关系，就要一面限制特权阶级的特权，一面打破特权阶级的利益；既然要打破权贵阶层的特权和利益，那我还反哪门子腐？！

尾声

嘉庆二十五年（1820年）七月，六十一岁的嘉庆帝带领一干八旗贵胄再次启动木兰秋弥。一直以来，嘉庆的身体还是不错的，毕竟自己老爹相当高寿，他多少也会继承一些长寿基因吧。然而诡异的是，这次出行，竟是嘉庆人生中最后一次出行。

骤然驾崩

七月十八日，銮驾启动，二十四日到达避暑山庄。二十五日早上六七点时，皇帝突然感觉痰气上涌，说话困难，太医们也查不出什么毛病。当时嘉庆的头脑还是清醒的，可到了下午，病情突然加重，撑到晚间八九点便骤然驾崩了。

嘉庆死得极为突然。虽然年已花甲，但他的身体还挺硬朗，骑马打猎什么的不在话下，然而上午犯病下午就挂了，给世人留下了一个永远的谜团。嘉庆的死因众说纷纭，有的说是因急性中暑而死；有的说是骑马打猎时刚好被响雷惊到，坠马而死；有的说是在寝宫玩娈童时被雷劈中而死；还有的说是旻宁（道光帝）等不及了，抢班夺权，暗杀致死。最后这个说法最离谱：清代是秘密立储的，万一旻宁动手后，大臣们从"正大光明"牌匾后取下遗诏，发现皇位传给了别人，岂不为他人作嫁衣裳？而流传最广的，还是老百姓喜闻乐见、津津乐道的"被雷劈死说"。

堂堂一代帝王，被雷劈死，那是造了多大孽啊？凭良心说，嘉庆虽然能力平平，没啥作为，但并不残暴，对民间疾苦也颇为关注，这在历代君主里也算难得的了。

关于嘉庆的死，史书记载得极为简单，《清史稿》只说他"戊寅，驻跸避暑山庄。己卯，上不豫，乡夕大渐……日加戌，上崩于行宫"，只描述了时间，没说死因。据常理分析，面对腐朽没落的大清官场，嘉庆时常被气得半死，尤其是不久前的"兵部行印失窃案"，将整个大清的尸位素餐、蝇营狗苟、肮脏龌龊赤裸裸地摆在他眼前。加上嘉庆身体偏胖，难免存在患心脑血管疾病的风险，天气又炎热难当，一不小心中风猝死，也就解释得通了。

凑巧的遗诏

嘉庆的突然驾崩，给朝廷带来一个不大不小的麻烦：老皇帝大行后，王大臣们派人爬上房梁，却未发现装诏书的鐍匣。领头的戴均元和托津不得不带着内侍翻检了嘉庆帝生前常用的十几个箱箧，仍未找到遗诏。经过再三地仔细查找，终于从一个近侍身上找到了那个小鐍匣，拿出了建储遗诏，旻宁这才得以名正言顺地继承帝位。

之前找了半天找不到，最后从一个近侍身上找到遗诏，怎么就那么巧呢？这个近侍之前为何就一声不吭呢？原因推测起来很简单：嘉庆大概觉得自己时日尚早，还没有明确指定接班人。旻宁平时表现出色，特别是在嘉庆十八年的"癸酉之变"中临危不乱，用鸟枪干掉了两个杀入紫禁城的天理教教众，大出风头。一般认为，经此一事，旻宁在嘉庆心中以及朝野上下都留下了好印象、好声望，皇位大概率是他的。所以嘉庆突然驾崩后，王公贵族和军机大臣经过几番争论，最终还是决定拥立旻宁登基。拥立归拥立，没诏书可怎么办呢？好办，

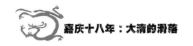
自己写一个！那个所谓的遗诏，估计是几位王大臣捣鼓的，所以最后才从一个近侍身上"找到"。可见，任何人治的制度，都存在不可知的变数。

所以说，嘉庆十八年那场闹剧，影响了大清的历史走向，间接促成了历史上有名的冤大头皇帝道光的登基，将大清彻底拖入了深渊。

既抠门又悲催的继承人

大家看嘉庆帝的画像，可以看出他面相富态，标准的天庭饱满、地阁方圆，一看就是有福之人。而道光帝的画像就尴尬了，即使在宫廷画师的刻意美化下，他依旧显得脸颊深凹，瘦弱不堪，说难听点儿，就是标准的尖嘴猴腮，跟大烟鬼差不多。

而且从道光开始，后面的咸丰、同治、光绪、宣统几位皇帝，是一个比一个瘦，如大清的国势般赢弱不堪。末代皇帝溥仪愣是直到关进了抚顺战犯改造所才吃胖了点儿，至少看上去像个正常人了。

道光帝为何这么瘦呢？据说是因为抠门，营养不良造成的。这就太奇葩了，堂堂一国之君，再抠门能抠到什么地步呢？你别说，道光之抠门，还真能刷新许多人的传统观念。

即位后的道光对下面的人十分苛刻，不仅不让吃肉，还不准穿新衣服。帝后生日，以及元日、除夕、元宵节等节庆活动一律取消，总之，严格控制公款消费。官员们满腹怨言，但也无话可说，因为皇帝本人是真的以身作则——虽贵为九五至尊，身上的衣服却是补丁摞补丁，真叫一个勤俭节约！

饭食上，道光率先减少肉食，连御膳房的饭菜都很少吃，经常塞给小太监两文钱，让他出门给自己买个烧饼，就算一顿饭了，难怪会一脸菜色——而他爷爷乾隆皇帝，每餐可是有四十多道菜，面色红润，精神矍铄。更有意思的是，道光不仅自己吃烧饼，还免了宫内各色点心，一律代之以烧饼。他甚至规定后宫在夏天时，不能吃西瓜，只能喝水——以后买奶茶咖啡、小蛋糕前，想想人家道光皇帝，说不定你就能省下钱来。

更绝的是，道光屡次降低妃嫔的等级，以节省后宫开支。这感觉就像你在公司里熬了十几年，刚被提拔为中层领导，工资按规定增加了一千块钱，大领导就以你的PPT页面不美观为由，让你回到基层再锻炼锻炼。你在心里是不是把他煎炒烹炸溜一万次了？

妃嫔你可以降级，皇后身上你咋省钱呢？清代皇后的生日叫千秋节，历代皇帝都会大摆筵席，表现一下夫妻恩爱、国家强盛。但道光为了省钱，愣是一直没给媳妇办过生日宴。直到道光十五年（1835年），抹不开面子的皇帝才开恩给皇后过了一次千秋节，举办了一场宴席。皇家宴席啊，不说满汉全席，四菜一汤总得有吧？还真没有！道光给宴请的皇亲国戚、大小官员只安排了每人一碗炸酱面——就一碗，多了没有，您要是饭量大没吃饱，对不住，您回家自个儿另加餐。皇后的碗里比别人多盛几块肉，算是开天恩了。

对正妻尚且如此，对臣子，道光就更抠了。平定回疆叛乱之后，按照惯例要在午门举行献俘仪式，然后由皇帝赐御宴。勤俭的道光皇帝给众位战功赫赫的将领准备的宴席寒酸到了极点——两张桌子上摆十一二盘菜，皇上这就算请各位吃饭了。要知道，参加宴会的将领有二十多人，一个人还分不到一盘菜，而且菜的份量极小，有的几口就吃完了。这些功臣们就这样围着这十一二盘菜，饿着肚子熬完了这场庆功宴。

道光怎么就抠到了这个份上呢？一个字——穷！国库里是真没钱！大清经过几代皇帝，传到道光这里，不仅内囊尽上来了，连外面

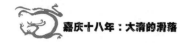

的架子都维持不住了。没钱怎么办，那就省呗！于是，史上第一抠门皇帝道光就此上线。

道光这么抠，省下钱了吗？不好意思，并没有，全交智商税了。野史里有这样一则故事。曹振镛拜见道光，露出了打补丁的裤子讨皇帝欢心。道光一看，哟呵，你也挺节约，那就交流一下省钱经验吧："你打个补丁花多少钱呀？"

曹振镛知道内务府黑，狠狠心，说要三钱银子。道光一听，当即愣了——民间打个补丁这么便宜吗？内务府打个补丁居然报账五两银子！

后来内务府一通解释：皇家的东西，这针贵、线贵、人工贵。再后来，道光干脆把破衣服交给大臣：你这儿便宜，帮我打个补丁吧！

最后，为了进一步省下打补丁的费用，道光令后宫妃嫔学习女红，自行缝补衣物。

还有一次，道光想喝碗面汤。御膳房说，得先支出六万两银子盖个专门做面汤的厨房，着实吓了道光一大跳——得，还是吃烧饼吧！

道光偶尔想改善一下生活，吃个鸡蛋，一算，一个鸡蛋三十两白银！算了，朕还是继续啃烧饼吧。

咱们上面讲的野史故事是"道光问曹振镛补丁钱"，野史里还有一个"三个荷包蛋吓坏道光帝"的故事。说的是道光皇帝某日宣一大学士上朝，公事谈完后，道光对老臣嘘寒问暖，问他早餐吃的是什么，大学士答道："三个浏果（荷包蛋）。"道光听后大吃一惊："你好阔气！"把这位老臣吓得不轻。

一个大学士，好歹是省部级官员，早餐吃三个荷包蛋，为啥在皇帝眼中就算奢靡呢？

就是因为内务府的账目上，每个鸡蛋的价格是三十两银子。荷包蛋是加工后的鸡蛋，那就更贵了。皇帝尚且啃烧饼，你一个官员居然敢一顿早餐吃进去将近一百两银子！

无独有偶，其他版本的野史故事，将这个故事的情节套用到光绪皇帝身上。野史虽说有戏说成分，逻辑上禁不起推敲（道光知道让太监花两文钱买烧饼，怎么就不知道让太监到民间买鸡蛋呢），但一定程度上反映了百姓朴素的情感——瞧瞧内务府报的花账，瞧瞧皇帝这个不知世情的冤大头！

那当时鸡蛋的价格到底是多少呢？

在民间买鸡蛋，大约是三文钱一个。道光初年，一两白银可以兑换一吊制钱，也就是一千文铜钱（自明开始，铜钱改称制钱）；到了道光二十年（1840年）鸦片战争时期，一两白银就可以兑换制钱一千六七百文了。咸丰以降，银价猛涨，一两白银更是可以兑换制钱两千二三百文之多。

就这么扣扣索索，内务府一年的支出还能达到八百万两银子。皇帝饿瘦了自己，也没让国运转弱为强。省下来的钱，都变成底下那帮贪官污吏身上的肥膘了。

长太息以掩涕兮

大清的腐败，是根本性的、系统性的腐败。大厦将颠，非一木所支也。皇帝一个人的勤俭节约，无力改变国家的倾颓。反正下面的人有一万种法子搞钱，那打补丁的衣服，内务府报账比新衣服还贵。贪腐已使固定的利益集团形成，不从根源上解决腐败问题，不知民间疾苦的皇帝越是抠门，反而越发助长贪腐之风。

如果说嘉庆是平庸的，那么道光就是无能的——傻傻地做勤俭标杆，傻傻地被底下人坑到营养不良；对内刚愎自用，对外固守蒙

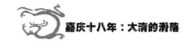

昧。曾国藩就曾这样评价道光时代："九卿无一人陈时政之得失，司道无一折言地方之利病，相率缄默"，"以畏葸为慎，以柔靡为恭"，"京官之办事通病有二：曰退缩、曰琐屑。外官之办事通病有二：曰敷衍、曰颟顸"，乃至太平天国兵起，地方官仍相互隐讳，不敢上报。这样一个对内对外均是两眼一抹黑的朝廷，无怪乎后来在一系列对外战争中输得体面尽失。

然而到了这个时间点上，即使将道光换成雄才大略的康熙大帝，大清的国运也是无法改写的。说起来，大清是到了嘉庆、道光时期才开始"嘉道中衰"的，但实际上，大清国势的堕落从康熙时期就已注定了。

康熙学过西方的天文、地理、数学，研究过古希腊数学家欧几里德所著的《几何原本》，我们现在所学的数学里常用的平方、求根、次方、元等数学名词，还是康熙参与翻译的。康熙甚至见过最早的手摇计算器，特地叮嘱太子，这些好东西"勿为蒙汉所学"。乾隆和法国国王路易十六（Louis ⅩⅥ，1754—1793）有不少书信往来，英国人那些两层夹板的战舰，燧发枪、望远镜、新式铸铁炮，乾隆统统都见过，他自己还把燧发枪当猎枪使。但是，外面这些新生事物只有统治者才能接触到，为了维护自己那正统性有缺陷的统治，皇帝不允许民众有任何自己的思想。乾隆故意将跟欧洲科技有关的文书全部用满文来书写，存在宫里，就是怕汉臣看见或是外流。再加上清代那规模空前的文字狱，禁锢了无数人的思想，整个大清再无思想家。乾隆时期著名的文化工程《四库全书》，存书三千四百七十五部、七万九千零七十卷；存目销毁（仅仅存了个书名而被销毁的书）却有六千七百六十六部、九万三千五百五十六卷；至于销毁不留名的，天知道有多少！

　　国家利益和统治者利益往往不是完全重叠的，为了维护自身利益，统治者往往不惜损害国家利益。在提高生产力和维护自身统治的选择中，清朝皇帝们毫不犹豫地选择了后者，这也使得大清国在每一个可能改变历史的决策上都作出了错误选择。

　　在清政府自始至终贯彻执行的高压愚民政策下，整个国家失去了活力；官僚系统尸位素餐，腐败糜烂；底层百姓民心涣散，离心离德。所谓的"嘉道中衰"，其实是所谓的"康乾盛世"带来的必然结果。爱新觉罗氏貌似稳定了眼前的统治，实则伤害了国家元气，动摇了国之根本。当海面上出现侵略者的战船时，大清只能任人宰割，再无还手之力。后人每每读史至此，也只能掩卷叹息了。

好书推荐

大宋帝国三百年（套装）
ISBN：9000302001782

唐诗为镜照汗青（典藏版）
ISBN：9787302623847

宋词一阕话古今（典藏版）
ISBN：9787302625360